2000 JAHRE
CHRISTENTUM

LEO STROHM

2000 JAHRE
CHRISTENTUM

Eine Religion verändert die Welt

KREUZ · PATTLOCH

Verzeichnis der Abbildungen

Archiv für Kunst und Geschichte, Berlin (AKG) 8, 9 o., 12 u., 18, 20, 25, 27 mi., 28, 29, 30, 32, 33 u., 37, 40, 41, 43, 44, 45, 48, 49 o., 52 o., u., 56 li., re., 61 o., 62 o., 66, 67 mi., 69 o., u., 70 u., 71 o., 73, 77 o., 80 o., 81, 82 o., 83 u., 85 li. u., 86, 87 u., 88, 89, 90, 92, 95, 96 o., 98 o., u., 100, 101, 103 o., u., 104, 106, 107, 108 u., 113, 115 o., 116 u., 119, 120 o., u., 121, 122 u., 124, 125 gr., 125 o., 126, 127, 129, 130, 131, 132, 133 re., 134, 136, 137 o., u., 138, 140, 141, 142, 143 mi., 145, 146, 149, 150 o., u., 152, 153, 155, 156, 157 o., u., 158 o., u., 159 o., 160, 161, 162 o., 164, 165 o., u., 166 o., u., 167, 168, 169, 170, 173, 174, 175, 177, 179 li., re, 180 o., 182 o., 183, 184 o., u., 186, 187, 188, 189, 191, 193 gr., li., re., 194, 195, 196 o., u., 197, 198, 199, 200 o., u., 201, 203, 204 o., 205, 206, 207, 209, 211 u., 212 li. o., re. o., li. u., re. u., 213 u., 214 o., u., 215 li., re., 216, 217 o., u., 218, 219 o., u., 220, 221, 222 o., u., 224 li., re., 225 u., 226, 228, 229 o., 230, 232, 236, 237 u. li., 240 o.
AKG/AP 223, 225 o. *AKG/Battaglini* 47, 109 o. *AKG/Beck* 227 *AKG/Cameraphoto* 22 re. u., 46, 53, 105 u.
AKG/Demme 139. *AKG/Diller* 84, 85 gr., 91, 93 li., re. *AKG/Domingie* 78, 109 u., 116 o., 117. *AKG/Drechsel* 68, 72.
AKG/Forman 22 li. o., re. o., li. u., 58, 85 re. u., 162 u. *AKG/Godefroid* 79. *AKG/Haeckel* 213 o. *AKG/Heine* 128.
AKG/Hilbich 147, 148. *AKG/Lachmuth* 118. *AKG/Lessing* 7, 9 u., 11, 12 o., 13, 14 o., 16, 17 o., u., 19, 24, 26, 27 gr., 31 o., 33 o., 35, 36, 38 o., 39, 50, 51 u., 54, 55, 57, 87 o., 94, 102, 105 gr., 108 o., 110, 111, 122 o., 123, 133 li., 143 gr., 144, 151, 159 gr., 185, 235. *AKG/Martin* 74. *AKG/Mermet* 76 u. *AKG/Nou* 10, 15, 82 u. *AKG/Saunders* 163.
Daniel Biskup 240 u. *Collezione Albaretto, Italien* 231. *Evangelischer Pressedienst (epd)* 239 o. *Ole Hoyer/Wendy Snowdon* 59 u.
ifage Filmproduktion, Wiesbaden 2, 3, 14 u., 21, 23, 34, 51 o., 60, 62 u., 64 u., 70 u., 71 u. 75, 80 u., 83 o., 96 u., 112, 114, 115 u., 135, 154, 178. *KNA-Bild, Frankfurt/Main* 176 li., re., 204 u., 233 u., 234 li. o., re. o., 237 o., u. re., 238 o., u., 239 u. *KNA-Bild/Reuter, Frankfurt/Main* 233 o. *Toni Schneiders* 49 u., 59 o., 64 o., 65, 67 gr., 76 o., 77 u., 97.
VG Bild-Kunst, Bonn 1999 234 u. *Alle anderen Abbildungen: Archive der Verlage.*

Die Deutsche Bibliothek - CIP-Einheitsaufnahme
Strohm, Leo:
2000 Jahre Christentum : eine Religion verändert die Welt / Leo Strohm. - München : Pattloch ; Stuttgart : Kreuz-Verl., 1999
  ISBN 3-629-00857-7 (Pattloch)
  ISBN 3-7831-1756-9 (Kreuz)

Das Buch wurde erstellt in enger Verbindung mit Günther Klein und Ulrich Harbecke.

© Kreuz Verlag GmbH & Co. KG, Stuttgart
© Pattloch Verlag GmbH & Co. KG, München
© Filmrechte: ARD, it-media,
in Zusammenarbeit mit Tellux-Film, München
Produktion: Ulrich Ruf, Freiburg
Bildredaktion: Patricia Büdinger, Augsburg
Reproduktion: Rete GmbH, Freiburg
Gedruckt auf chlorfrei gebleichtem Papier.
Druck und Bindung: Appl, Wemding
Printed in Germany
ISBN 3-7831-1756-9 (Kreuz)
ISBN 3-629-00857-7 (Pattloch)

Inhalt

Vorwort

Der vorliegende Band zur Geschichte des Christentums ist das Ergebnis einer intensiven und lange währenden Zusammenarbeit von Journalisten, Wissenschaftlern, Historikern, Theologen, Verlegern und Filmemachern. Sie haben versucht, die reiche zweitausendjährige Geschichte des Christentums in dreizehn Schlaglichtern zusammenzufassen.

Am Anfang dieser Kooperation stand der spannende Fernsehfilm. Liebe, Intrigen, Verfolgung, Eifersucht und Erlösung gehören ebenso dazu wie gute Schauspieler und eine durchdachte Dramaturgie. Das gilt besonders, wenn der Film von Jesus, der Bibel und den Kirchen handelt. 2000 Jahre Christentum sind 2000 Jahre anrührender und aufregender Geschichten, die das Erste Deutsche Fernsehen in Form einer Zeitreise erzählen möchte: Mit welchen Gewissensnöten haben Menschen um den rechten Glauben gerungen? Wann und wo traten Toleranz, Verständnis und Menschlichkeit ihren Siegeszug an, wann gingen sie unter? Hier wird kein geschöntes Bild gezeichnet; es geht auch darum, zu berichten, welche dunklen Schatten auf der Geschichte des Christentums liegen, welche Machtkämpfe die Kirchen unter dem Signum des Glaubens führten und welche Schuld die Kirche auf sich geladen hat.

Mit Blick auf die Jahrtausendwende haben Redaktionen der ARD große Anstrengungen unternommen und die avanciertesten Mittel des modernen Dokumentarfilms angewandt, um 2000 Jahre Christentum bildhaft darzustellen und einem breiten Publikum nahe zu bringen. Wir hoffen, daß die Zuschauer neugierig werden auf Gott und Dämonen, Papst und Reformation, weil sie merken, daß der christliche Glaube nicht nur etwas mit der Abgeschiedenheit der Kirchen und Klöster zu tun hat.

Weil Fernsehen ein Medium des Augenblicks ist, soll dieses Buch dazu einladen, die Geschehnisse tiefer zu betrachten und eingehender zu bedenken. Und es richtet sich unabhängig von der Dokumentarreihe des Ersten an all die Leser, die sich jenseits von Bibelstudien und theologischer Auslegungskunst mit dem Christentum beschäftigen wollen.

Dr. Günter Struve
Programmdirektor
Erstes Deutsches Fernsehen

Von Jesus zu Christus

Kein Machthaber, kein Denker hat mehr bewegt in der Welt
als ein galiläischer Wanderprediger, von dem wir
kein gemaltes Bild und keine geschriebene Zeile besitzen.
Am Rand der antiken Zivilisation, unter Hirten und Fischern,
beginnt eine Geschichte, deren Ende noch
immer nicht abzusehen ist.

Am Samstag, dem 12. April 1997, verbreitet die Nachrichtenagentur AFP folgende Meldung in alle Welt:

„Ein Brand hat in der Nacht zu Samstag Teile des Turiner Doms zerstört, ein dort aufbewahrtes angebliches Grabtuch Christi konnte aber in Sicherheit gebracht werden. Feuerwehrleute zerstörten die Panzerglasvitrine, in der das Tuch lag. Das Grabtuch, das seit 1578 in der Kathedrale aufbewahrt wurde, ist eine der heiligsten Reliquien des Christentums. Von den Flammen erfaßt wurde auch der benachbarte königliche Palast. Die Feuerwehr bekam den Brand, der kurz vor Mitternacht ausgebrochen war, nach sechs Stunden unter Kontrolle. Brandursache war ersten Ermittlungen zufolge möglicherweise ein Kurzschluß."

Was hat es mit diesem Grabtuch auf sich? Wie kommt es, daß eine Nachrichtenagentur der Rettung einer Leichendecke viel mehr Raum einräumt als der gleichzeitigen Zerstörung zweier historisch wertvoller Prachtbauten? Das Tuch ist ungefähr 4,36 Meter lang und 1,09 Meter breit. Außerdem weist es Blutspuren auf.

Das Grabtuch. Ausschnitt aus dem „Santo Sudario".

Das außergewöhnliche daran ist jedoch, daß es auch den Körperabdruck eines etwa 1,80 Meter großen Mannes zeigt. Das ist der Grund dafür, daß es spätestens seit dem 14. Jahrhundert als Grabtuch Jesu verehrt wird. Im Jahr 1898 fotografiert der Italiener Secondo Pia die Reliquie. Als er das Negativ seines Bildes aus der Entwicklerschale zieht, macht er eine verblüffende Entdeckung: Das Negativ ist ein Positiv. Deutlich sind darauf die Gesichtszüge eines Mannes mit Kinnbart und langen Haaren zu erkennen. Sogar Wundmale am Kopf und im Brustbereich sind deutlich sichtbar.

Sollte hier eine direkte Verbindung zum historischen Jesus von Nazareth bestehen? Ist das Leichentuch der erste wirklich greifbare Beweis für seine Existenz? Zeigt es tatsächlich ein Abbild, mehr noch, eine Art Fotografie Jesu, von dem wir sonst nichts Originales in Händen halten, keinen Gegenstand, den er gebraucht, keine Zeile, die er geschrieben hätte?

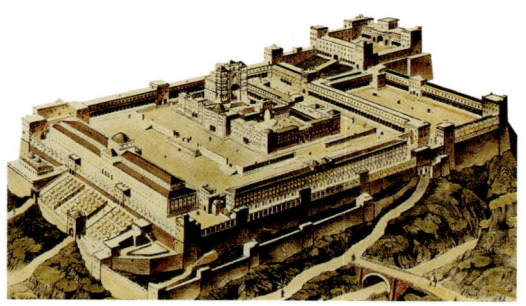

Rekonstruktion des Tempels
zu Jerusalem zur Zeit Christi.
Unten:
Die Klagemauer.
Teil des von Herodes d. Gr.
erweiterten Tempels
in Jerusalem.

Eine wirklich eindeutige Antwort darauf werden wir wahrscheinlich nie erhalten. Zwar ist das Material des Lakens – qualitativ hochwertige Leinwand – schon seit dem I. Jahrhundert im nahen Osten nachweisbar, das Grabtuch selbst ist aber erst seit der Mitte des 14. Jahrhunderts eindeutig bezeugt. Seither wogt der Streit um seine Echtheit hin und her. Dabei werden Zweifel nicht nur durch die moderne Wissenschaft geäußert. Auch von höchster kirchlicher Seite wird immer wieder Skepsis laut.

Dennoch kommen jährlich Hunderttausende von Pilgern nach Turin, um das Grabtuch zu betrachten. Hier fühlen sie sich demjenigen ganz nah, den sie als den Sohn Gottes verehren, den Erlöser der Welt. Eine zweitausendjährige Vergangenheit verdichtet sich so für sie, die Glaubenden, zur unmittelbaren Gegenwart.

Das Römische Reich um die Zeitenwende umfaßt nahezu die gesamte damals bekannte Welt. Als gottgleicher Herrscher regiert Kaiser Augustus sein riesiges Imperium. Judäa ist nur ein winziger Fleck in seinem Herrschaftsgebiet, ein Teil der größeren Provinz Syrien. Dennoch muß er hier immer wieder eingreifen.

Nach dem Tod des von Augustus persönlich eingesetzten Königs Herodes des Großen im Jahr 4 v. Chr. fällt Judäa an dessen Haupterben, seinen Sohn Archelaos. Er zieht sich durch seine unnachgiebige Härte jedoch schnell den Haß der Bevölkerung zu, und als

**Geburtsstätte Jesu.
Grotte unter der Geburtskirche
in Bethlehem, nach einem
Aquarell von David Roberts.**

in Rom immer mehr Klagen eintreffen, entschließt sich Augustus zum Handeln. Er will den ohnehin labilen Frieden in dieser Region nicht unnötig gefährden.

Also setzt er einen Statthalter ein. Dessen erste Maßnahme ist eine Steuerreform, und dazu muß er eine Volkszählung durchführen, die um 6/7 n. Chr. stattfindet.

„In jenen Tagen erließ Kaiser Augustus den Befehl, alle Bewohner des Reiches in Steuerlisten einzutragen. Dies geschah zum erstenmal; damals war Quirinius Statthalter von Syrien. Da ging jeder in seine Stadt, um sich eintragen zu lassen.

So zog auch Josef von der Stadt Nazaret in Galiläa hinauf nach Judäa in die Stadt Davids, die Bethlehem heißt; denn er war aus dem Haus und Geschlecht Davids. Er wollte sich eintragen lassen mit Maria, seiner Verlobten, die ein Kind erwartete.“ Lk 2,1-5

Der Anfang der berühmten Weihnachtsgeschichte aus dem Lukasevangelium legt also als Geburtsjahr Jesu den Zeitpunkt dieser Volkszählung nahe. Nach dem Bericht des Matthäusevangeliums hingegen wird Jesus

kurz vor dem Ende der Regierungszeit des Herodes, das heißt also im Jahr 4 v. Chr., geboren.

„Als Jesus zur Zeit des Königs Herodes in Bethlehem in Judäa geboren worden war, kamen Sterndeuter aus dem Osten nach Jerusalem und fragten: Wo ist der neugeborene König der Juden?“ Mt 2,1-2

Bis heute können sich die Gelehrten nicht auf ein bestimmtes Geburtsjahr einigen – zu groß ist der zeitliche Abstand zu den Geschehnissen, zu dürftig ist die Quellenlage. Übereinstimmung scheint ja aber, will man den beiden oben zitierten Texten glauben, zumindest über den Geburtsort Bethlehem zu bestehen. Schon im Jahr 336 hat Kaiser Konstantin über der kleinen Grotte, wo Maria der Legende nach ihren kleinen Sohn zur Welt gebracht haben soll, eine Kirche errichten lassen. Die Kreuzritter gaben ihr dann ihre heutige, festungsartige Gestalt. Vor allem um die Weihnachtszeit zwängen sich unübersehbare Pilgerströme durch den schmalen Eingang und klettern hinunter zu der Stelle, wo ein vierzehnzackiger Stern mit folgender Inschrift in den Boden eingelassen ist:

„Hic de virgine Maria Jesus Christus natus est.“
„Hier ist Jesus Christus aus der Jungfrau Maria geboren worden.“

Vom Standpunkt der modernen Geschichtswissenschaft aus gesehen, ist es allerdings eher unwahrscheinlich, daß Jesus tatsächlich in Bethlehem geboren wurde. Denn mit Ausnahme der beiden oben zitierten Stellen ist überall sonst in der Bibel nur von Jesus als dem Mann aus Nazaret die Rede. Es deutet also sehr viel darauf hin, daß er tatsächlich aus jenem unbedeutenden kleinen Örtchen in Südgaliläa stammt. Wieso aber gibt es dann überhaupt Berichte über Jesu Geburt in Bethlehem?

Sie haben vermutlich einen ganz bestimmten Zweck: Sie sollen der noch jungen christlichen Gemeinde als theologische Legitimation gegenüber der jüdischen Gemeinschaft, aus der sie ja hervorgegangen ist, dienen. Bethlehem ist die Heimatstadt Davids, und nur als Angehöriger des Stammes David kann Jesus – entsprechend den Traditionen des Alten Testaments – tatsächlich der Messias sein. Nicht umsonst berichtet das Johannesevangelium von einem treuen Israeliten, der von Jesus hört und ungläubig fragt: *„Aus Nazaret? Kann von dort etwas Gutes kommen?"*
Joh 1,46

Seine Geburt in der Stadt Davids ist für die Urchristenheit also von größter Bedeutung. Auch die Kindheitsgeschichten der Evangelien werden nicht in erster Linie erzählt, um über einen historischen Sachverhalt zu berichten, sondern um Jesus als Sohn Gottes zu legitimieren. Dies wird zum Beispiel in der Erzählung vom 12jährigen Jesus im Tempel deutlich.

„Die Eltern Jesu gingen jedes Jahr zum Passahfest nach Jerusalem. Als er zwölf Jahre alt geworden war, zogen

Der in den Fußboden eingelassene silberne Stern in der Geburtskirche.

sie wieder hinauf, wie es dem Festbrauch entsprach. Nachdem die Festtage zu Ende waren, machten sie sich auf den Heimweg. Der junge Jesus aber blieb in Jerusalem, ohne daß seine Eltern es merkten. Sie meinten, er sei irgendwo in der Pilgergruppe, und reisten eine Tagesstrecke weit; dann suchten sie ihn bei den Verwandten und Bekannten. Als sie ihn nicht fanden, kehrten sie nach Jerusalem zurück und suchten ihn dort. Nach drei Tagen fanden sie ihn im Tempel; er saß mitten unter den Lehrern, hörte ihnen zu und stellte Fragen. Alle, die ihn hörten, waren erstaunt über sein Verständnis und über seine Antworten. Als seine Eltern ihn sahen, waren sie sehr betroffen, und seine Mutter sagte zu ihm: Kind, wie konntest du uns das antun? Dein Vater und ich haben dich voll Angst gesucht. Da sagte er zu ihnen: Warum habt ihr mich gesucht? Wußtet ihr nicht, daß ich in dem sein muß, was meinem Vater gehört? Doch sie verstanden nicht, was er damit sagen wollte."
Lk 2,41-50

Dieser Bericht will den Lesern sagen, daß Jesus von Anfang an ein außergewöhnlicher Mensch ist, daß er schon als Kind mehr Autorität und Gelehrtheit besessen hat als die

Berge in der Wüste Juda.

Lehrer im Tempel. Die Wahrscheinlichkeit ist groß, daß es sich hierbei um die Perspektive der christlichen Gemeinde zur Zeit der Entstehung des Lukasevangeliums handelt, daß dieser Text also eher als Lehrstück denn als historischer Bericht verstanden werden muß.

Die ersten Lebensjahrzehnte Jesu liegen, was die historischen Fakten betrifft, fast völlig im Dunkeln. Erst mit der öffentlichen Wirksamkeit Jesu, die mit seiner Taufe durch Johannes den Täufer beginnt, können wir auf einige gesicherte Daten zurückgreifen. Nach den Berichten verschiedener römischer Geschichtsschreiber kann man davon ausgehen, daß Jesus im Jahr 28 dem Täufer begegnet. Er ist ein Bußprediger, von denen es zu

Johannes der Täufer. Ikonenmalerei vom Berg Athos, 1260.

jener Zeit viele gibt. Nicht viele erreichen jedoch seine Wirkung. Er sammelt große Scharen von Anhängern um sich und tauft sie im Jordan. Die Evangelien sehen in Johannes einen Vorläufer Jesu, einen Vorbereiter für dessen Predigt vom kommenden Reich Gottes.

Jesus läßt sich von ihm taufen und beginnt dann seine Wanderschaft. Sie beginnt in seiner Heimat, in Galiläa, und endet schließlich nach etwa zwei Jahren im judäischen Jerusalem. In dieser Zeit spricht er zu den einfachen Leuten, und er spricht ihre Sprache. Er selbst ist ja Zimmermann, und so kennt er die Lebenswelt der Fischer und Handwerker genau, kennt ihre Wünsche und Sehnsüchte ebenso wie ihre Sorgen und Ängste.

„Selig, die arm sind vor Gott, denn ihnen gehört das Himmelreich.

Selig die Trauernden, denn sie werden getröstet werden.

Selig, die keine Gewalt anwenden, denn sie werden das Land erben.

Selig, die hungern und dürsten nach der Gerechtigkeit, denn sie werden satt werden.

Selig die Barmherzigen, denn sie werden Erbarmen finden.

Selig, die ein reines Herz haben, denn sie werden Gott schauen.

Selig, die Frieden stiften, denn sie werden Söhne Gottes genannt werden.

Selig, die um der Gerechtigkeit willen verfolgt werden, denn ihnen gehört das Himmelreich."

Mt 5,3-10

Die Leute hören ihm zu. Sie staunen über seine Worte, aber mehr noch staunen sie über ihn. Heilsprediger gibt es viele zu dieser Zeit, aber Jesus ist anders. Er lebt weder asketisch noch als Einsiedler und verlangt dies auch nicht von seinen Anhängern. Er geht zu den Menschen, anstatt sie aus ihrer Lebenssituation herauszurufen. Er hilft manchem aus einer unmittelbaren Not, und er nimmt sich besonders der Benachteiligten und der Ausgestoßenen an – egal, ob Leprakranker, römischer Kollaborateur oder Prostituierte. So bilden seine Lehre und sein Verhalten, bilden Wort und Tat eine Einheit.

Jesus ist Jude wie seine Zuhörer, und doch ist ein neuer Ton in dem, was er sagt.

Das Judentum zu jener Zeit ist alles andere als ein einheitliches Gebilde. Dies ist in erster Linie auf die römische Besatzung zurückzuführen. Zwar lassen die Römer ihren jüdischen Untertanen relativ große Freiheiten in der Religionsausübung, aber sie bleiben Besatzer.

Die Sadduzäer haben sich mit dieser Situation am besten arrangiert. Sie bilden die Standespartei der aristokratischen Priesterfamilien und leben mehr als gut von Wallfahrt und Opfersteuer. Sie haben sich mit den Machthabern arrangiert, und ihr Lebensstandard steht dem der römischen Oberschicht in nichts nach.

Ganz anders dagegen die Zeloten. Die „Eiferer" (das griechische Wort „zelos" bedeutet „Eifer") sind nicht länger bereit, geduldig die Demütigungen der Fremdherrschaft zu ertragen, sondern wollen durch aktives Eingreifen die Erfüllung ihrer messianischen Hoffnung erzwingen. Mit antirömischen Parolen gewinnen sie in Palästina schnell zahlreiche Anhänger. Auch vor gewaltsamen Unruhen machen sie nicht Halt und schüren immer wieder Haß und Widerstand.

Modell Jerusalems zur Zeit Herodes d. Gr.

Die Höhlen von Qumran
am Steilabfall zum Wadi
Qumran.
Unten: Filmszene
aus Qumran.

störung des jüdischen Staates, die alleinigen Vertreter des Judentums. Die Sadduzäer, die sich immer wieder ungeniert über die Gesetzesstrenge und die Reinigungsvorschriften der Pharisäer lustig ge-

Eine andere jüdische Gruppierung hat sich in die Einsamkeit zurückgezogen. Weit entfernt von allen politischen und gesellschaftlichen Auseinandersetzungen leben die rund 4000 Mitglieder des Ordens der Essener in den Höhlen von Qumran am Ufer des Toten Meeres in klosterähnlicher Abgeschiedenheit. Sie studieren die alten Schriften und erwarten das nahe bevorstehende Weltgericht. Als letzte bedeutende Gruppierung innerhalb des zeitgenössischen Judentums sind die Pharisäer zu nennen. Sie sind die Schriftgelehrten des jüdischen Glaubens und haben keinerlei politische Ambitionen. Vielmehr suchen sie das Heil in der genauen Beachtung aller Gesetze und Reinheitsgebote und halten bewußt an allen Traditionen fest. Außerdem legen sie großen Wert auf eine Trennung zwischen Gläubigen und Gottlosen.

Es wird sich zeigen, daß dieser Weg der einzige mit Zukunft ist. Nur die Pharisäer überleben die Katastrophe des Jüdischen Krieges (66-70); sie sind im Jahr 70, nach der Zer-

macht haben, gehen im Krieg ebenso unter wie die Zeloten, die einen Teil der Verantwortung an seinem Ausbruch tragen, oder die Essener.

Daher richtet sich auch die Polemik der Evangelien immer ausdrücklich gegen die Pharisäer: Sie werden ja zumeist erst nach dem Jahr 70 schriftlich fixiert, und zu dieser Zeit sind Pharisäertum und Judentum bereits identisch.

Doch bis dahin wird noch viel geschehen. Palästina ist ein unruhiges Land. In etlichen Landesteilen herrschen Hunger und Elend. Radikale Gruppen wagen immer wieder Auf-

stände gegen die römischen Besatzer. Diese antworten mit grausamen Strafaktionen. Viele Juden verlassen das Land und siedeln sich in den großen Städten des Römischen Reichs an. Nicht wenige erwarten das unmittelbar bevorstehende Ende der Welt.

Auch in den Predigten Jesu ist immer wieder von der radikalen Umwälzung des Bestehenden und vom Kommen des nahen Gottesreiches die Rede. Seine Anhänger setzen ihre Hoffnungen auf ihn. Manche sehen in ihm gar den „Messias", den „Gesalbten Gottes", der die römische Fremdherrschaft beenden und die Herrschaft Gottes aufrichten wird. So werden auch die Zeloten auf ihn aufmerksam. Aber Jesus macht immer wieder deutlich, daß er keinen politischen Aufstand zum Ziel hat:

„Gebt dem Kaiser, was dem Kaiser gehört, und Gott, was Gott gehört!" Lk 20,25

Aber auch die mächtige Priesterschaft spürt, daß sich bald etwas verändern könnte, denn der Mann aus Nazaret nimmt auf Hierarchien und Obrigkeiten keinerlei Rücksicht.

„Dann kamen sie nach Jerusalem. Jesus ging in den Tempel und begann, die Händler und Käufer aus dem Tempel hinauszutreiben; er stieß die Tische der Geldwechsler und die Stände der Taubenhändler um und ließ nicht zu, daß jemand irgendetwas durch den Tempelbezirk trug. Er belehrte sie und sagte: Heißt es nicht in der Schrift: Mein Haus soll ein Haus des Gebetes für alle Völker sein? Ihr aber habt daraus eine Räuberhöhle gemacht." Mk 11,15-17

Jesus ist, so erzählen es die biblischen Quellen, kurze Zeit vor der Feier des jüdischen Passahfestes nach Jerusalem gekommen. Das Passah dient der Erinnerung an den Auszug

**Blick auf die Stadt Jerusalem.
Nach einem Aquarell von David Roberts.**

des Volkes Israel aus der ägyptischen Sklaverei. Es wird mit einem großen Mahl – traditionell wird dabei das Passahlamm verzehrt – im Kreis der Familie begangen und findet immer am 14. Tag des Frühlingsmonats Nisan statt.

Am Vorabend des Festes nimmt Jesus die letzte Mahlzeit seines Lebens zu sich – das Abendmahl im Kreise seiner getreuesten Jünger. Die kleine Gemeinschaft hat sich im Verlauf ihrer Wanderschaft von Galiläa nach Judäa gut organisiert. Es gibt sogar einen Kassenwart: Judas, der Mann aus Karioth („isch karioth").

Während sich seine Gefährten nach dem Mahl gemeinsam in den Garten Gethsemane begeben, der vor den Toren der Stadt liegt, verläßt er die Runde und verrät seinen Meister an die Priesterschaft.

Über seine Motive ist viel gerätselt worden. Ist Judas ein enttäuschter Zelot, dem Jesus nicht radikal genug war? Ist er gewissenlos und geldgierig – immerhin wird er ja mit dreißig Silberlingen für seinen Treuebruch belohnt? Oder ist er nichts als ein göttliches Werkzeug zur Erfüllung des Heilsplans? Vielleicht wäre Jesus gar nicht gekreuzigt worden, wenn Judas ihn nicht verraten hätte. In den biblischen Schriften jedenfalls fehlt jede Polemik gegen den Denunzianten. Über sein unrühmliches Ende wird berichtet – in zwei unterschiedlichen Versionen.

Im Matthäusevangelium überkommt ihn noch am Tag des Verrats die Reue:

„Da warf er die Silberstücke in den Tempel; dann ging er weg und erhängte sich." Mt 27,5

In der Apostelgeschichte dagegen finden wir sein Ende so geschildert:

„Mit dem Lohn für seine Untat kaufte er sich ein Grundstück. Dann aber stürzte er vornüber zu Boden, sein Leib barst auseinander, und alle Eingeweide fielen heraus." Apg I,18

Während Judas also den Weg zum Amtssitz des Hohepriesters einschlägt, erwartet Jesus im Garten am Ölberg, der östlich der Stadtmauern liegt, seine Verhaftung. Die Evangelien berichten uns von seiner großen Ein-

samkeit und seiner Angst in diesen Stunden vor seinem Tod.

„Sie kamen zu einem Grundstück, das Gethsemani heißt, und er sagte zu seinen Jüngern: Setzt euch und wartet hier, während ich bete. Und er nahm Petrus, Jakobus und Johannes mit sich. Da ergriff ihn Furcht und Angst, und er sagte zu ihnen: Meine Seele ist zu Tode betrübt. Bleibt hier und wacht! Und er ging ein Stück weiter, warf sich auf die Erde nieder und betete, daß die Stunde, wenn möglich, an ihm vorbeigehe." Mk 14,32-35

Doch der römische Präfekt von Judäa, Pontius Pilatus, verurteilt Jesus zum Tod. Nach der biblischen Überlieferung beugt er sich dabei dem Druck der Priesterschaft und der Volksmenge. Möglicherweise hat er aber durchaus aus eigenem Antrieb gehandelt. Während seiner Amtsführung von 26 bis 36 n. Chr. hat seine grausame und judenfeindliche Amtsführung jedenfalls immer wieder Aufstände in der Bevölkerung provoziert. Die Kreuzigung ist die grausamste Strafe, die die römische Besatzungsmacht verhängen kann. Sie ist für Schwerstverbrecher und Verräter

Christus vor dem Landpfleger Pontius Pilatus. Ausschnitt aus den Bronzetüren des Doms St. Marien in Hildesheim.

Kreuzigung. Ausschnitt aus dem Isenheimer Altar von Grünewald, um 1513/15.

reserviert. Der Verurteilte wird dabei mit Händen und Füßen auf ein Holzkreuz gebunden oder auch genagelt. Dann wird das Kreuz aufgerichtet. Das Körpergewicht zerrt unbarmherzig an den unbeweglich befestigten Gliedmaßen, die Schmerzen werden unerträglich, und schließlich bricht der Kreislauf des Gekreuzigten zusammen, der Körper stellt seinen Dienst ein. Es gibt nur wenige Todesarten, die ähnlich qualvoll sind.

Mit seinem Urteilsspruch übergibt Pontius Pilatus Jesus diesem Schicksal. Mit großer Wahrscheinlichkeit geschieht dies im Jahr 30, da wir wissen, daß Jesus an einem Freitag gestorben ist, der auf ein Passahfest fiel, und genau dies war in ebendiesem Jahr der Fall. Um drei Uhr nachmittags ist Jesus von Nazaret tot.

Seine Begleiter fliehen entsetzt und verstecken sich. Sie haben Angst, ebenfalls verhaftet und getötet zu werden.

In den nächsten Stunden und Tagen stehen sie vor einer furchtbaren Frage: Wer war Jesus wirklich? Ist mit seinem Tod alles zu Ende? War er ein Schwindler — wie vor ihm schon so viele andere?

Am übernächsten Tag nach der Kreuzigung besuchen einige Frauen das Grab, in das Jesu Leichnam gelegt worden ist.

„Sie sagten zueinander: Wer könnte uns den Stein vom Eingang des Grabes wegwälzen? Doch als sie hinblickten, sahen sie, daß der Stein schon weggewälzt war; er war sehr groß. Sie gingen in das Grab hinein und sahen auf der rechten Seite einen jungen Mann sitzen, der mit einem weißen Gewand bekleidet war; da erschraken sie sehr. Er aber sagte zu ihnen: Erschreckt nicht! Ihr sucht Jesus von Nazaret, den Gekreuzigten. Er ist

Die Grabeskirche in Jerusalem. Innenansicht des Altars der 11. Station.

Die Grabeskirche in Jerusalem.

auferstanden, er ist nicht hier. Seht, da ist die Stelle, wo man ihn hingelegt hatte."   Mk 6,3-6

Das Grab ist leer. Unglaubliche Gerüchte verbreiten sich. Einzelne berichten, sie seien dem Auferstandenen begegnet. Niemand weiß, was wirklich geschehen ist. Nur soviel ist sicher: Plötzlich gibt es Menschen, die an die Auferstehung des Jesus von Nazaret glauben, gegen alle Erfahrung und Vernunft.

Heute liegt die Stätte, wo Jesu Leichnam zur Ruhe gelegt wurde, nicht mehr außerhalb der Stadtmauern, sondern im Herzen der Jerusalemer Altstadt. Darüber erhebt sich die Kirche zum Heiligen Grab. Im Jahr 326 hat man die Stelle unter einem Venustempel wiederentdeckt. Kaiser Konstantin läßt dann genau dort eine Kirche errichten, die immer wieder verändert und erweitert wird. Heute enthält sie über dreißig Kapellen, die sich auf mehrere Stockwerke verteilen.

Die winzige Grabkammer im Inneren der Kirche ist auch die letzte Station des berühmten Kreuzweges, der „Via Dolorosa". Die vierzehn Stationen der „Schmerzensstraße" führen von der Burg Antonia an der Nordwestecke des Tempelplatzes bis zur Grabeskirche, in der sich die letzten fünf Stationen befinden: Entkleidung Jesu, Kreuzigung, Tod, Abnahme des Leichnams und Grablegung.

Das leere Grab ist das sichtbare Zeichen für die Auferstehung Jesu, es ist der Ursprungsort für den neuen Glauben an Jesus Christus, den Auferstandenen. Und so wird das Osterfest, an dem der Auferstehung gedacht wird, zum ältesten und bedeutendsten Fest der christlichen Kirche.

Aber noch sind die „Christen" nur eine Bewegung innerhalb des Judentums. Ihre Anhänger leben nach dem jüdischen Gesetz und besuchen die Synagoge. Und doch gibt es einen wesentlichen Unterschied. Sie verehren Jesus als den „Gesalbten Gottes", den seit langem erwarteten Messias. Sie blicken voller Hoffnung der baldigen Rückkehr ihres Meisters entgegen und vertreten ihre Überzeugung in aller Öffentlichkeit.

Damit gelten die Christen in den Augen vieler Juden als eine etwas merkwürdige Sekte, die einem Irrglauben erlegen ist. Von dieser Sorte gibt es nicht wenige zu jener Zeit, und so besteht für das Judentum kein Grund, die neue Bewegung zu bekämpfen.

Viel mehr Zündstoff steckt in einem anderen innerjüdischen Konflikt, der durch die Botschaft von dem Auferstandenen sehr schnell eskalieren wird.

Schon seit einiger Zeit kommt es immer wieder zu Meinungsunterschieden zwischen den in Palästina lebenden Juden und denen in der griechisch sprechenden Diaspora, den sogenannten „Hellenisten". Sie haben sich dem Einfluß der griechischen Sprache und Kultur geöffnet und entfernen sich langsam von den alten hebräischen Traditionen. Für sie ist, schon allein aus praktischen Gründen, der Tempel nicht mehr das Zentrum ihres Glaubens und ihres Gottesdienstes. An seine Stelle tritt die Synagoge, und das Opfer wird durch die Auslegung der Tora, also der fünf Bücher Mose, ersetzt. Auch in der Mission unter den Heiden legen die hellenistischen Gemeinden liberalere Maßstäbe an als die gesetzesstrengen palästinischen Juden: So wird in aller Regel auf die Beschneidung verzichtet, es reicht das Bekenntnis zu dem einen Gott Israels und die Einhaltung einiger weniger ritueller Gebote wie der Sabbatheiligung und etlicher Speisevorschriften.

Die neu entstehende christliche Gemeinde bietet zunächst Platz für beide, hellenistische und hebräische Juden. Allerdings kommt es sehr schnell zu tiefgreifenden Konflikten zwischen den Parteien. Die moderneren, weltoffenen Hellenisten fühlen sich benachteiligt und als Gemeindeglieder zweiter Klasse. Ihr Wortführer in Jerusalem ist ein junger Mann namens Stephanus. Er macht in einer öffentlichen Rede seiner Verärgerung über die jüdischen Traditionalisten Luft und greift darin vor allem die gesetzestreuen Juden an.

In einem Akt von Lynchjustiz wird er gesteinigt. Nur wenige Jahre nach der Kreuzigung hat die junge Gemeinde ihren ersten Märtyrer. Weitere „Abweichler" werden verfolgt, einzelne verhaftet und hingerichtet, darunter auch Jakobus, der Bruder Jesu und Vorsteher der jungen Gemeinde. Viele werden vertrieben und fliehen in benachbarte Provinzen, wo sie neue Gemeinden gründen. Die frühe Christenheit erlebt ihre erste Spaltung. Und sie steht vor einer Grundsatzfrage: Muß man Jude sein, um Christ zu werden? Muß man sich beschneiden lassen und die Reinheitsgebote einhalten, damit die Taufe wirksam wird? Oder wendet sich die christliche Botschaft unmittelbar an alle Menschen, gleich welcher Herkunft?

Um das Jahr 48/49 versammeln sich Vertreter beider Strömungen in Jerusalem, um genau diesen Punkt zu beraten. Dieses sogenannte Apostelkonzil ist mit Sicherheit das wichtigste Ereignis in der Geschichte der Urkirche. Hart prallen die Meinungen aufein-

Die Steinigung des Heiligen Stephanus. Gemälde von Lorenzo Lotto, 1516.

Bekehrung des Saulus.
Fresko im Vatikan
von Michelangelo Buonarroti,
1542-1545.

en und Armenien, Johannes zieht es nach Kleinasien, Matthias missioniert in Äthiopien, und Petrus geht nach Rom.

In dieser Aufzählung fehlt allerdings der Name eines Mannes, der sich wie kein zweiter für die Ausbreitung des christlichen Glaubens auch in den letzten Winkel der damals bekannten Welt eingesetzt hat. Auch auf dem Apostelkonzil hat er seine Stimme erhoben und für die „Freiheit, die wir in Christus Jesus haben" und die Legitimität der Mission unter den Unbeschnittenen gekämpft.

Sein Name ist Paulus, auch wenn er im Freundes- und Familienkreis üblicherweise mit seinem hebräischen Namen „Saulus" angeredet wird. Er stammt aus Tarsus in Cilicien, im Süden der heutigen Türkei. Dort wird er, vermutlich um die Jahrtausendwende, als Sohn jüdischer Eltern geboren. Er spricht griechisch, hat in Jerusalem das jüdische Gesetz studiert und besitzt das römische Bürgerrecht. Von Beruf ist er Zeltmacher. Er ist kein typischer Vertreter des Diaspora-Judentums, da er sich nicht zu den Hellenisten, sondern zu den gesetzestreuen Pharisäern hält. Als solcher sind ihm die Christusbekenner ein Dorn im Auge und er bekämpft sie mit großem Einsatz. Er soll sich sogar an der Steinigung des Stephanus

ander. Der Bericht der Apostelgeschichte legt Petrus das entscheidende Wort in den Mund: *„Wenn nun Gott ihnen (den Heidenchristen), nachdem sie zum Glauben an Jesus Christus, den Herrn, gekommen sind, die gleiche Gabe verliehen hat wie uns: wer bin ich, daß ich Gott hindern könnte?"*

Apg 11,17

Es ist eine Entscheidung von größter Tragweite. Ohne sie bliebe die neue Bewegung eine innerjüdische Sekte. Da sie sich jetzt aber zur Welt hin öffnet, öffnet sich ihr die Welt. Die Apostel zerstreuen sich und verkündigen die neue Botschaft in alle Welt. Nach der Überlieferung predigt Andreas in Griechenland, Bartholomäus in Indien, Mesopotami-

beteiligt haben; seine eigenen Angaben widersprechen jedoch dieser Legende.

Doch eines Tages, auf der Straße nach Damaskus, geschieht etwas Sonderbares:

„Unterwegs aber, als er sich bereits Damaskus näherte, geschah es, daß ihn plötzlich ein Licht vom Himmel umstrahlte. Er stürzte zu Boden und hörte, wie eine Stimme zu ihm sagte: Saul, Saul, warum verfolgst du mich? Er antwortete: Wer bist du, Herr? Dieser sagte: Ich bin Jesus, den du verfolgst." Apg 9,3-5

Das Erlebnis bei Damaskus verwandelt ihn. Was wirklich geschehen ist, ist für die historische Forschung nicht greifbar. Nur die Wirkung läßt sich beschreiben. Nun wird Paulus zum glühenden Prediger des Glaubens an Jesus, den Auferstandenen. Er ist beseelt von dem Gedanken, den neuen Glauben im ganzen Römischen Reich bekannt zu machen.

In den ersten Jahren nach seinem Damaskus-Erlebnis, das in den Jahren 32/33 stattgefunden haben könnte, wirkt er in der näheren Umgebung Palästinas, in Arabien, Syrien und in seiner Heimat Cilicien. Nach dem Apostelkonzil faßt er jedoch weiter entfernte Ziele ins Auge. Seine Missionsreisen führen ihn in die Metropolen Kleinasiens. Dann betritt er in Neapolis, dem heutigen Kavalla, zum ersten Mal europäischen Boden.

Vor den Toren der Stadt Philippi spricht Paulus zu Frauen, die sich an einem kleinen Fluß versammelt haben. Unter ihnen ist Lydia, eine Purpurhändlerin. Sie läßt sich zusammen mit ih-

Paulus im Gefängnis. Filmszene.

rer Familie taufen und bildet so den Grundstock für das Entstehen einer christlichen Gemeinde.

Natürlich stößt der Unermüdliche auch immer wieder auf Schwierigkeiten. Rivalisierende Missionare und die von ihnen gegründeten christlichen Gemeinden bezweifeln seine apostolische Autorität oder äußern sich verächtlich über sein Auftreten und seinen Missionsstil. Die Römer verhaften ihn als Unruhestifter und werfen ihn in den Kerker. Er wird verprügelt, mit Steinen beworfen und immer wieder gefangen genommen. Dennoch scheut er kein Hindernis und keine Gefahr, fürchtet weder staatliche Autoritäten noch aufgebrachte Gegner. Paulus kennt nur ein Ziel: die Gründung neuer Gemeinden. Wie die anderen Christen seiner Generation rechnet auch er fest mit der unmittelbar bevorstehenden Wiederkehr Christi. Und bis dahin sollen möglichst alle Menschen auf der Welt von seiner Erlösung erfahren haben.

Aber bald steht er, wie die gesamte Urchristenheit, vor einem großen Problem. Einzelne Gemeindemitglieder sterben noch vor der Wiederkunft des Herrn. Was hat das zu bedeuten? Hatten nicht auch sie gehofft, den Triumph ihres Glaubens und den Anbruch des neuen, des ewigen Lebens hautnah mitzuerleben? Wie soll dieser Widerspruch aufgelöst werden?

Für Paulus gibt es darauf nur eine Antwort: Das neue Leben hat mit

Die Evangelisten Johannes,
Lukas und Matthäus.
Byzantinische Buchmalerei
aus dem 12. Jahrhundert.
Daneben der Evangelist Markus,
Gemälde, 1454.

Die ursprüngliche Hoffnung der ersten Christen auf die baldige Wiederkehr ihres Herrn muß also der Realität weichen. Damit steht die junge Kirche vor einem weiteren schwierigen Problem. Jesus hat seine Botschaft nicht schriftlich aufgezeichnet. Solange es noch Augenzeugen gab und man an das bevorstehende Weltende glaubte, genügte auch das mündliche Wort. Aber nun sterben die Augenzeugen aus, und es entsteht ein dringender Bedarf, die frohe Botschaft, das „Evangelium", schriftlich festzuhalten und weiterzugeben.

der Auferstehung Christi schon begonnen. Die Erlösung ist bereits geschehen, unwiderruflich und für alle Zeiten.

Doch, anders als ursprünglich angenommen, nimmt diese Befreiungstat Gottes den Menschen nicht heraus aus der Welt, sondern stellt ihn in sie hinein. Hier soll der Glaubende sich bewegen und bewähren.

In diesem Bewußtsein missioniert Paulus unermüdlich weiter, bis er im Frühjahr 56 von römischen Soldaten gefangengenommen wird. Zwei Jahre später erfolgt der Transport nach Rom, wo er vermutlich im Jahr 60 unter Nero den Märtyrertod stirbt.

So ist es zu erklären, daß die erste schriftliche Erzählung des Lebens und Wirkens Jesu vermutlich erst um das Jahr 70 entsteht: das Evangelium des Markus. Einige Jahre später schreiben auch Lukas und Matthäus nieder, was sie vom Leben und von der Botschaft Jesu wissen. Ihr Text folgt über weite Strecken dem des Markus. Ganz offensichtlich haben sie ihn als Vorlage benutzt und zum Teil sogar wörtlich zitiert.

Daneben gibt es aber auch Unterschiede. Ganze Zyklen, wie zum Beispiel die Bergpredigt, sind bei Markus überhaupt nicht oder nur fragmentarisch vertreten, wohl aber bei Lukas und Matthäus, teilweise auch mit wortwörtlichen Übereinstimmungen. Aufgrund dieser Tatsache schließt man auf eine weitere Quelle, eine Sammlung von Jesus-Worten in aramäischer Sprache, die Markus nicht gekannt hat. Sie ist jedoch verschollen. Das Johannesevangelium hat nur wenige Berührungspunkte mit den anderen dreien. Es ist wohl im letzten Jahrzehnt des 1. Jahrhunderts vermutlich in Syrien entstanden. Keines der vier Evangelien und auch nicht die von Lukas verfaßte Apostelgeschichte ist als historische Biographie ge-

dacht. In allen Texten vermischen sich geschichtliche Tatsachen, überlieferte Jesus-Worte und Ereignisse, die in erster Linie wegen ihrer theologischen Bedeutung erzählt werden. Sie sollen die Gemeinde im Glauben stützen.

Der Schriftenforscher Tischendorf, Filmszene.

Alle diese Berichte sind Ergebnis des Glaubens und nicht seine Voraussetzung.

Neben den Evangelien bilden die überlieferten Briefe des Paulus, seiner Schüler und anderer Apostel einen zweiten Schwerpunkt im Neuen Testament. Immer wieder werden diese Schriften in tagelanger mühsamer Arbeit abgeschrieben und an andere Gemeinden weitergegeben. Vieles geht verloren, aber manches erweist sich als wertvoll und hilfreich und überdauert die Jahrhunderte. Rund zweihundert Jahre dauert es, bis sich die mittlerweile weltweit verbreitete Kirche auf den „Kanon", die verbindliche Sammlung der Heiligen Schriften, geeinigt hat.

Wir schreiben das Jahr 1840. In der Bibliothéque Nationale in Paris sitzt ein junger Gelehrter aus Leipzig. Er ist gekommen, um den „Codex Ephraemi Syri Rescriptus" zu studieren. Das Pergament ist ein Palimpsest, ein mehrmals beschriebenes Blatt, dessen Buchstaben im 12. Jahrhundert abgeschabt worden sind, um es erneut zu beschriften. Pergament war kostbar zu jener Zeit.

Der junge Mann, sein Name ist Konstantin von Tischendorf (1815-1874), hat eine Tinktur erfunden, die die alten, ausradierten Buchstaben wieder sichtbar macht. Er hat große Hoffnungen mit seinem Besuch in der französischen Nationalbibliothek verbunden, aber nun traut er seinen Augen kaum: Hinter den Abhandlungen des syrischen Kirchenlehrers Ephraem kommt eine Sammlung biblischer Texte aus dem 5. Jahrhundert in griechischer Sprache zum Vorschein. Vom Alten Testament ist nur wenig erhalten, vom Neuen aber über die Hälfte.

Tischendorf macht es sich fortan zur Lebensaufgabe, einen vollständigen Text des griechischen Neuen Testaments herzustellen, unter Verwendung aller bis dahin bekannten Handschriften.

Im April 1844 bricht er zu seiner ersten Orientreise auf. In zwölf Tagen durchquert

Das Katharinenkloster im Sinai-Gebirge, erbaut 557 von Justinian I.

er von Kairo aus die Wüste und erreicht am 24. Mai das Katharinenkloster am Fuß des Sinai, das älteste Kloster der Christenheit. Dort trifft er auf achtzehn Mönche, die sich als ungebildet und völlig unkooperativ erweisen. Wütend schreibt er an seine Braut: *„Seit acht Tagen bin ich nun im Katharinenkloster. Aber diese Bande von Mönchen! Hätte ich militärische Gewalt und Kraft, ich würde ein heiliges Werk tun und würfe dieses Gesindel über die Mauern.“*
Tischendorf durchsucht die Bibliothek des alten Klosters nach Bibelhandschriften. Seine Suche bleibt lange erfolglos, und er will schon abreisen, als er einen riesigen Papierkorb entdeckt, dessen Inhalt zum Verbrennen bestimmt ist. Auf dem Boden des Korbs finden sich alte Pergamentblätter, vierspaltig

mit griechischen Buchstaben beschrieben. Tischendorf erkennt auf den ersten Blick, daß er einen Schatz vor sich hat. Bald schwindet jeder Zweifel: Vor ihm liegen die ältesten Abschriften des Alten und Neuen Testaments, die er je gesehen hat. Der „Codex Sinaiticus“ stammt wohl aus der ersten Hälfte des 4. Jahrhunderts und ist bis heute ein unverzichtbarer Baustein der biblischen Textforschung. Bis auf wenige Stellen des Alten Testaments ist die Bibel vollständig darin enthalten. Nur der „Codex Vaticanus“, der ebenfalls fast den ganzen Kanon enthält, dürfte noch etwas älter sein.
Neben den Pergamenthandschriften haben die Forscher auch noch andere Dokumente gefunden: die sogenannten Papyri. Von ihnen

sind allerdings durchweg nur noch Fragmente erhalten. Das Material aus dem gepreßten Mark der Papyrusstaude ist nicht annähernd so haltbar wie das Pergament aus Ziegenhaut. Trotzdem haben etliche Stücke im heißen und trockenen Klima Palästinas, Ägyptens und Syriens überlebt.

Die ältesten Papyrusfunde führen näher an die Abfassungszeit der Evangelien heran als alle anderen uns bekannten Schriftstücke. Einige Papyrusforscher glauben sogar, Fragmente der Urschrift des Matthäusevangeliums in Händen zu haben.

Bei der Suche nach Spuren aus der Anfangszeit der christlichen Kirche stoßen die Forscher auch auf Dokumente aus anderen Kreisen. Die schon oben erwähnten Essener, die sich vor den Geschehnissen der Welt in die Höhlen von Qumran in der Nähe des Toten Meeres zurückgezogen hatten, besaßen auch eine große Bibliothek. Als im Jüdischen Krieg die römischen Truppen im Anmarsch waren, versteckten die Sektenmitglieder ihre Heiligen Schriften in geheimen Höhlen – und nahmen ihr Geheimnis mit ins Grab.

Erst 1947, fast zweitausend Jahre später, entdeckt ein Hirtenjunge eine der Höhlen. Nach und nach kommen immer mehr der Schätze ans Licht. Da die Sicherung und Übersetzung der Schriftrollen viel Zeit beansprucht, entstehen teilweise wilde Spekulationen über ihren Inhalt. Man vermutet eine direkte Verbindung zu Jesus und seiner Lehre. Manche behaupten gar, die Geschichte des Christentums müsse neu geschrieben werden. Andere wittern eine Verschwörung des Vatikan zur Unterdrückung der Wahrheit.

Die Gemeinde der Essener jedoch, so viel kann man mittlerweile mit Sicherheit sagen, hat mit der urchristlichen Gemeinde nichts zu tun. Allerdings sind die gefundenen Schriftrollen außerordentlich hilfreich, um das historische Umfeld jener Zeit auszuleuchten.

Kehren wir noch einmal zurück zu den Anfängen der christlichen Gemeinde. Die geschwisterliche Gemeinschaft der Christen bildet einen scharfen Kontrast zur weitverbreiteten sozialen Kälte in den antiken Gesellschaften. Zumeist sind es Menschen der Mittelschicht, die sich zum neuen Glauben bekehren, oft gemeinsam mit ihrer ganzen Familie und Dienerschaft. Sie treffen sich nach Sonnenuntergang, halten Mahl in Erinnerung an das Abendmahl Jesu, beten und singen. Trotz vieler innerer Schwierigkeiten und äußerer Anfeindungen steht die noch junge Kirche am Anfang einer atemberaubenden Entwicklung.

Das Römische Weltreich hingegen nähert sich seinem Untergang. Mit Nero (54-68) kommt ein Psychopath auf den Kaiserthron,

Nero im Circus.
Nach einem Gemälde von Henryk Siemiradzki, 1897.

Die Ruinen
von Massada,
im Hintergrund
das Tote Meer.

der die erste systematische Christenverfolgung der Geschichte anzettelt.

Viele werden verhaftet, in grausamen Zir-
kusspielen oder als lebende Fackeln in den
kaiserlichen Gärten getötet.

Auch Simon Petrus – so will es die Tradition – fällt der neronischen Verfolgung zum
Opfer. Er, den die Evangelien so schonungs-
los als aufbrausend und feige beschreiben,
stirbt am Ende den Märtyrertod. Der Legende nach soll er die Henker gebeten haben,
ihn mit dem Kopf nach unten zu kreuzigen.
Er verdiene es nicht, wie sein Herr zu sterben. Über seinem Grab in der Nähe des
Tiber erhebt sich später die Petersbasilika.

Im Jahr 70, nach einem vierjährigen Krieg,
zerstören die Römer Jerusalem und den Tempel. Auf dem Felsen von Masada verschanzt
sich das letzte Aufgebot der jüdischen Ein-
wohnerschaft und leistet zwei Jahre lang
Widerstand. Als die Legionäre schließlich
auf das Plateau gelangen, finden sie nur noch
Leichen vor. Die Belagerten haben sich in

der Nacht vor dem Sturm gegenseitig umge-
bracht.

Mit Mord und Plünderungen feiern die Römer ihren schwer errungenen Sieg, an den bis
heute der Titusbogen in Rom erinnert. Der
jüdische Staat hat aufgehört zu existieren.
Die schwerwiegendste Folge dieser Niederlage aber ist, daß das Judentum sein kulti-
sches Zentrum und damit den einen iden-
titätsstiftenden Ort verliert. Eine kollektive
tiefe Erschütterung und Anfechtung ist die
Folge. In Zukunft bleibt den Juden nur die
Tora und die Synagoge.

Während also das Judentum scheinbar am
Ende ist, steht das Christentum erst am Anfang seiner Geschichte. Von nun an werden
sich Menschen aller Generationen an der
Botschaft vom Gekreuzigten und Auferstandenen Jesus Christus reiben. Das Evangelium
wird sie ansprechen, abstoßen, faszinieren,
verstören, verärgern oder begeistern. Und
immer wieder werden sie sich fragen, nicht,
wer Jesus war, sondern wer er ist.

Fesseln
der Macht

Die Geschichte der ersten dreihundert Jahre des Christentums läßt sich in einem einzigen, fast reißerischen Satz zusammenfassen: Eine kleine, verfolgte Sekte aus der judäischen Provinz wird zur Staatskirche des römischen Weltreiches. Wie läßt sich das erklären?

Eine Kapriole der Weltgeschichte? Ein Mysterium? Oder das Ergebnis konsequenter Machtpolitik? Welche Rolle spielten die urchristlichen Gemeinden bei dieser Entwicklung? Was veranlaßte die Herrschenden, sich der Botschaft eines Gekreuzigten zu beugen? Und welche Rolle spielen die Märtyrer beim überwältigenden Erfolg des Christentums in den ersten Jahrhunderten?

Märtyrer stehen für ihre Überzeugung ein, stemmen sich gegen den Strom des Zeitgeistes und lassen Spott und Hohn, Anfein-

Wand- und Nischengräber in den unterirdischen Gängen der Calixtus-Katakomben.

dungen und Verachtung über sich ergehen, setzen sogar ihr Leben aufs Spiel.

Der Begriff des Märtyrers geht auf das griechische Wort martyrion, „Zeugnis", zurück. In den frühen Zeiten der Kirche wurde daraus das lateinische Wort martyrium, das sich mit „Blutzeugnis für die Wahrheit des christlichen Glaubens" übersetzen läßt. Märtyrer sind also „Blutzeugen", die aufgrund ihrer christlichen Überzeugung verfolgt werden.

Demütig und unbeirrbar, gewaltfrei und tapfer, so werden sie in den anderthalbtausend Jahre alten Texten der Acta Martyrum beschrieben, die ihre blutigen Schicksale überliefert. Sie ist eine Sammlung unvorstellbarer Grausamkeiten, die noch heute erschüttern, und schildert Folterqualen, deren Lektüre noch immer aufwühlt und verstört.

Die Texte legen aber auch Zeugnis ab für den Todesmut dieser Frauen und Männer, für die Kraft ihres Glaubens und für ihre unzerstörbare Hoffnung auf Erlösung. So wie im Fall des römischen Hauptmanns Sebastian, der wegen seines Bekenntnisses zum christlichen Glauben den Pfeilen seiner eigenen Soldaten zum Opfer fiel.

Szenenwechsel: Rom gegen Ende des ersten Jahrhunderts unserer Zeitrechnung. Die Stadt der Caesaren ist durch das Wirken der Apostel Petrus und Paulus auch zum Zentrum des neuen, christlichen Glaubens geworden.

Noch aber sind in den Straßen der Hauptstadt keinerlei Hinweise darauf zu entdecken. Die Christen stellen mit 20000 bis 30000 Gemeindemitgliedern nur eine unbedeutende Minderheit in der Millionenmetropole dar. Es gibt keine Kirchenbauten, keine öffentlichen Feiern. Das Christentum findet hinter verschlossenen Türen statt.

Und trotzdem kann sich die Kunde vom Leben und Sterben des Erlösers und seiner baldigen Rückkehr wie ein Lauffeuer ausbreiten – nicht nur in Rom, sondern im gesamten römischen Imperium, das von der iberischen Halbinsel bis Syrien, von den britischen Inseln bis an das Schwarze Meer, von der Donau bis an die Küsten Nordafrikas reicht. Innerhalb des Reiches gibt es keine Grenzen. So können sich die Botschafter des Christentums auf den gut ausgebauten und gesicherten Straßen ungehindert bewegen.

Das homogene römische Weltreich ist eine wesentliche Voraussetzung für die Ausbreitung des neuen Glaubens. Hätte die damalige Welt aus einzelnen Nationalstaaten bestanden, wäre das Christentum möglicherweise eine auf Palästina begrenzte jüdische Splittergruppe geblieben.

Die wichtigste Bedingung für seine schnelle Verbreitung bringt der neue Glaube aller-

Der Hl. Sebastian. Gemälde von Andrea Mantegna, um 1490.

dings selber mit. Der Gott der Christen ist wahrhaft international, seine Religion ist nicht an einen Tempel oder ein Heiligtum gebunden. Das Heilige ist gewissermaßen mobil und kann wandern, von Ort zu Ort, von Kontinent zu Kontinent. Seine Autorität bezieht der neue Glaube nicht aus einem heiligen Ort, sondern aus seinen Schriften.

Begünstigt wird diese Entwicklung auch durch eine technische Neuerung: Die unförmige und unpraktische Schriftrolle wird durch den gebundenen Kodex ersetzt. Man benutzt nun keine lange Papierrolle mehr, sondern viele kleine Pergamentblätter. Sie werden übereinander gelegt, durch den Rand werden Bindfäden gezogen, und zum Schluß komplettieren hölzerne Deckel das fertige Buch.

Der blätterbare Kodex ist den umständlichen Rollen nicht nur in der Handhabung überlegen, sondern ist auch sehr viel kleiner. So läßt er sich leichter transportieren und vor allzu neugierigen Blicken verstecken.

Die ersten Schriften, die in Form von Codici vervielfältigt werden, sind die Briefe des Paulus. Sie legen an vielen Orten im Römischen Reich das Fundament für die ersten Christengemeinden. Das beständige Wachstum des neuen Glaubens rückt ihn und seine Anhänger denn auch schnell ins Blickfeld der Zeitgenossen.

Römische Ackersklaven
am Feierabend.
Historisierender Holzstich.

Viele begegnen der rasanten Entwicklung des Christentums mit Argwohn oder auch mit offener Ablehnung. Immer wieder werden Kampfschriften gegen die Gläubigen verfaßt, so daß sich die Gemeinden gezwungen sahen, die Vorwürfe ebenfalls schriftlich zurückzuweisen.

Es schlägt die Stunde der Apologeten, der „Verteidiger" des Glaubens. In ihren Schriften widerlegen sie Anschuldigungen und Unterstellungen und versuchen, Mißverständnisse der heidnischen Kritiker aufzuklären. Was aber wird den Christen eigentlich vorgeworfen?

Der römische Staat sieht in der Freude der Christen auf das Jenseits, auf das verheißene Leben nach dem Tod, die größte Gefahr. Den frühen Christen ist das diesseitige Leben nur noch eine ungeliebte Übergangsstation, eine unwirtliche Wartehalle vor dem Anbruch des himmlischen Zeitalters. Sie sind an der Erde und ihren Gütern nicht mehr interessiert. Das irdische Jammertal ist ihnen fremd geworden, und sie wollen sich nicht auf Dauer darin einrichten.

Zwar war die römische Politik stets von weitgehender religiöser Toleranz geprägt gewesen. In der Hauptstadt selbst existierten im friedlichen Nebeneinander Tempel des Jupiter, des Asklepius, der Isis, des Baals- und des Mitraskultes und auch jüdische Synagogen.

Aus der Sicht der Mächtigen aber überspannen die Christen den Bogen der Toleranz. Sie sind, im Gegensatz zu den anderen Kulten, nicht zu Kompromissen bereit, sondern verweigern die Teilnahme am Staatskult ebenso wie den Dienst mit der Waffe zur Verteidigung des Reiches. Vielmehr scheinen sie den Untergang des Kaiserreichs geradezu herbeizusehnen. Mit den Christen, das begreifen die römischen Machthaber bald, ist kein Staat zu machen.

Diese subversive Verweigerungshaltung der Christen ist aber nicht der einzige Grund für die zunehmenden Repressionen des Staates. Auch die schnell wachsende Zahl ihrer Anhänger besorgt die Römer. Was macht den Glauben an einen Gekreuzigten so attraktiv? Eine Erklärung für diesen massenhaften Erfolg der christlichen Botschaft liegt in ihrer Einfachheit.

Der neue Glaube ist jedem zugänglich. Der Eintritt ist kostenlos und unabhängig von

Geschlecht, Herkunft oder Standeszugehörigkeit. Es gibt weder die Beschneidung, noch komplizierte Essens- oder Hygieneregeln. Mit einem einfachen Glaubensbekenntnis wird man Christ, mit dem Empfang der Taufe kann jeder an der Gewißheit teilhaben, erlöst zu sein. Ob ungebildet, mittellos, krank, straffällig, leibeigen – niemand wird ausgeschlossen. Mehr noch: vor dem Christengott sind alle Menschen – ob Sklave oder Kaiser –

Der gute Hirte.
Frühchristliche Skulptur aus der
Casa di S. Clemente, Rom.

gleich! Für die römische Gesellschaft war das eine Botschaft mit revolutionärer Sprengkraft.

Der europäische Kulturraum der ersten Jahrhunderte ist keineswegs gottlos. Alle Zivilisationen verehren einen ewigen Schöpfergott, der ein paradiesisches Himmelreich lenkt. Dennoch ist für die griechisch-römische Tradition die Vernunft das wichtigste Instrument zur Erfassung des Schöpfungsplanes und zur Erklärung des Verhältnisses zwischen Mensch und Gott. Fassungslos stehen die gebildeten Zeitgenossen nun vor dem christlichen Phänomen, bei dem, so scheint es, das Wunder das Argument, die Prophezeihung den Beweis und das Märtyrertum die Philosophie ersetzt.

Verächtlich werden die Christen als Eselsanbeter verspottet, als eine Sammlungsbewegung für Habenichtse, Außenseiter und Ungebildete.

Und genau das sind sie auch. „Selig, die da arm sind im Geiste, denn ihrer ist das Himmelreich." Das Zugehen auf die Ungebildeten und sozialen Randgruppen der Bevölkerung wird zum Programm der frühen Kirche. Der Zuschnitt ihrer Mitglieder ist danach: ehemalige Landbevölkerung, die in den Großstädten nach Arbeit sucht, ausgediente Soldaten, freigelassene Sklaven. Die christliche Botschaft richtet sich nicht an die Elite, sondern an die Masse der Geknechteten.

Dennoch bekommen die Gemeinden allmählich auch Zuwachs aus den Reihen wohlhabender Patrizierfamilien, von Menschen, die bislang auf der Sonnenseite der Gesellschaft gelebt haben. Was bewegt diese Privilegierten, sich den als vaterlandslos und radikal verschrieenen Christen anzuschließen? Das römische Reich hat seinen Zenit überschritten. Es ist zu groß geworden, zu schwer-

Wand-Karikatur des Gekreuzigten mit Eselskopf.

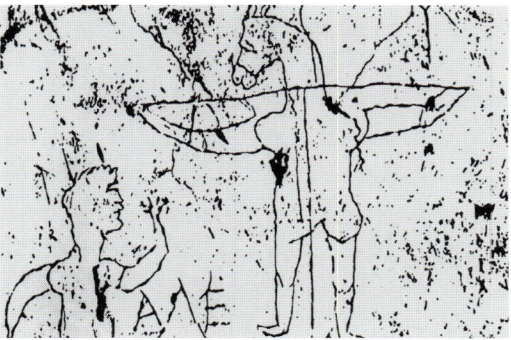

Römisches Leben auf dem Forum Romanum.

Verschwunden, so sahen es auch die Mitglieder der römischen Oberschicht, war der göttliche Segen über ihrem einst so glänzenden Reich. Der alte Gott mit seinen vielen Stellvertretern auf der Erde, im Wasser und in der Luft hatte sich offensichtlich aus der Welt zurückgezogen, und kein noch so großes Opfer schien ihn zu einer Rückkehr bewegen zu können.

Für viele Zeitgenossen ist die Weltabgewandtheit der Christen die überzeugendste Antwort auf die katastrophalen Entwicklungen im 2. und 3. Jahrhundert. Andere jedoch sehen genau in den Christen die Ursache für das allgemeine Unglück. Inzestuöse Orgien und ritueller Kindermord werden ihnen nachgesagt.

Sie sind eine umherschleichende Brut, sie scheuen das Tageslicht. Was geschieht hinter ihren verschlossenen Türen, dort, wo die Ungetauften keinen Zutritt haben?, so fragt ein aufgebrachter Bürger.

Was aber passiert wirklich in den Gebeträumen der frühen Christen? In Trier haben Archäologen die Fundamente eines römischen Gebäudes ausgegraben, dessen Bewohner — nach den Fundstücken zu urteilen — Christen gewesen sein müssen. An dem Tag, der in der römischen Planetenwoche der Sonne geweiht war, fand sich hier vor etwa eintausendachthundert Jahren allwöchentlich eine kleine Gemeinde zu Gebeten und Gottesdiensten zusammen.

Die Fundstücke ermöglichen sogar die weitgehende Rekonstruktion eines Gottesdienstes dieser frühen Gemeinde. Wichtiger Bestandteil jeder Zusammenkunft ist das ge-

fällig und zu selbstzufrieden. Äußere Feinde dringen immer häufiger in das Reich ein. Schlimmer aber wiegt der innere Zerfall. Blutige Bürgerkriege erschüttern den Zusammenhalt des Vielvölkerreiches, Epidemien und Naturkatastrophen entvölkern ganze Landstriche. Die Militärausgaben steigen in astronomische Höhen, Abgabenlast und Inflation lassen alle Bevölkerungsschichten verarmen, Garnisonen plündern die Städte, die sie schützen sollen. Korruption herrscht in der Verwaltung, Intrigen, Mord und Gier in den kaiserlichen Familien.

Ein christlicher Zeitgenosse bringt die verzweifelte Lage so zum Ausdruck:

„Die Bauern verlassen das Land, die Händler die See und die Soldaten das Lager; alle Ehrlichkeit im Gewerbe, alle Gerechtigkeit im Gericht, alle Solidarität in der Freundschaft, alle Geschicklichkeit in den Künsten, alle Normen in der Moral — alles ist im Verschwinden.“

meinsame Mahl. Nicht das symbolhafte Abendmahl, die Feier der Eucharistie, sondern eine kräftige Mahlzeit. Hier geht es zunächst einmal darum, satt zu werden. Zu diesem sogenannten Liebesmahl sind auch Gäste eingeladen, Neugierige, Hungrige. Die gefundenen Scherben ergeben zusammengesetzt insgesamt 42 einfache Teller, so daß wir auch eine ungefähre Vorstellung von der Größe der Trierer Gemeinde haben.

Auch eine antike Sammelbüchse ist unter den Fundstücken. Die Schrammen im Inneren belegen, daß vor allem kupferne, also billige Geldstücke zusammenkamen. Da die frühen Christen keine Gebühren für die Aufnahme oder die Mitgliedschaft erhoben, waren die Gemeinden zur Finanzierung ihrer Aktivitäten ausschließlich auf freiwillige Spenden angewiesen.

Ein weiterer zentraler Bestandteil des Gottesdienstes sind Lesungen aus den Heiligen Schriften, die allerdings noch nicht in einem verbindlichen Kanon vorliegen.

So schließt eine Fassung des Neuen Testaments aus dem Jahre 180 beispielsweise den Brief an die Hebräer aus und die Apokalypse des Paulus ein. Einige römische Kirchenmänner wiederum verwerfen das Johannesevangelium, andere die Apokalypse des Johannes. Zusätzliche Evangelien und Apostelgeschichten kursieren, und von den vorhandenen Evangelientexten existieren mehrere Fassungen mit zum Teil schwerwiegenden Unterschieden. Es gibt noch kein einheitliches christliches Programm, und die

Kaiser Trajan mit militärischem Gefolge. Elfenbeinschnitzerei, Anfang des 2. Jahrhunderts. Unten: Münze mit dem Bildnis des Kaisers Domitian.

Übergänge zwischen Glauben und Ketzerei sind fließend.

Trotz aller Unterschiede jedoch haben die verwendeten Schriften eines gemeinsam, und das ist es, was die römischen Machthaber aufhorchen läßt: Sie alle verkünden das baldige Ende des Römischen Reiches und seine Ersetzung durch die Herrschaft des Christengottes auf Erden.

Die Christen verhalten sich nicht wie loyale Bürger, sie verweigern trotz der Bedrohung durch einfallende Barbaren den Militärdienst und unterlassen auch das obligatorische Verbrennen von Weihrauchkörnern am Geburtstag des Kaisers.

Ihre ablehnende Haltung gegenüber allem, was dem Reich heilig ist, erregt den Zorn der Massen und führt immer wieder zu Verfolgungen.

Schon im Jahr 64 hatte der römische Kaiser Nero den Christen den verheerenden Brand Roms angelastet und damit die erste systematische Christenverfolgung der Geschichte in Gang gesetzt. Seine Nachfolger Domitian (81-96) und Trajan (98-113) unternehmen weitere Versuche, die christlichen Gemeinden auszurotten. In Lyon kommt es im Jahr 177 zu Christenpogromen, die der römische Statthalter

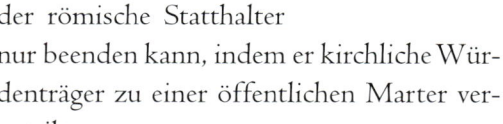

Fragment einer Opferbescheinigung.

nur beenden kann, indem er kirchliche Würdenträger zu einer öffentlichen Marter verurteilt.

Von nun an wird den Christen gerne die Verantwortung für jedes beliebige Unglück zugeschoben. Die Erdbeben des Jahres 235 in Kleinasien, der Bürgerkrieg 248, 270 die Epidemien in Rom – immer sind sie schuld: Ihre Gottlosigkeit hat die Götter beleidigt. So wundert es nicht, daß sich der Satz „Dank der Christen dauert die Dürre an" zu einer stehenden Redewendung entwickeln kann.

Die staatliche Verwaltung, die angesichts der sich häufenden Katastrophen und der unzureichenden Hilfsmaßnahmen unter starken Druck geraten ist, ist froh, von eigenen Versäumnissen ablenken zu können und benutzt die Christen als willkommene Sündenböcke. Die Zeit der systematischen Verfolgungen beginnt.

Mit den Mitteln der Diktatur und des totalitären Staates versuchen die Machthaber, inneren Widerstand zu brechen. Eine Geheimpolizei geht systematisch gegen Oppositio-

nelle und Abweichler vor, Schnüffelei und Denunziantentum sind an der Tagesordnung. Ein Anhänger des christlichen Glaubens zu sein ist eine schwerwiegende Beschuldigung, und es gibt nur einen Weg, sich von diesem Vorwurf freizusprechen: eine Opferbescheinigung. *„An die Opferkommission von Aurelia Charis aus dem Dorfe Theadelphia: Beständig habe ich den Göttern geopfert und immer fromme Gesinnung bewiesen, und jetzt habe ich in eurer Gegenwart, dem kaiserlichen Edikt gemäß, Trankopfer und Speiseopfer dargebracht und vom Opferfleisch gekostet, und ich ersuche euch, mir dies durch Unterschrift zu bescheinigen. Gehabt euch wohl! Wir, die Aurelier Serenos und Augustus haben dich opfern sehen. Im ersten Jahre des Imperators Caesar Gaius Messius Quintus Traianus Decius."*

Solche Opferbescheinigungen sind ein deutliches Zeichen für die eisige Stimmung, die in einem Weltreich herrscht, das seinen Untergang zu spüren beginnt. Man schreibt den 16. Juni 250, im ersten Jahr der Regentschaft des Kaisers Decius.

Decius wird 249 als siegreicher Feldherr zum Kaiser erhoben. Er will sein von innen- und außenpolitischen Krisen geschütteltes Reich durch eine erzwungene Erneuerung des Römertums und der Religion stabilisieren. Um die Götter gnädig zu stimmen, erläßt er das Opferedikt, das die gesamte Reichsbevölkerung zu einem öffentlichen Bekenntnis zwingt.

Kampf zwischen Gladiatoren
und Löwen.
Römisches Terrakotta-Relief
aus dem 1. Jahrhundert.

In jedem Ort werden Opferkommissionen eingesetzt, die systematisch und unerbittlich jeden Bürger zu einer Erklärung zwingen. Wer sich weigert, wird gnadenlos mit dem Tod bestraft. Die systematisch und mit der ganzen Grausamkeit einer absolutistischen Diktatur durchgeführten Verfolgungen unter Decius sind die schwersten, die die wachsenden christlichen Gemeinden im Römischen Reich bis dahin erleiden mußten.

Decius kann sein grausames Werk aber nicht vollenden, er stirbt bereits im darauffolgenden Jahr im Kampf mit den Goten. Für viele Christen kommt der Tod ihres Verfolgers jedoch zu spät.

Eines der ergreifendsten Zeugnisse, die uns die christlichen Märtyrer hinterlassen haben, sind die eigenhändig verfaßten Aufzeichnungen der vornehmen Römerin Vibia Perpetua. Sie lebte in Karthago, der drittgrößten Stadt des Reiches. Zusammen mit ihrer Schicksalsgenossin Felicitas und drei weiteren Getauften wurde sie verhaftet und ins Gefängnis gesteckt, wo sie die meiste Zeit in Dunkelhaft verbringen mußten.

„Ich war entsetzt, weil ich noch nie eine solche Finsternis erlebt hatte. O Unglückstag! Es herrschte eine gewaltige Hitze wegen der dicht zusammengepferchten Leute. Dann quälte mich die Sorge um mein Kind. Die Diakone der Gemeinde bestechen die Wachsoldaten, da- mit die Gefangenen wenigstens für einige Stunden am Tag aus den Dunkelzellen gelassen werden. Zum Stillen bringt man Perpetua ihren Säugling ins Gefängnis. Vom Kummer um das Kind befreit, kam ich wieder zu Kräften; das Gefängnis wurde mir plötzlich zum Palast, so daß ich dort lieber sein wollte als anderswo."

Die Zeit der Verfolgungen ist keine Zeit der Kompromisse. In jeder Stadt, in jedem Dorf tobt ein Bürgerkrieg zwischen Christen und Nichtchristen. Bis in die Familien dringt der Streit, spaltet und hinterläßt unheilbare Wunden. Frauen werden verstoßen, Gatten denunziert, Ehen geschieden, Söhne enterbt. Auch Perpetuas Familie steht vor einer Zerreißprobe.

„Mein Vater, der sich aus Sorge ganz verzehrte, kam zu mir, um mich zum Abfall vom Glauben zu bewegen. Und ich war betrübt über das Unglück meines Vaters, weil er als einziger aus meiner ganzen Familie keine Freude über mein Leiden empfinden konnte. Dann fällte der Prokurator das Urteil über uns: Tod durch wilde Tiere. Heiter stiegen wir wieder in das Gefängnis hinab. Das habe ich am Tage vor dem Festspiel geschrieben, was aber beim Festspiel selbst geschieht, möge aufschreiben, wer will."

Gladiatorenkampf. Gemälde von Paris Bordone, um 1560.

Der Zirkus – Brot und Spiele. Das morsche Kaiserreich bietet seinen Untertanen ein Spektakel, das für die Stabilisierung seiner Herrschaft immer wichtiger wird. Wenn der Kampf ums tägliche Brot härter wird, dann will man den Menschen wenigstens auch härtere und spektakulärere Spiele bieten. Die Arena wird zur Projektionsfläche für soziale Ängste und dient der Kompensation des wirtschaftlichen Niedergangs. Ein Forum des Zynismus, eine totale Absage an Solidarität und Menschlichkeit, ein Instrument, das zur Verrohung der Massen taugt und sie gleichzeitig gefügig macht.

Und so werden die Inszenierungen immer pompöser, das Schauspiel bestialischer. Pseudosportliche Wettkämpfe, das Todesspiel der Gladiatoren, der ungleiche Kampf zwischen unbewaffneten Menschen und Raubtieren, dies alles soll die Phantasie der Bevölkerung beanspruchen und alle Energien in Anspruch nehmen bis zur nächsten Veranstaltung, die die vorhergehende an le-

bensverachtenden Attraktionen noch übertreffen wird.

Sogar christliche Gemeindevorstände klagen über Mitglieder, die sich dem Kitzel der Zirkusspiele nicht entziehen können. Schließlich wird eine Regel erlassen, die jedem Christen mit dem Ausschluß aus der Gemeinde droht, falls er die Zirkusspiele besucht.

Es ist der Tag, den Perpetua und ihre Mitgefangenen herbeigesehnt haben, es ist der Tag der Festspiele. Das Amphitheater von Karthago faßt 36000 Zuschauer. Veranstalter ist der Prokurator der Stadt, die Einnahmen werden zur Finanzierung des Heeres verwendet.

„Der Tag ihres Sieges brach an, und sie schritten heiter und mit würdevoller Miene vom Gefängnis zum Amphitheater, als ob sie in den Himmel gingen. Saturnius und Revocatus wurden von einem Bären zerrissen. Saturus wurde einem Leoparden vorgeworfen und durch einen einzigen Biß mit soviel Blut übergossen, daß das Volk ihm zuschrie: Wohl gebadet! Wohl gebadet!

Perpetua und Felicitas sollten mit einer wilden Kuh kämpfen. Man hüllte sie in Netze, damit die Hörner sich leichter verfangen könnten und führte sie vor. Zuerst wurde Perpetua auf den Boden geworfen. Sobald sie sich wieder hingesetzt hatte, zog sie ihre Tunika, die an der Seite zerrissen war, zusammen, um ihre Schenkel zu verhüllen. Als sie Felicitas zu Boden geworfen sah, ging sie zu ihr hin, reichte ihr die Hand und half ihr auf die Beine.

Und da das Volk verlangte, man solle sie in die Mitte bringen, um an ihrer Ermordung teilnehmen und die Augen am Anblick des in ihren Körper eindringenden Schwertes weiden zu können, standen sie freiwillig auf und begaben sich dorthin, wo das Volk es wollte. Felicitas empfing den Schwertstoß bewegungslos und schweigend. Perpetua aber schrie laut auf, als sie zwischen den Rippen getroffen wurde, und führte selbst die unsichere Hand des noch ganz jungen Gladiators an ihre Kehle.“

Allein der Text dieses fast zweitausend Jahre alten Augenzeugenberichts geht unter die Haut. Um wieviel beeindruckender muß das Schauspiel gewesen sein, das sich der Menge im karthagischen Amphitheater geboten hat. Und so geschieht das Unglaubliche: Was als Abschreckung gedacht war, trägt zur beschleunigten Verbreitung des christlichen Glaubens bei. Der öffentliche Tod der standhaften Jesusanhänger führt der verführten Masse Dinge vor Augen, die sie nirgendwo sonst in ihrer Welt finden kann: Sinnerfülltheit, Erlösungszuversicht, Überzeugung, Aufrichtigkeit, Gewaltlosigkeit,

Der Mönch Telemach gebietet den Gladiatorenkämpfen im Kolosseum zu Rom Einhalt, 404 n. Chr.

materieller Verzicht. Selbst dem verrohtesten Geist muß sich die Art und Weise, wie diese Menschen ihr freiwillig gewähltes Schicksal ertragen, tief in die Seele schneiden.

Die Periode der Verfolgungen und der öffentlichen Hinrichtungen ist also paradoxerweise ein entscheidender Baustein für das Erstarken der Christen im Römischen Reich geworden. Auf jeden gemordeten Christen kommen Dutzende neubekehrter Heiden – das Blut der Märtyrer (so sagt es ein Wort aus der frühen Christenheit) wird zum Samen der Christenheit.

Die Verfolgung schweißt die christlichen Gemeinden zusammen. Ihre Gemeinschaft und ihr Zusammenhalt sind stärker als in jeder anderen Religionsvereinigung jener Zeit. Ihre Mitglieder sind nicht nur durch gemeinsame Riten und Lebensweisen verbunden, sondern vor allem auch durch die sie alle bedrohende Gefahr.

Und noch etwas hält sie zusammen. Die Christen haben ein System aus Zeichen und Symbolen geschaffen, mit denen sie ihre Zugehörigkeit zum Erlöserglauben zum Ausdruck bringen können, ohne sich nach außen hin zu verraten. Ein System, das sie in Zeiten der Unterdrückung vor feindlichen Mächten schützen soll.

Eines der wichtigsten Erkennungszeichen war und ist bis heute der Fisch. Das griechische Wort für Fisch lautet:

Noah.
Ausschnitt aus einem
Marmorsarkophag
der frühchristlichen Zeit.

Bagger bei den Ausgrabungen für ein neues Bürogebäude an der Via Latina auf die Fundamente eines antiken Hauses. Nichts Außergewöhnliches in der Ewigen Stadt. Was aber das Interesse der Archäologen weckt, ist eine Platte im Innern des Hauses. Unter der Platte verbirgt sich eine Treppe, die ins unterirdische Rom geführt haben könnte. Besteht hier eine Verbindung zu einer der siebzig Katakomben, die außerhalb der antiken Stadtmauern angelegt worden sind und unter den Ausfallstraßen der Hauptstadt liegen?

Auch unter dem Gebiet um die Via Latina befindet sich ein verzweigtes Katakombensystem. Den detaillierten Plänen nach zu urteilen befindet sich der neu entdeckte Treppenzugang nur etwa fünfzehn Meter von ei-

ICHTHYS. Jedem Buchstaben dieses Wortes läßt sich ein Begriff zuordnen, so daß sich fünf Worte ergeben, die nach einer griechischen Formel das Wesen Christi beschreiben:

Iesous CHristos Theou HYios Soter.
Jesus Gesalbter Gottes Sohn Heiland.

So konnte der Fisch zu einem unauffälligen Erkennungszeichen für die Gemeindemitglieder werden. Auch andere Symbole wie zum Beispiel das Lamm, die Friedenstaube oder die griechischen Buchstaben X (Chi) und P (Ro) als Anfangsbuchstaben des Hoheitstitels „Christus" waren weit verbreitet.

Viele dieser geheimen Zeichen und Symbole der frühen Christen sind uns an einzigartigen Orten überliefert, deren ganze Bedeutung uns bis heute verschlossen geblieben ist: in den Katakomben.

Die Päpstliche Kommission für christliche Archäologie beschäftigt sich schon lange mit der Erforschung und dem Erhalt der Katakomben. In Rom beispielsweise stoßen die

Mosaik mit der Darstellung eines Fisches
aus der „Kirche der Brotvermehrung" in Tabgha.

nem in acht Meter Tiefe liegenden Katakombengang entfernt. Führt die Treppe dorthin? Wird man vielleicht sogar bislang unbekannte Räume entdecken? Oder handelt es sich nur um einen antiken Weinkeller? Etwa zwanzig Tonnen Ruinenschutt und zwei Wochen harte Arbeit liegen vor den Wissenschaftlern.

Dann macht sich Aufregung im Team breit. Am Ende des Grabungsgangs ist ein ballgroßes Loch entstanden, dahinter ist es dunkel. Im Schein einer Taschenlampe ist eine gegenüberliegende Wand zu erkennen, die mit Wandmalereien im „Antoninischen Stil" geschmückt ist. Also ist es wahr: Die Christen konnten aus ihren Privathäusern heraus über geheime Gänge in die Katakomben gelangen. Der Zugang kann aber nicht belegen, daß die Christen über längere Zeiträume hinweg in den Katakomben Zuflucht gesucht haben. Vieles spricht dagegen: Das Katakombensystem dürfte auch der römischen Geheimpolizei bekannt gewesen sein. Und die Regel, daß Begräbnisstätten tabu und somit auch dem Zugriff staatlicher Organe entzogen waren, dürfte für die christlichen Katakomben nicht gegolten haben – das Christentum war keine anerkannte Religion.

Wozu dienten die Katakomben aber dann? Ein Besuch in der Katakombe Panfilo zeigt, daß hier die Leichname von Gemeindemitgliedern beerdigt wurden – in fünf Stockwerken übereinander. In den Mörtel, der die Grabschächte abdeckt, wurden Namen und Gegenstände eingelassen, damit die Angehörigen die Gräber ihrer Toten wiederfinden konnten. Wohlhabende Familien ließen

**Grabnische mit Fresko „Christus Pantokrator"
in den Calixtus-Katakomben.**

ihre Grufte sogar bemalen. Auch kleine Kunstwerke hatten hier ihren Platz, wie sich in der Katakombe SS. Pietro e Marcellino schön erkennen läßt. Und selbst dem schon oben erwähnten Hauptmann Sebastian, der im Pfeilhagel seiner eigenen Soldaten sterben mußte, begegnen wir hier wieder, in der Katakombe S. Sebastiano.

Die christlichen Katakomben mögen als Zufluchtsstätten und auch als unterirdische Kirchen gedient haben. In erster Linie jedoch sind sie Friedhöfe! Sie bilden das spirituelle

Zentrum der jungen Gemeinden, hier festigt sich das Profil einer eigenen christlichen Identität – mit einer gemeinsamen Bildersprache und mit der Verehrung für die Blutzeugen des neuen Glaubens, die Märtyrer, die hier beerdigt sind.

Märtyrer wie Sebastian, ein Hauptmann der römischen Armee. Moment, wie war das möglich? Ein römischer Soldat als Märtyrer? Bislang war der Pazifismus doch ein unverrückbares Gesetz für die Bekehrten gewesen. Was ist denn aus der anfänglichen Weltabgewandtheit geworden, aus der Distanz zum Staat und seinen Organen?

Die urchristlichen Gemeinden hatten ganz aus dem Geist heraus gelebt, aus der apokalyptischen Gewißheit, daß das Weltende nahe bevorstand. Nun waren aber bereits drei lange Jahrhunderte vergangen! Die Endzeitvisionen der frühen Gemeinden verblaßten langsam. Die Christen erkannten die Notwendigkeit, sich dauerhafter in der diesseitigen Welt einzurichten.

Auch Christen benötigen einen Lebensunterhalt, und für viele, wie zum Beispiel freigelassene Sklaven oder ehemalige Bauern, gab es keine Alternative zum Militärdienst. Gegen Ende des dritten Jahrhunderts befinden sich unter den römischen Soldaten so viele Christen, daß Kaiser Diokletian sich zu gezielten Säuberungsaktionen in seinem Heer gezwungen sieht. Dies ist einer der letzten umfassenden Versuche, das Christentum aus

Kopf des Kaisers Diokletian.

der Welt zu tilgen. Auch Diokletian scheitert.

Seine Nachfolger auf dem Kaiserthron geben die Verfolgungen auf. Das Toleranzedikt des Kaisers Galerius vom 30. April 311 markiert einen historischen Wendepunkt.

Das Christentum kann sich nun gleichberechtigt neben den anderen Religionsgemeinschaften etablieren. Mehr noch. Ein Ereignis steht bevor, welches das Christentum in einer revolutionären Umwälzung über alle anderen Religionen im Reich erheben wird. Die Botschaft des Erlösers ist dabei, sich von einer verfolgten Untergrundsekte zur römischen Staatsreligion zu entwickeln. Wir schreiben das Jahr 312, es ist Ende Oktober. Im ehemals einheitlich regierten Römischen Imperium gibt es vier Herrscher, die sich gegenseitig bekämpfen, Maxentius und Konstantin im Westen sowie Licinius und Maximinus Daia im Osten des Reichs. Maxentius regiert die römischen Stammlande. Er hat die Mauern der Hauptstadt verstärkt und die großen Städte Norditaliens zu Festungen ausgebaut. Konstantin hingegen beherrscht Gallien, sein Verwaltungszentrum ist Trier. Er führt einen Feldzug gegen seinen Schwager Maxentius, der allerdings von vielen Hindernissen begleitet wird. Verona und Segusio kann er erst nach mehrwöchigen Belagerungen einnehmen. Dann kommt es zu einer ersten direkten Auseinandersetzung mit Maxentius dreizehn Kilometer nördlich von

Die Schlacht an der Milvischen Brücke. Fresko von Giulio Romano im Vatikan.

Rom, bei einem Ort namens Roter Fels. Hier erkämpft sich Konstantin Vorteile, zu einer Entscheidung kommt es jedoch nicht. Maxentius zieht sich in die befestigte Hauptstadt zurück. Eine Belagerung würde Konstantin und seinen Truppen größte Anstrengungen abverlangen. Mit jedem Tag würde die Versorgungslage schlechter werden, Epidemien würden ausbrechen und der nahende Winter täte sein Übriges dazu.

Konstantin ist in einer schwierigen Lage. Seine Männer sind erschöpft, die Aussichten düster. Woher sollen jetzt Hoffnung und Zuversicht kommen? Ein Zeichen könnte ihm helfen, ein Zeichen, das ihm und seinen Männern einen sicheren Sieg in Aussicht stellt.

Um die Mittagszeit des 27. Oktober 312 sieht Konstantin eine Lichterscheinung am Himmel. Es ist das Christusmonogramm. Eine Stimme weist ihn an, die Schilder seiner Soldaten mit dem Symbol zu versehen:

„In hoc signum vinces!"

„In diesem Zeichen sollst du siegen!"

Konstantin hatte sich schon auf eine längere Belagerung der Hauptstadt eingestellt, als ihm seine Späher das Anrücken gegnerischer Truppen melden.

Maxentius hat ebenfalls nach einem Schicksalszeichen gesucht und das Orakel befragt: Es hat ihm den Tod der Feinde vor den Toren der Stadt prophezeit. Maxentius wähnt sich als sicherer Sieger, vorausgesetzt, er kann die Gegner von der Stadt fernhalten und die Schlacht im offenen Feld führen.

Um Konstantins Vormarsch aufzuhalten hatte er die steinerne Milvische Brücke abreißen lassen. Der Tiber führt nun Hochwasser, alle Furten sind unpassierbar. Jenseits des Flusses lagert Konstantin mit seinen Truppen. Damit sich der Orakelspruch erfüllen kann, läßt Maxentius also eine Behelfsbrücke aus schwimmenden Pontons anlegen.

Am 28. Oktober 312 stehen sich dann an dieser Stelle etwa 200000 gut ausgebildete und kampferprobte Soldaten gegenüber. Die

Schlacht wird mit äußerster Erbitterung geführt. Es gelingt Konstantin, mit seinen zahlenmäßig unterlegenen Truppen die Eliteeinheiten und vor allem die Leibgarde seines Gegners aufzureiben. Maxentius selbst gerät mitten in das Schlachtgetümmel. Er befindet sich gerade mitten auf der Brücke, als sein Pferd scheut.

In voller Schlachtrüstung versinkt er im Tiber wie Blei.

Konstantin hat gesiegt.

Hat sich hier, an der Milvischen Brücke im Jahr 312, das Schicksal des Christentums entschieden?

Konstantin verhält sich bis dahin gegenüber den Christen nicht wesentlich anders als sein Schwager. Beide praktizieren das Toleranzedikt des Galerius. Beide dulden Christen unter ihren Soldaten. Inwiefern also ist die Schlacht an der Milvischen Brücke und der Sieg Konstantins als Durchbruch des Christentums zu bewerten?

Während seines Kampfes um die Alleinherrschaft im Römischen Reich ist Konstantin noch weit davon entfernt, Christ zu sein. Er betet zu einem allerhöchsten Gott, den er mit der Sonne identifiziert. Er selbst ist ein uneheliches Kind. Zur Legitimierung seines Machtanspruches läßt er seinen verstorbenen Vater in einer kultischen Zeremonie zum Gott erklären. Dadurch macht er sich selbst zum Sohn eines Gottes. Erst Jahrzehnte später werden die heidnischen Symbole in den Portraits des Kaisers durch christliche ersetzt. Was genau Konstantin am Vortag der Schlacht an der Milvischen Brücke gesehen hat, muß Vermutung bleiben. Entscheidend

war seine Überzeugung, den militärischen Erfolg mit Hilfe des Gottes erreicht zu haben, den die Christen als den ihren verehrten.

Als Zeichen seines Dankes stiftet er diesem Gott auf dem ehemaligen Kasernengelände am Lateran in Rom eine Kirche.

Die konstantinischen Kirchenbauten beleuchten den tieferen Hintergrund für den Schulterschluß des siegreichen Kaisers mit dem neuen Erlöserglauben. Sie alle haben die Form der antiken mehrschiffigen Palastbasilika. Es ist die Architektur der kaiserlichen Herrschaft. In der Apsis, auf die das Mittelschiff perspektivisch zuläuft, thront aber nicht mehr der Kaiser, sondern Gott. Er ist jedoch gekleidet wie ein Kaiser, seine Gesten sind die eines römischen Herrschers, und das Gebäude trägt mit einer überwältigend reichen Ausstattung seinem absoluten Herrschaftsanspruch Rechnung.

Auch die Grabeskirche in Jerusalem und die Geburtskirche in Bethlehem sind konstantinische Kirchenstiftungen, ebenso wie die berühmteste Kirche der Christenheit, der Petersdom in Rom, auch wenn heute vom Ursprungsbau nichts mehr zu sehen ist.

Die großen Kirchenbauten des 4. Jahrhunderts sind steinerne Zeugnisse für die Idee einer Allianz von Glauben und Herrschaft. Mehr als eineinhalb Jahrtausende lang wird diese Vorstellung die Entwicklung des christlichen Abendlandes entscheidend prägen. Konstantin sieht in der verwirrenden religiösen Vielfalt im spätantiken Rom eine Parallele zur gleichzeitigen Zersplitterung der weltlichen Machtverhältnisse. Nach der Ab-

Konstantin überläßt Papst Silvester I. die kaiserlichen Herrschaftszeichen Phrygium und Baldachin, sowie den Lateranspalast. Fresko, 1246.

dankung Diokletians im Jahr 305 kämpfen neben Konstantin noch sechs weitere Caesaren um die Vormachtstellung im Reich. Das Christentum hatte auf dem Gebiet des Glaubens reinen Tisch gemacht. Er, Konstantin, wird auf dem Gebiet der irdischen Herrschaft dasselbe tun.

Der Christengott ist kompromißlos – er duldet keine anderen Götter neben sich. Das ist die Gleichung, die Konstantin auf dem Weg zur Alleinherrschaft sieht: Ein Gott, ein Kaiser. Eine Kirche, ein Reich.

Das dritte Jahrhundert hatte einen völligen Zerfall des gesellschaftlichen Zusammenhalts gebracht, das große Ganze droht in einem undurchschaubaren Tumult der Einzelinteressen unterzugehen: Die Bauern wehren sich gegen Großgrundbesitzer und Beamte, das städtische Proletariat bekämpft das städtische Bürgertum, und jeder haßt die Armee. So scheint zu Beginn des 4. Jahrhunderts nur

eine Kraft stark genug, um die auseinanderstrebenden Bevölkerungsgruppen zusammenzuhalten – das Christentum.

Die ehemaligen Weltverweigerer haben sich zu einer professionell geführten Organisation entwickelt. Der enorme Missionserfolg hat die Zahl der Gemeinden sprunghaft anwachsen lassen. Schon im Jahr 246 erhebt das kleine Königtum Nisibis an der Ostgrenze des Reiches das Christentum zur Staatsreligion. In Kleinasien, insbesondere auf dem Gebiet der heutigen Türkei, liegt der christliche Bevölkerungsanteil bei über einem Drittel. Um die Zeit der Konstantinischen Wende ist bereits jeder fünfte Römer Christ. Und auch eine Kirchenhierarchie mit besoldeten Bischöfen, Diakonen, Exorzisten und Missionaren hat sich herausgebildet.

Und es gibt noch einen Aspekt, der für ein Bündnis mit den Anhängern des Erlöserglaubens spricht. Die christliche Kirche hat in Zeiten von Not und Verfolgung eine Einrichtung entwickelt, die die römische Verwaltung an Effizienz bei weitem übertrifft – die Hilfs- und Solidargemeinschaft der Diakonie. Die Kirche läßt die Leidenden nicht im Stich und schafft soziale Sicherheit, indem sie für Witwen, Waisen, Arme, Arbeitslose und Behinderte sorgt. Mitte des dritten Jahrhunderts verzeichnet das Register der christlichen Gemeinden Roms eintausendfünfhundert Bedürftige, die die tägliche Armenspeisung in Anspruch nehmen. Das ursprüngliche Instrument der Missionierung hatte sich zu einer konsensstiftenden Geste der Menschlichkeit weiterentwickelt.

Die so entstandene organisierte Nächstenliebe ist eine Tradition, die bis heute gebraucht und praktiziert wird – zum Beispiel in der Kirche Santa Maria im römischen Stadtteil Trastevere. Jedes Weihnachten erhalten mehr als eintausend Bedürftige im Gemeindesaal eine warme Mahlzeit.

Neben dem Segen des Christengottes für seine Unternehmungen verspricht sich Konstantin also vor allem auch soziale Frieden, den sein gebeuteltes Imperium bitter nötig hat. Aber er erwartet noch mehr.

Im Jahr 324 besiegt Konstantin seinen letzten Konkurrenten um die Macht, den oströmischen Kaiser Licinius. Er, Konstantin, Sproß einer unehelichen Verbindung seines Vaters mit einer Kellnerin, ist Alleinherrscher über das größte Reich der damaligen Welt

Römischer Kaiser mit Kreuzesfahne, auf einer Münze dargestellt.

geworden. Auf Büsten und Münzportraits gibt Konstantin zu verstehen, wem er diesen sagenhaften Erfolg zu verdanken hat. Im Gegensatz zu seinen Vorgängern auf dem Kaiserthron schaut er nicht mehr in einer triumphalen Geste von oben herab auf die unterworfene Welt. Konstantins Blick richtet sich nach oben, dorthin, wo er den Urheber seines Erfolgs vermutet. Gott zu Ehren erhebt er den Tag der Sonne zum wöchentlichen Feiertag und macht den 25. Dezember, den Festtag des alten Sonnengottes, zum höchsten Feiertag der Christenheit. Das Zeichen des Kreuzes, das einstmals ein Schandmal der Folter und der Unterdrückung war, wird zu einer Insignie seiner Herrschaft, und er baut dem Christengott eine Stadt, ein neues Rom, in dem kein einziger heidnischer Tempel steht, sondern nur noch Kirchen – Konstantinopel.

Das Christentum ist nun nicht mehr weit davon entfernt, Staatsreligion zu werden. Allerdings muß die Kirche vorher noch einen entscheidenden Schritt tun – sie muß sich einig werden. In den ersten drei Jahrhunderten hatten sich nebeneinander eine ganze Reihe von christlichen Glaubensgemeinschaften entwickelt.

Marcionisten und Montanisten etwa, deren Anführer durch persönliche Offenbarungserlebnisse mit ihren Bischöfen in Konflikt geraten waren und eigene Kirchen gegründet hatten. Oder die Arianer, die die dreifaltige

Erscheinung Gottes mit Vater, Sohn und Heiligem Geist als Rückfall in die alte Vielgötterei verstanden und bekämpften.

In den Zeiten der Verfolgung hatte man sich gegenseitig geduldet, sogar Solidarität geübt. Nun, da es an die Verteilung der Macht geht, brechen die Differenzen der verschiedenen Lehrmeinungen umso heftiger hervor. Konstantin erkennt die Gefahr, die von diesen dogmatischen Streitigkeiten ausgeht. Bereits 325, im ersten Jahr seiner Alleinherrschaft, beruft der Kaiser alle Bischöfe zu einem ersten allgemeinen Konzil.

Die kirchenpolitischen Weichen sind schnell gestellt. Die Grundregel lautet ab sofort: Tue nichts ohne das Einverständnis deines Bischofs. Die Zeit der Propheten ist mit Konstantin endgültig vorbei. Bischöfe verwalten nicht nur die rechtgläubige Tradition, sondern von nun an auch die Offenbarungen des Heiligen Geistes. Sie sind die Garanten der christlichen Wahrheit und dabei gleichzeitig zuverlässige und berechenbare Ansprechpartner der weltlichen Herrscher.

Die radikalchristlichen Bewegungen des Marcion und des Montanus stehen durch ihre ablehnende Haltung gegenüber jeder Einmischung in die Weltpolitik von vornherein auf verlorenem Posten. Gegen die doppelte Macht von Kaiser und Bischof haben sie kei-

Konstantin I., der Große, römisch-byzantinischer Kaiser. Zeitgenössische Büste.

ne Chance. Sie werden als Sektierer verurteilt, verfolgt, ihre Schriften und Kirchen werden verbrannt. Die christliche Kirche verabschiedet sich endgültig von ihrer eigenen Frühzeit. Natürlich drängt sich dabei die Frage auf, ob es wirklich keine Möglichkeit zum Kompromiß gab? Warum wendet die Kirche gegenüber diesen Splittergruppen die gleiche Brutalität und Intoleranz an, die sie selbst jahrhundertelang erdulden mußte? Hat sie sich durch die Teilhabe an der politischen Macht korrumpieren lassen, hat sie sich selbst verraten?

Während die Auseinandersetzungen mit Montanisten und Marcioniten aufgrund der ungleichen Kräfteverhältnisse sehr schnell beendet sind, gestaltet sich der Konflikt mit den Anhängern des Bischofs Arius langwieriger. Die Arianer verlangen ein eindeutiges Bekenntnis zu einem streng monotheistischen Gottesbild mit einem übergeordneten Vater, dem der Sohn zwar ähnlich, nicht aber gleich ist. Ihre Widersacher betonen mit Hilfe der heiligen Schriften immer wieder die Gleichrangigkeit der Dreifaltigkeit von Vater, Sohn und Heiligem Geist. Im Zuge dieser Diskussion taucht auch die Frage nach der Natur des Gottessohnes auf — ist er mehr Mensch oder mehr Gott? Vier Konzilien und mehr als einhundertfünfzig Jahre vergehen, bis

Die Berufung des
Heiligen Augustinus.
Fresko von Guariento
in Padua.

eine Kompromißformel den Gottessohn „als wahren Mensch und wahren Gott" beschreibt. Die Konzilsentscheidungen schlagen sich auch in den unterschiedlichen Versionen des christlichen Glaubensbekenntnisses nieder.

Da die Arianer die Konzilsbeschlüsse nicht akzeptieren wollen, macht Konstantin ihre Durchsetzung zur Staatsangelegenheit. So verhängt er über Arius und seine Anhänger die Verbannung. Christliche Theologie und kaiserliche Politik haben sich damit endgültig aufs Engste miteinander verknüpft.

Unter Kaiser Theodosius wird das Christentum endgültig zur Staatskirche. Im Jahr 391 verbietet er — bei Androhung der Todesstrafe — alle heidnischen Kulte. Auch die Olympischen Spiele werden abgeschafft. Das Christentum muß im Einflußbereich der römischen Kaiser keinerlei religiöse Konkurrenz mehr fürchten.

Der Preis für diese Exklusivität jedoch ist hoch. Im Lauf der nächsten anderthalb Jahrtausende wird die Kirche immer wieder durch die Kaiser als Machtinstrument mißbraucht und bevormundet. Opportunisten und Mitläufer ohne echte christliche Überzeugung überschwemmen die Gemeinden. Unkontrollierte Tempelpogrome sind an der Tagesordnung, Andersgläubige werden mit der gleichen Unbarmherzigkeit verfolgt wie vorher die Christen.

Zudem wirft die enge Verbindung von Staat und Kirche eine ganze Reihe neuer theologischer Probleme auf. Wer an der Seite der staatlichen Macht steht, kann diese nicht mehr für die Übel der Welt verantwortlich machen. Naturkatastrophen, Epidemien, verlorene Kriege — wie konnte der einzig wahre Gott dies noch zulassen, nun, da er den Kampf um die Macht auf der Erde — jedenfalls im römischen Reich — gewonnen hatte? Die Beantwortung dieser alles entscheidenden Frage über die Herkunft des Bösen in der Welt ist mit einem Mann verbunden, der wie kein anderer Kirchenvater das Erscheinungsbild und die Ideologie der christlichen Kirche prägen wird — Augustinus.

Augustinus wird im Jahr 354 in Thagaste im heutigen Tunesien als Sohn einer begüterten römischen Familie geboren. Er studiert in Karthago, wo er unter den Einfluß der Manichäer gerät, einer christlichen Sekte, die allen irdischen Dingen – Worten, Arbeit, Ehe und der eigenen Körperlichkeit – so weit wie möglich entsagen will.

Mit dreißig übersiedelt Augustinus nach Rom, wo ein Bekehrungserlebnis seinem Leben eine Wendung gibt. Er bricht eine vielversprechende Karriere ebenso ab wie die langjährige Beziehung zu einer Geliebten. Er läßt sich taufen und wendet sich dem Studium und der Auslegung der Heiligen Schriften zu. Mit vierzig wird er Bischof und greift nun entscheidend in die theologische Auseinandersetzung ein, indem er den Begriff der Erbsünde einführt. Für Augustinus gibt es nur eine mögliche Erklärung für die Existenz des Bösen in der Welt: Adam hat durch den Sündenfall im Paradies eine Erbschuld auf das Menschengeschlecht geladen, an der alle Menschen abzuzahlen haben, unabhängig davon, wo sie leben und wie sie ihr Leben gestalten.

Als Beweis dient ihm das Schicksal mißgebildeter, tot- oder krankgeborener Kinder, deren Leiden und deren Tod nicht durch selbst verursachte Schuld erklärt werden können.

Augustins Gegenspieler jedoch bezweifeln, daß die Tat eines einzelnen Menschen ausreicht, um so viel Schuld und damit so viel Not und Elend über das Menschengeschlecht zu bringen. Nach ihrem Verständnis ist der Aufenthalt auf der Erde keine Strafe, sondern eine Prüfung. Wer sie besteht, dem ermöglicht Gott die Rückkehr ins Paradies.

Augustinus werfen sie den Rückfall in die unerbittliche Weltsicht der manichäischen Sektierer vor.

Allerdings weiß dieser neben theologischen Argumenten auch alle anderen erdenklichen Machtmittel virtuos einzusetzen. So besticht er den römischen Klerus, der sich unter den Bischofssitzen schnell als meinungsführend herausgebildet hat, durch die Schenkung von 80 numidischen Zuchthengsten. Augustinus kann sich schließlich durchsetzen, er erklärt seine Gegner zu Ketzern und läßt sie verfolgen.

So beherrscht das Bild vom rächenden Gott und der Sündenverfallenheit des Menschengeschlechts bis in die Neuzeit hinein den christlichen Horizont.

Die Tatsache, daß sich die augustinische Sichtweise schließlich durchsetzt, hat vielfältige Auswirkungen nicht nur auf die Kirche, sondern auch auf die Gesellschaft. So werden beispielsweise die Frauen, die in den Anfängen der Kirche die Garanten des Mis-

Der Heilige Augustinus.
Fresko von Sandro Botticelli, Florenz.

**Die Versuchung
des Heiligen Antonius.
Aus dem Antonius-Triptychon
von Hieronymus Bosch.**

völlige Beherrschung seines Körpers und kompromißlose Askese das Böse besiegen.

Antonius findet schnell Nachfolger — die Styliten etwa, die zum Teil jahrelang auf einer Säule leben. Oder Eremiten, die sich anketten und sogar einmauern lassen, um für das Ewige Leben zu leiden.

Die Zeit der frühen Christen war eine Epoche der Angst, aber auch ein Zeitalter der Hoffnung. Aus dem Glauben an einen Gekreuzigten wird eine Institution, aus einer verfolgten Sekte wird schließlich die Kirche der Macht. Aber auch sie kann den Verfall des einstigen Weltreiches nicht aufhalten.

Im Jahr 455 ist die militärische Verteidigung des Reiches vollends zusammengebrochen. Nahezu ungehindert hat ein Vandalenheer unter Geiserich die Hauptstadt erreicht. Eine verheerende Belagerung beginnt.

Unter den Eingeschlossenen befindet sich auch der Papst. Die Lage ist hoffnungslos. Das stolze Rom wird vierzehn Tage lang geplündert.

Wie wird die christliche Kirche, die ihr Schicksal so eng an den römischen Machtapparat geknüpft hat, diesen Untergang überleben?

sionserfolgs gewesen waren, in eine passive, untergeordnete Rolle zurückdrängt. Während in den heidnischen Kulten Priesterinnen nichts Ungewöhnliches waren, schließt die Christenkirche Frauen von allen höheren Ämtern aus. Lediglich auf der diakonischen Ebene, also in der praktischen Sozialarbeit vor Ort, wird ihre Mitarbeit geduldet.

Auch das Märtyrertum nimmt neue Formen an. Der Gegner ist nun nicht mehr der Staat, sondern der Teufel.

Um ihn zu besiegen, zieht sich zum Beispiel der zwanzigjährige Ägypter Antonius allein in die Wüste zurück. Er will den Satan sozusagen auf dessen ureigenstem Territorium angreifen. Antonius ist der Prototyp des Einsiedlers und will durch völlige Einsamkeit, ständige Konzentration auf Gott, durch die

Getrennte
Wege

Über dem antiken Rom geht die Sonne unter.
Barbaren plündern das Zentrum der Welt.
Iro-schottische Mönche tragen den Glauben zu den germanischen Völkern.
Am Horizont taucht die Weltmacht Islam auf.
Politik und Kirche gehen immer prekärere Verbindungen ein.
Rom und Byzanz driften auseinander.

Schon seit dem Beginn des 5. Jahrhunderts kennen die Germanen nur ein Ziel: die Eroberung Roms. Immer wieder überrennen Krieger der Vandalen, Quaden oder Alanen die Grenzen des Römischen Imperiums, dessen Legionen Schritt für Schritt zurückweichen müssen. Im Jahr 410 steht das Heer des westgotischen Königs Alarich schließlich vor den Toren des „caput mundi", der „Hauptstadt der Welt". Rom wird eingenommen und geplündert.

Es folgt eine Zeit heftiger Verteilungskämpfe, die von den Hunnen unter Attila und den Vandalen unter Geiserich dominiert werden. Das einstmals mächtige Römische Reich schmilzt unaufhaltsam dahin. Schließlich taucht im Jahr 455 die Flotte Geiserichs überraschend vor der Tibermündung auf. Die Stadt muß eine vierzehntägige Plünderung über sich ergehen lassen. Hatten die Truppen Alarichs 45 Jahre zuvor wenigstens die Kirchen verschont, so nehmen die Vandalen keinerlei Rücksicht mehr. Die Plünderungen eskalieren: es kommt zu Mord, Totschlag, Folter und Vergewaltigungen. Die Beute ist gewaltig. Rom ist am Ende.

Der Untergang der Ewigen Stadt macht auf die damalige Welt einen ungeheuren Eindruck. Das Imperium ist in seinen Grundfesten erschüttert. Nicht wenige erwarten das Ende der Welt. Ein Weltreich wird zum Spielball relativ kleiner, germanischer Stammes-

Rom in Trümmern. Das Forum Romanum mit der Via Sacra und den drei Säulen des Dioskurentempels, dem Vestatempel und dem Titusbogen im Hintergrund.

einheiten. In der Geschichte wird diese Epoche die Zeit der „Völkerwanderung" genannt. Sie hat das Gesicht Europas von Grund auf verändert.

Ursprünglich siedeln die germanischen Völker in Nord- und Osteuropa:

Westgotischer Kämpfer. Filmszene.

die Goten am Dnjepr und am Schwarzen Meer, die Burgunder und Vandalen an Bug und Weichsel, die Langobarden zwischen Elbe und Oder.

Sehr viel weiter östlich jedoch, in der Mitte des asiatischen Kontinents, existiert ein Reitervolk mit einem ungeheuren Expansionsdrang: die Hunnen. Sie versuchen zunächst, sich nach Osten auszudehnen, werden jedoch durch die die große Mauer gestoppt, die die chinesischen Han-Kaiser errichten haben. Es bleibt der Weg nach Westen, und der ist offen. Also konzentrieren die Hunnen ihre Kräfte in diese Richtung und schieben die christlich-germanischen Stammesgruppen zwischen Ostsee und Schwarzem Meer vor sich her bis an die Grenzen des Römischen Imperiums.

Schon Mitte des 4. Jahrhunderts bekehren sich die Goten und Vandalen nach zum Teil blutigen Auseinandersetzungen zum Christentum. Treibende Kraft ist der westgotische Missionsbischof Wulfila. Er nutzt geschickt den politischen Konflikt zwischen den beiden Gotenführern Athanarich und Fritigern für sein Anliegen. Von ihm übernehmen die bekehrten Völker auch das arianische Be-

kenntnis. Die Arianer, die die Dreieinigkeit verneinen, sehen in Christus nicht den wesensgleichen Gottessohn, sondern lediglich einen Menschen, der Gott ähnlich ist.

Als die römische Reichskirche auf dem Konzil von Konstantinopel im Jahr 381 die Wesensgleichheit Christi endgültig zum Dogma erklärt, bleiben die Germanen ihrem alten Bekenntnis treu und gelten seither als Häretiker. Ihr einigendes Band ist Wulfilas westgotische Bibelübersetzung, die aus den Bedürfnissen des Gottesdienstes heraus ent-

Bollwerk gegen die Hunnen. Die Chinesische Mauer in den Bergen bei Peking, errichtet 220-210 v. Chr.

Die Saalburg, römisches Kastell am Obergermanischen Limes, norwestlich von Homburg v.d.H.

steht und für die er ein gotisches Alphabet entwirft.

Als die Germanen unter dem Druck der nachrückenden Hunnen schließlich an die Grenzen des Römischen Imperiums stoßen, werden sie dort angesiedelt und zum Teil als römische Grenzschutztruppen unter Vertrag genommen. Ihre Heerführer erhalten den Status römischer Offiziere.

Doch sie wollen mehr als nur karges, unfruchtbares Ackerland an der Peripherie des reichen Imperiums. So verlassen sie die ihnen zugewiesenen Siedlungsgebiete und ziehen Richtung Italien. Niemand kann sie aufhalten. Das Reich ist träge geworden. Um wenigstens die wichtigsten Staatsfunktionen aufrechterhalten zu können, muß Rom immer wieder die Steuern erhöhen, und es kommt zu einer ruinösen Überbelastung ganzer Bevölkerungsschichten. In den Städten verfallen die gewachsenen Formen des Lebens. Die Kaufkraft sinkt, die Straßennetze verkommen, die öffentliche Sicherheit kann nicht mehr gewährleistet werden.

Es ist eine Zeit des Verfalls. Nur der Papst und seine Bischöfe verfügen noch über eine funktionsfähige Verwaltung. So bekommen die kirchlichen Würdenträger mehr und mehr auch politische Verantwortung. Die Päpste werden de facto zu Gouverneuren des weströmischen Imperiums. Bei ihnen liegt sogar der Oberbefehl über die Armee.

Im Jahr 452 kommt es zu einem welthistorischen Ereignis, das die Entwicklung symbolhaft zum Ausdruck bringt. Raffael hat die Szene in einem Gemälde festgehalten, das im Vatikan zu sehen ist. Papst Leo I. (440-461) tritt dem meistgefürchteten Mann jener Zeit, dem Hunnenkönig Attila waffenlos entgegen. Sein gewaltiges Reiterheer hat jeden Widerstand von Asien bis Europa hinweggefegt. Jetzt wird er die Ewige Stadt erobern, die ihm schutzlos preisgegeben ist.

In diesem Augenblick richten sich die Hoffnungen der Menschen allein auf den römi-

Papst Leo I. bewegt Attila zum Rückzug.

Johannes Chrysóstomos wird zum Metropoliten von Konstantinopel geweiht. Gemälde von Del Friso.

schen Bischof. Er zieht Attila entgegen, ohne Heer, ohne militärischen Schutz, und wird vom Hunnenkönig mit allen Ehren empfangen. Das Unglaubliche geschieht. Es gelingt Leo I., Attila zur Umkehr zu bewegen.

Worüber mögen die beiden so unterschiedlichen Männer gesprochen haben? Hat Attila Respekt vor dem Christengott, dem er auf seinen Raubzügen durch Europa begegnet ist? Steht er vielleicht selbst vor einer Bekehrung? Man hat ihn jedenfalls monatelang in Begleitung eines französischen Bischofs gesehen.

Diese Fragen sind für uns heute nicht mehr zu beantworten. Eines jedoch ist sicher: Der Hunnenkönig kehrt Italien den Rücken.

Die Bedrohung ist damit jedoch keineswegs zu Ende, sie erhält nur ein anderes Gesicht. Der Vandalenkönig Geiserich und andere

germanische Heerführer dringen nach Rom vor und gründen in Italien, Spanien und Nordafrika instabile Reiche.

Das Römische Imperium ist längst zweigeteilt. Die Ewige Stadt ist schon lange nicht mehr das Machtzentrum der damaligen Welt. Die neue, blühende Metropole heißt Byzanz. Seit Kaiser Konstantin residieren hier die oströmischen Imperatoren und sichern mit harten Gesetzen ihre Macht. Hier kann sich auch die Kirche zur staatstragenden Institution entwickeln, allerdings immer in Abhängigkeit von der Machtpolitik der Kaiser.

In Byzanz lehnen sich erstmals auch kritische Theologen gegen die Politik des Staates auf und geißeln die soziale Ungerechtigkeit eines Systems, das Reiche immer noch reicher und Arme nur noch ärmer macht.

Einer dieser kritischen Theologen ist Johannes Chrysóstomos. In seinem Kommentar zum Mattäusevangelium schreibt er in der 61. Homilie:

„Wenn man untersucht, wie die Grundbesitzer mit den armen Landleuten verfahren, kommt man zu der Überzeugung, daß sie unmenschlicher sind als Barbaren. Den Leuten, die ein Leben lang hungern und sich quälen müssen, legen sie unerschwingliche Abgaben auf. Von ihren Arbeiten, von ihrem Schweiß füllt man Speicher und Keller, heimst die ganze Ernte in die eigenen Truhen und wirft jenen ein Spottgeld als Lohn dafür hin."

Die Kaiser kümmern sich allerdings nicht um derartige Kritik und führen Staat und Kirche weiterhin auf selbstherrliche Art und Weise – zum eigenen Vorteil und zur Stärkung ihrer Macht. Im Bereich der Kirchenführung sind ihnen offiziell die Obermetropoliten von Konstantinopel, Antiochia, Jerusalem,

Christus.
Byzantinisches Mosaik
in der Hagia Sophia.
Konstantinopel, um 1260.

„Du bist Petrus und auf diesen Felsen will ich meine Kirche bauen. Ich werde dir die Schlüssel des Himmelreiches geben und was du auf Erden binden wirst, das wird auch im Himmel gebunden sein, und was du auf Erden lösen wirst, das wird auch im Himmel gelöst sein."

Mt 16,18f.

Darauf also gründet sich das Selbstverständnis der Päpste. „Papa Petrus ipse", der Papst ist Petrus selbst. Ihm — und seinen Nachfolgern — sind die Schlüssel des Himmelreiches übertragen und damit auch die Schlüsselgewalt in der Kirche, die der Bischof von Rom für sich beansprucht. Der selbstbewußte Papst Leo I. versteht darunter auch die Hoheit in der Rechtsprechung sowie das oberste Lehramt. Dem Kaiser gesteht er lediglich zu die Kirche zu schützen.

Im Westen können Leo I. und seine Nachfolger ihre Vormachtbestrebungen schnell durchsetzen. Die Christenheit im Einflußbereich der römischen Bischöfe wächst rasch zu einer kirchenpolitischen Einheit zusammen.

Unterstützung bekommen die Päpste auch durch den ostgotischen König Theoderich (493-526), der von Ravenna aus inzwischen

Alexandria und Rom zur Seite gestellt, aber ohne die Zustimmung der Kaiser kann keine Synode einberufen und kein einziger kirchlicher Beschluß verkündet werden. Staats- und Kirchenführung liegen in einer Hand.

Doch auch hier regt sich Widerstand. Der römische Bischof ist nicht länger gewillt, sich dem Kaiser zu beugen. Schließlich kann er auf eine Tradition verweisen, die sehr viel weiter zurückreicht als die byzantinische, eine Tradition, die ihn von allen anderen Bischöfen des Reiches abhebt: Er versteht sich als der Nachfolger des Petrus und beruft sich dabei auf einen Absatz aus dem Neuen Testament. Dort heißt es im Matthäusevangelium:

über ganz Italien herrscht. Die Germanen haben zwar die Kaiserherrschaft im Westen zerstört, nicht aber den Charakter der „Romania mediterrana". Ganz im Gegenteil: Sie saugen die römische Kultur auf wie der Schwamm das Wasser. Kaum hat sich Theoderich in Italien festgesetzt, umgibt er sich mit römischen Rhetoren, Juristen, Poeten und Architekten. Er ist zwar arianischer Christ, aber tolerant gegenüber der römischen Kirche. Um Byzanz politisch zu schwächen, fördert er die Vormachtbestrebungen des Papstes.

Diese neue Allianz stärkt das Selbstbewußtsein der römischen Bischöfe gegenüber den Einmischungen der oströmischen Kaiser. In einem Brief von Papst Symmachus (498-514) an Kaiser Anastasios heißt es:

„Vergleichen wir einmal die Ehre des Kaisers mit der Ehre des Bischofs. Der Abstand zwischen beiden ist daran zu messen, daß jenem die Sorge für irdische Dinge, diesem die für die himmlischen obliegt. Ihr, oh Kaiser, empfangt vom Bischof die Taufe, aus seiner Hand nehmt Ihr das Abendmahl, Ihr bittet ihn um sein Gebet, fleht ihn an um Buße. Ihr leitet als oberste Instanz die menschlichen Belange — er aber teilt Euch göttliche Gaben aus.

So ist denn seine Ehre, um nicht zu sagen höher, so doch jedenfalls der Eurigen gleich."

Im Gegensatz zum byzantinischen Verständnis der gemeinsamen Verantwortung für Staat und Kirche, der „Symphonia", unterscheidet der Papst deutlich zwischen weltlicher und geistlicher Gewalt. Darin liegt enormer Zündstoff. Die unterschiedlichen Interpretationen und ihre Folgen werden das ganze Mittelalter in Atem halten.

Die Fronten zwischen dem Papst und Kaiser, zwischen Ost und West, verhärten sich zusehends. Theologische und kulturelle Streitfragen, so der berühmte „Bilderstreit", verschärfen die Gegensätze.

Auf der Synode von Elvira (306/312) wird die bildliche Darstellung Gottes oder heiliger Personen verboten. Man will einen Bilderkult verhindern. Die Volksfrömmigkeit setzt sich jedoch darüber hinweg. Die meisten Menschen können weder lesen noch schreiben. Ihnen helfen Bilder und Bilderbibeln, die heiligen Geschichten nachzuvollziehen.

Als sich kleinasiatische Bischöfe erneut gegen die Verehrung von Bildern in ihren Gemeinden wenden, schlägt sich Kaiser Leon III. auf die Seite der Bilderstürmer und befiehlt, alle Abbildungen aus den Kirchen zu entfernen. Nur das schlichte Kreuz ist noch erlaubt.

Grabmal des Theoderich in Ravenna.

Der Isenheimer Altar von Matthias Grünewald im Unterlindenmuseum, Colmar. Links: Auferstehung Christi, rechts: Maria mit Kind.

Die römischen Päpste wehren sich gegen dieses Bilderverbot. In einem Brief an Kaiser Leo III. vertritt Papst Gregor II. (715-731) die Ansicht, daß die Bilder in den Kirchen keineswegs angebetet werden, sondern der Belehrung des einfachen Volkes dienen.

„Männer und Frauen bringen auf ihren Armen die kleinen, eben getauften Kinder herbei, junge Leute kommen oder Neubekehrte aus dem Heidentum: und alle zeigen mit den Fingern auf die Bilder der heiligen Geschichte, erbauen sich daran und erheben Sinn und Herz empor zu Gott. Ihr aber habt dies alles dem schlichten Volk verboten. Statt dessen versucht ihr, sein leeres Herz auszufüllen mit öden Predigten und unnützem Unterricht, mit Zitherspiel und Klapperschellen und Paukengedröhn."

Der Bilderstreit führt zu kriegerischen Auseinandersetzungen und wird die Kirche noch lange beschäftigen und, in unterschiedlichen Ausprägungen, bis weit über die Zeit der Reformation hinaus immer wieder aufflackern. Ein herausragendes Beispiel für die Umsetzung der biblischen Botschaft in die Bildersprache ist der Isenheimer Altar von Matthias Grünewald – ein gewaltiges Werk, das bedeutendste und berühmteste seiner Art in der deutschen Kunst.

Wie riesige Bibelseiten sind Grünewalds dramatische Bilder aufgeschlagen, und das Teilstück mit Mutter und Kind darf wohl als die poetischste Darstellung dieses Themas in der gesamten christlichen Kunst bezeichnet werden. Dieses Kunstwerk ist zwischen 1510 und 1516 entstanden, zu einer Zeit, als der Bilderstreit in der römisch-katholischen Kirche schon lange beigelegt und die Epoche der protestantischen Bilderstürmer noch nicht angebrochen war.

Zu Beginn des 7. Jahrhunderts haben die byzantinischen Kaiser andere Sorgen. Im Süden des großen Reiches braut sich ein Sturm zusammen, der den Vorderen Orient und bald auch Europa in seinen Grundfesten erschüttern wird: der Siegeszug des Islam.

Im Jahr 610 hat der Kaufmann Muhammad ibn Abdalla auf dem Berg Hira bei Mekka ein religiöses Berufungserlebnis, das später in den 114 Suren des Koran aufgezeichnet wird. Er verkündet, unter dem Einfluß jüdischer und christlicher Traditionen, einen strengen Monotheismus, verknüpft mit einer Anzahl ethischer und ritueller Gebote.

Nach der Auswanderung Muhammads nach Medina im Jahr 622, dem Beginn islamischer Zeitrechnung, breitet sich die neue Lehre sehr schnell über ganz Arabien aus. Sie hat große Auswirkungen auf das politische und gesellschaftliche Leben, und schon nach kurzer Zeit sind die Muslime, Muhammads wachsende Anhängerschar, auf dem Weg zu einem religiös fundierten und stark expandierenden Staatswesen. Die treibende Kraft für das immer mächtiger werdende arabische Großreich ist der Gedanke des „Heiligen Kriegs", der die territoriale Herrschaft des Islam auf das Gebiet der Ungläubigen ausdehnen soll.

Zielstrebig und mit großem militärischem Einsatz wird dieses Vorhaben vorangetrieben. An einem Februartag des Jahres 638 reitet

Das Innere des Felsendoms in Jerusalem.

Kalif Omar I. auf einem weißen Kamel in Jerusalem ein, gefolgt von einer abgerissenen, aber disziplinierten Beduinenarmee. Seit der Zeit Kaiser Konstantins war Jerusalem eine heilige Stätte der Christen gewesen, nun wird sie auch von den Moslems als Heiligtum verehrt. Heute erhebt sich über der Stadt des salomonischen Tempels der Felsendom, neben Mekka und Medina das bedeutendste Heiligtum der islamischen Welt.

Nur drei Jahre nach Jerusalem nehmen die Araber auch das ägyptische Alexandria ein. Erstmals stehen die beduinischen Reiterscharen vor einer hochentwickelten Zivilisation. Wie tief der Eindruck gewesen sein muß, zeigt der folgende Bericht:

Löwenhof der Alhambra in Granada.

„Ich habe eine Stadt erobert, mit deren Beschreibung ich gar nicht erst beginnen will. Es genüge zu berichten, daß ich darin 4000 Villen mit 4000 Bädern vorgefunden habe, dazu 40000 steuerzahlende Juden und 400 eines Königs würdige Vergnügungsstätten.“

Die Bewohner der eroberten Gebiete, Juden wie Christen, sind über die neuen arabischen Herren gar nicht so unglücklich. Man berichtet sogar von direkter Unterstützung der Angreifer. Diese islamischen Herren sind toleranter als der byzantinische Kaiser und seine Beamtenschaft. Sie haben kein Interesse an einer Bekehrung der christlichen und jüdischen Untertanen. Vielmehr wird ihnen, den „ahl al-kitab“ („Völker des Buches“), gegen die Zahlung einer Kopfsteuer das Recht auf Eigentum ebenso zugestanden wie das Recht auf freie wirtschaftliche Entwicklung und auf Religionsausübung.

Zielstrebig dehnen die Araber ihr Herrschaftsgebiet immer weiter aus. Zu Beginn des 8. Jahrhunderts sind bereits Spanien, Nordafrika und Turkestan erobert und damit Teil eines der gigantischsten Territorialreiche der Weltgeschichte. Anders als die Germanen, die Rom zwar militärisch besiegten, aber letztlich von dessen überlegener Kultur absorbiert wurden, haben die Araber dem Christentum einen eigenen Glauben entgegenzusetzen, der zudem bei der orientalischen Bevölkerung auf besondere Resonanz stößt.

Erst als die Araber im Norden Spaniens über die Pyrenäen ziehen und ins fränkische Reich einfallen, werden sie von Karl Martell aufgehalten. In der Schlacht bei Tours und Poitiers im Jahr 732 besiegen die Männer des fränkischen Hausmeiers die Araber und sichern ihm damit einen Platz in der Weltgeschichte. Die Ausbreitung des Islam ist gestoppt. In seinem Herrschaftsbereich entsteht jedoch in der Assimilation zweier Traditionsströme jene großartige maurische Kultur, deren Spuren sich bis heute in vielen Zeugnissen vor allem der Baukunst bewundern lassen, so z. B. in der berühmten Alhambra in Granada, die im 13. und 14. Jahrhundert entsteht.

Während sich in der Welt politische Herrscher und Kirchenfürsten um die Macht streiten, während Reiche untergehen und andere entstehen, während das Rad der Geschichte sich unaufhaltsam weiterdreht, entwickeln sich, unberührt von den Stürmen der Zeit, christliches Leben und christliche Spiritualität vor allem in den Klöstern. Sie sind in dieser Epoche die eigentlichen Träger der christlichen Kultur. Demonstrativ lebt das Mönchtum vor, was es heißt, in der Welt, aber nicht von der Welt zu sein. Der Mönch wendet sich bewußt von der Herrschaftskultur der byzantinischen Kaiser und ihrer Beamtenschaft ab und steht ihr als Mensch der Askese, der Armut und der Bruderliebe gegenüber. Die älteste Form des Mönchtums ist der völlige Rückzug aus der Welt, das Leben als Einsiedler, wie es von Antonius und seinen Nachfolgern seit dem ausgehenden dritten Jahrhundert in Nordafrika und Kleinasien gelebt

Initialseite aus dem Book of Kells.

wird. Nur wenige Jahrzehnte später, etwa um 320, gründet der koptische Mönch Pachomius das erste Kloster, um an die Stelle des ungeregelten Lebens in der Einsamkeit das geregelte Leben einer Gemeinschaft zu setzen. Schnell breitet sich die neue Idee aus. Der Einfluß der Orden und Klöster auf die Gesellschaftsstruktur des frühen Mittelalters wird so stark, daß die gesamte Kulturgeschichte des Abendlandes und der Ostkirche ohne das Mönchtum nicht denkbar ist.

Zu Anfang blühen die Klöster im Verborgenen, in entlegenen Gegenden abseits der großen Heerstraßen, um sich vor Plünderungen zu schützen. So lassen sich zum Beispiel keltische Christen nach ihrer Vertreibung aus England in Irland nieder, am Rand der damals bekannten Welt. Dort kann sich, unbeeindruckt von den Wirren der Welt- und Kirchenpolitik, aus antiken Überlieferungen, christlichem Gedankengut sowie keltischen Wurzeln eine eigenständige, christliche Kultur entwickeln. Zentren dieser neuen, irisch-keltischen Kirche sind die Klöster, die in ganz Irland entstehen. Auch die Poesie und die Manuskriptkunst erreichen eine erste Blüte von außerordentlicher Qualität. Das berühmteste Beispiel dafür ist das „Book of Kells", eine mit verschwenderischer Pracht illustrierte Evangelienhandschrift, die heute im Trinity College in Dublin ausgestellt ist.

Von den keltischen Mönchen in Irland gehen aber auch bedeutende missionarische Impul-

Der Rock of Cashel, Irlands religiöses Zentrum.

se aus. Sie begeben sich auf die „peregrinatio propter Christum", die „Wanderschaft um Christi Willen". Man nennt sie das „grüne Martyrium". In der Rangfolge der verschiedenen Martyrien wird nur das „rote Martyrium", der Märtyrertod, noch höher eingestuft, während das „weiße Martyrium", das entsagungsvolle Leben im Kloster, als weniger wertvoll gilt. Und so ziehen sie in großer Zahl nach Schottland und England und noch weiter aufs europäische Festland, missionieren und gründen weit über 200 Klöster.

In ihrem Reisegepäck haben sie auch die „libri poenitentiales": Bußbücher, in denen Sünden und die darauf anzuwendenden Sühnestrafen wie zum Beispiel Fasten, Gebete, der Aus-

Mönche auf der Wanderschaft. Filmszene.

schluß aus der kirchlichen Gemeinschaft und anderes mehr aufgezeichnet sind. Die Bußen in diesen Büchern sind hart und die irischen Mönche streng. Dem Sünder kann beispielsweise vorgeschrieben werden, im Nassen, auf Brennesseln, oder im Grab neben einer Leiche zu schlafen.

Doch das Mönchtum spielt nicht nur im Westen eine wichtige Rolle; im Osten entstehen ganze Mönchsrepubliken, so auf dem Athos, einer Gebirgsgruppe südöstlich von Thessaloniki, oder die Meteoraklöster auf den Felsen Mittelgriechenlands. Manche der alten Klöster existieren seit über 1000 Jahren und bestehen noch immer.

Der bedeutendste griechische Mystiker ist Symeon, der neue Theologe. Nach seinen Worten besteht das Ziel des mönchischen Lebens im Schauen des inneren Lichts.

„Schließ die Tür ab und erhebe deinen Geist über alles. Dann kontrolliere die Atemluft. Erforsche mit deinem Geist das Innere, um den Ort des Herzens zu finden, wo alle Kräfte der Seele beheimatet sind.

Wenn dein Geist den Ort des Herzens gefunden hat, versteht er, was er bisher nie erfahren hat. Er erblickt sich selbst ganz in Licht getaucht."

Die Suche nach dem inneren Licht wird im 14. Jahrhundert zu einer merkwürdigen Auseinandersetzung führen, dem Hesychastenstreit (Hesychasten = die Ruhenden). Die Mönche auf dem Athos versetzen sich in Extase, indem sie ihren Bauchnabel fixieren und glauben, in diesem Zustand das Licht der Gottheit sehen zu können. Diese extreme Ausprägung ist für die Kirche nicht mehr tragbar. Dem Erzbischof von Thessaloniki gelingt es jedoch, vermittelnd einzugreifen und den Streit zu schlichten.

Schon im 6. Jahrhundert wirft das unabhängige Mönchtum mit seinem Hang zur Innerlichkeit für die Kirche Probleme auf. Man fürchtet, daß sich dort Häresien und Irrlehren herausbilden und festsetzen könnten. Um dies auszuschließen, sollen alle Klöster des Westens eine einheitliche Regel erhalten. So macht sich 529 Benedikt von Nursia im Kloster Monte Cassino an die Arbeit und

Kloster auf dem Berg Athos.

entwirft die geforderte, einheitliche Mönchsregel. Sie wird in kürzester Zeit von allen Klöstern in Europa übernommen. In 73 Kapiteln ordnet Benedikt alle Fragen des klösterlichen Gemeinschaftslebens, der Ämter und des Gottesdienstes. Wichtig an der „regula benedicti" ist die Mischung aus der „meditatio", dem spirituellen Leben der Mönche, und einer weltzugewandten, praktischen Lebensführung. „Ora et labora", bete und arbeite, so lautet ihre Kurzformel. Die Spiritualität der Glaubensgemeinschaft ist die eine Seite, die ökonomische Existenzgrundlage die andere. Deshalb sind die Klöster oft auch gut funktionierende, landwirtschaftliche Betriebe.

Benedikt mit seiner Ordensregel. Fresko um 1150.

Gehorsam gegenüber dem Abt und gegenseitiger Respekt gehören ebenso zur Regel des Benedikt wie die „stabilitas loci", die Ortsbeständigkeit. Das bisher übliche Vagantentum wird untersagt, und der Mönch ist dazu verpflichtet, ein Leben lang in seinem Kloster zu bleiben.

Unter den Benediktinern, die sich in England niedergelassen haben, befindet sich auch ein angelsächsischer Mönch namens Wynfrith. Die Mission ist ihm ein großes Anliegen, und so begibt er sich im Winter 718/719 aufs Festland, wo ihn sein Weg direkt nach Rom führt. Dort erhält er von Papst Gregor II. den Namen Bonifatius – nach dem Heiligen des Tages – und den offiziellen Auftrag zur Mission unter den Germanen. In seiner Ernennungsurkunde schreibt Gregor:

„Wir befehlen, daß du in der Gnade Gottes zu allen Völkern, die in dem Irrtum des Unglaubens gefangen sind, schleunigst dich aufmachst und den Dienst des Reiches Gottes durch die Verbreitung des Namens Christi überzeugend ausdehnst."

Der fränkische Hausmeier Karl Martell unterstützt Bonifatius, indem er ihm einen Schutzbrief ausstellt und ihm damit auch den Auftrag zur Mission in den noch heidnischen Gebieten seines Reiches gibt.

**Bonifatius fällt
die Jupitereiche.**

Bonifatius missioniert unter Friesen, Thüringern und Hessen. Er wird zum „Apostel der Deutschen". Man erzählt sich Wunderdinge von seiner Unerschrockenheit. Bei Geismar geschieht eine Episode, die sein Biograph Willibald festhält:

„Er unternahm es, eine ungeheure Eiche, die mit ihrem heidnischen Namen „die Jupitereiche" genannt wurde, in einem Orte, der ‚Gäsmere' hieß, zu fällen. Die große Menge der anwesenden Heiden verwünschte ihn als einen Feind ihrer Götter. Als er jedoch nur ein wenig den Baum angehauen hatte, stürzte er mit gebrochener Krone zur Erde. Als dies die vorher fluchenden Heiden gesehen, wurden sie umgewandelt, priesen Gott und glaubten an ihn. Darauf erbaute Bonifatius aus dem Holzwerk dieses Baumes ein Bethaus und weihte es zu Ehren des heiligen Apostels Petrus".

Bonifatius wird zum Bischof und später zum Erzbischof geweiht.

Papst Gregor II. salbt Bonifatius. Filmszene.

Damit erhält er die Befugnis, auf seinem Missionsfeld Bistümer zu gründen. Im Jahr 754 wird er auf einer seiner Missionsreisen von Friesen erschlagen und findet im Dom zu Fulda seine letzte Ruhestätte. Bonifatius stirbt dreizehn Jahre nach dem Hausmeier Karl Martell, der nicht nur die entscheidende Schlacht gegen die bedrohlich vorrückenden Araber geschlagen hat, sondern auch das Frankenreich an Königs statt regiert. Möglich ist dies durch das Machtvakuum, das das immer schwächer werdende merowingische Königshaus hinterläßt.

Seit seinen Anfängen unter dem Merowingerkönig Chlodwig, der Ende des 5. Jahrhunderts mit den Franken zum römisch-katholischen Glauben übergetreten ist, hat sich das Reich enorm ausgedehnt. Das erste christliche Großreich nördlich der Alpen reicht zu Beginn des 8. Jahrhunderts vom Atlantik bis an die böhmisch-mährische Grenze und zu den Pyrenäen. Doch je größer und mächtiger das Reich wird, desto schwächer werden die Merowingerkönige.

Gleichzeitig wird der fränkische Adel politisch immer unabhängiger und entwickelt das Amt des „maior domus", des Hausmeiers. Seit dem Amtsantritt von Karls Vorgänger Pippin dem Mittleren (688-714) liegt diese Aufgabe in der Hand der Karolinger. Keiner allerdings füllt das Amt mit solcher Machtfülle aus wie Karl Martell. Er regiert, verwaltet den Staat und führt das fränkische Heer als Oberbefehlshaber in ungezählte siegreiche Schlachten und läßt die eroberten Gebiete durch Bonifatius missionieren. Nur die grundlegende Reform der Gesamtkirche, die er sich eigentlich ebenfalls auf die Fahnen geschrieben hatte, wird erst unter seinen Söhnen Karlmann und Pippin, die ihm im Amt nachfolgen, in die Wege geleitet.

Durch ihre Siege in zahlreichen Kriegen und durch ihre Erfolge bei der Missionsarbeit und der Neustrukturierung der Kirche im fränkischen Reich glauben die Nachfolger Karl Martells nun auch Anspruch auf die fränkische Königskrone zu haben. Der Adel unterstützt sie darin. Und so schickt Pippin im Jahr 751 den letzten merowingischen Schattenkönig Childerich III. ins Kloster und setzt sich selbst auf den Thron.

Um jedoch nicht als Usurpator zu gelten, bemüht sich Pippin um eine Legitimation durch den Papst. Er bekommt sie sofort. Kein Geringerer als Erzbischof Bonifatius salbt Pippin in Soissons zum König. Warum hat der Papst den Sturz des Merowingerkönigs legalisiert? Pippin ist doch tatsächlich nicht mehr als ein Thronräuber.

Die Antwort ist einfach: Rom braucht dringend einen Verbündeten. Die Langobarden unter König Aistulf bedrohen das Gebiet des Heiligen Stuhls. Als sie 751 das byzantinische Exarchat Ravenna erobern, gerät der Papst in gefährliche Bedrängnis.

Papst Stephan II. bittet den neuen Frankenkönig Pippin III. um Hilfe. Und obwohl sich der fränkische Adel den Langobarden, den ehemaligen Waffenbrüdern im Abwehrkampf gegen den Islam, eng verbunden fühlt, zieht Pippin gegen sie in den Krieg und kann sie vernichtend schlagen. Im „Liber pontificalis", einer Sammlung von Papstbiographien von Petrus bis zu Stephan IV. (gestorben 891), findet man dazu folgenden Vermerk:

„Aistulf, der König der Langobarden, bat um Gnade und versprach, die eroberten Städte zurückzugeben. Von diesen Städten machte Pippin der Heiligen Römischen Kirche eine Schenkung. Das Ducat Rom und das Exarchat Ravenna sollen als ‚Patrimonium Petri' für alle Zeiten dem Heiligen Stuhl gehören.

Pippin nimmt den ehemaligen Verbündeten also Gebiete ab, um sie an den Papst weiterzugeben. Diese Schenkung bildet die Grund-

Taufe des Merowingerkönigs Chlodwig in Reims.

Thron Karls des Großen im Kaiserdom in Aachen.

Daher beschließen und verordnen Wir, daß er die Oberherrschaft haben soll über die vier Hauptbischofssitze Antiochia, Alexandria, Konstantinopel und Jerusalem. Und der Papst soll erhabener sein und ein Fürst über alle Priester der ganzen Welt und nach seinem Urteil soll alles geregelt werden."

Seit vierhundert Jahren fordern die Päpste den Primat, und nie haben sie sich auf diese Schenkung berufen. Die Urkunde erwähnt Jerusalem als Hauptbischofssitz, obwohl es diesen zu Konstantins Zeiten überhaupt noch nicht gegeben hat. Es gibt einen einfachen Grund für diese Ungereimtheiten (der Humanist Lorenzo Valla hat sie in der Renaissance ans Tageslicht gebracht): Die Konstantinische Schenkung ist eine Fälschung.

Nach Pippins Tod wird Karl der Große zum Alleinherrscher der Franken und nach einem siegreichen Feldzug wenig später auch noch König der Langobarden.

Am Weihnachtstag des Jahres 800 krönt ihn Papst Leo III. nach byzantinischem Ritus zum Kaiser. In den „Fränkischen Reichsanalen" wird die Zeremonie ausführlich geschildert.

„Als der König gerade am heiligen Weihnachtstag sich vom Gebet vor dem Grab des seligen Apostels Petrus zur Messe erhob, setzte ihm Papst Leo eine Krone aufs

lage für den Kirchenstaat, das weltliche Herrschaftsgebiet der Päpste.

Der Heilige Stuhl gibt sich mit der Pippinischen Schenkung aber nicht zufrieden. Ein anderes Dokument soll dem Nachfolger Petri die Vormachtstellung in der Gesamtkirche sichern. In der „Donatio Constantini", der sogenannten Konstantinischen Schenkung, soll der erste christliche Kaiser dem Patriarchen des Westens große Privilegien übertragen haben:

„Mehr als Unser Kaisertum und Unser irdischer Thron soll der hochheilige Stuhl des heiligen Petrus erhöht werden.

Kaiserkrönung Karls des Großen. Filmszene.

Haupt und das ganze Römervolk rief dazu: Karl dem Erhabenen, dem von Gott gekrönten großen und Frieden stiftenden Kaiser der Römer Leben und Sieg!"

Mit dieser Krönung kann sich Papst Leo III. endgültig von Byzanz emanzipieren, denn Karl weiß sich als Herrscher von Gottes Gnaden auch für die Kirche verantwortlich. Er verspricht, sie mit seiner militärischen Macht zu schützen und reichsintern zu stärken.

Die Interessen des Reichs und der Kirche treffen sich besonders auf dem Gebiet der Heidenmission, die Karl schon lange vor seiner Kaiserkrönung mit großem Nachdruck betreibt. Das bekommen vor allem die Sachsen zu spüren, die sich erst nach über dreißigjährigem Widerstand dem Christengott ergeben.

Nach der Schlacht bei Verden an der Aller im Jahr 782 läßt Karl 4500 Sachsen hinrichten, um den wilden, germanischen Volksstamm von weiteren Aufständen abzuschrecken.

Anschließend erzwingt er mit der „Capitulatio de partibus Saxoniae" die Einsetzung des christlichen Glaubens auf sächsischem Gebiet. Die Kirche reagiert entsetzt. Viele Bischöfe sind empört über das Blutbad an der Aller.

Büstenreliquiar Karls des Großen, Domschatzkammer zu Aachen.

Karl zeigt sich davon unbeeindruckt. Auf seinen Eroberungszügen macht er reiche Beute und hortet ungeheure Schätze. Als sich die Awaren ergeben, raubt er ihnen Gold, Silber und Juwelen, die, so berichten zeitgenössische Quellen, auf fünfzehn vierspännigen Ochsenwagen abtransportiert werden müssen. Dazu kommen die Schätze der Langobarden und Sachsen und die seiner Vorfahren, die ebenfalls so viel wie möglich an Beutegütern zusammengetragen hatten.

Nun gibt Karl den Reichtum jedoch mit übervollen Händen wieder aus. 312 Kirchen läßt er während seiner Regierungszeit bauen, 1254 Klöster und 1154 Königspfalzen.

In Aachen entsteht eine Monumentalpfalz, wie sie vor ihm noch kein Frankenherrscher besessen hat. Hier errichtet er nicht nur das Zentrum seiner Macht, hier schafft er auch Raum für Bildung, Kunst und Wissenschaft. Es kommen Gelehrte, Dichter, Künstler und Kunsthandwerker. Wer sich im Reich durch besondere Fähigkeiten auszeichnet, wird von seinem Bischof, Abt oder Landesherrn an den Hof gesandt, um sich vor dem Kaiser zu bewähren.

Das Skriptorium in seiner Hofkapelle spezialisiert sich auf prachtvolle Evangeliare. Es entstehen neun kostbare Kodizes, die aus jeweils sieben Evangeliaren, einem Evangelistar und einem Psalter bestehen und später an große Klöster und Bischofssitze verschenkt werden. Per Erlaß befiehlt der erfolgreiche Kriegsherr seinem Volk, sich zu bilden. Bischofssitze, Pfarrherren und ganz besonders die Klöster werden aufgefordert, Schulen einzurichten und Kinder und Erwachsene zu unterrichten. Zu den Pflichtfächern gehören lateinische

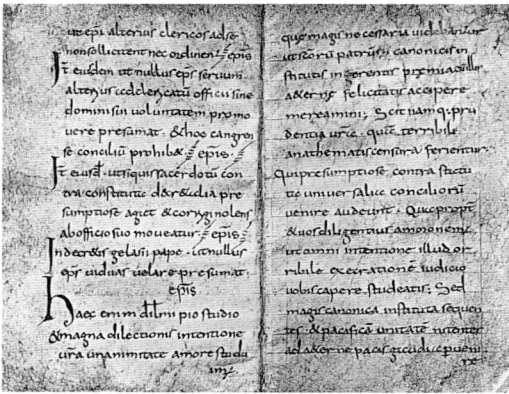

Karolingische Minuskeln auf Pergament.

Grammatik, Rhetorik und Stillehre, Musik, Sternkunde und Algebra.

Auch in den Klöstern entstehen erlesene Schriftkunstwerke wie das Matthäusevangeliar von Centula oder die Evangeliare von Lorsch.

Viele der Künstler stehen unter römischem und hellenistischem Einfluß. Die Kunstgeschichte spricht deshalb von der „Karolingischen Renaissance". In den Klöstern entwickelt man den karolingischen Minuskel, eine klare Kleinbuchstabenschrift, mit der Texte in grammatikalisch korrektem, internationalem Latein verbreitet werden können.

Im Klosterscriptorium, der Schreibstube, arbeiten nun etwa fünfzehn Schreiber an einem Werk. Ein Kopist bewältigt etwa dreißig Seiten täglich. Jedes Kloster entwickelt einen bestimmten hauseigenen Schreibstil, der es erlaubt, daß mehrere Kopisten bei der Herstellung einer Handschrift zusammenarbeiten und das fertige Werk dennoch einen einheitlichen Charakter hat.

Während der Regierungszeit Karls des Großen werden insgesamt etwa 50000 Bücher kopiert. Dieser Vorrat sichert dem lateinischen Christentum in Fragen der Theologie und der kanonischen Gesetze für lange Zeit die kulturelle Autonomie. Gleichzeitig wird so das Mönchtum zur Stütze der karolingischen Macht. Ohne die ständig neuen Impulse, die von dem immer dichter werdenden Netz von Klöstern ausgehen, wäre weder die Christianisierung der städtelosen östlichen Gebiete des Frankenreichs denkbar, noch wäre die Verwaltung des Reiches möglich.

Längst ist dieses Mönchtum nicht mehr bildungsfeindlich-asketisch eingestellt. Vielmehr sind die großen Klöster Zentren des karolingischen Europa.

Um den Zusammenhalt von Kirche und Königtum weiter zu stärken, werden Äbte und Bischöfe zu Ratgebern und Bevollmächtigten des Königs berufen. Jahrhundertelang wird die königliche Kanzlei ausschließlich von Theologen bevölkert sein.

Die Regierungszeit Karls des Großen bringt also den Abschluß der von Bonifatius begonnenen und von den Söhnen Karl Martells fortgesetzten kirchlichen Erneuerung. Er erweitert das fränkische Reich zu einem Universalreich, das den größten Teil der christlichen Länder des Westens zusammenfaßt. Gleichzeitig begreift er sich als Schutzherr der Kirche des Abendlandes. So bietet er dem Papst und der westlichen Kirche Sicherheit, fördert aber auch die Trennung von Byzanz. Die Vision einer weltumspannenden, einheitlich christlichen Kirche schwindet zusehends. Das Abendland geht politisch und geistlich einen eigenen Weg.

Kreuz und Schwert

Kathedralen, die den Himmel berühren –
Lobpreis der Größe Gottes oder menschlicher Hochmut?
Das christliche Mittelalter ist die Zeit der Pilger, Mönche und Heiligen,
aber auch die Epoche der Kreuzfahrer und Ketzerjäger.

Der Mensch des Mittelalters weiß Gott im Zentrum der Welt. Sein Vertrauen in die göttlichen Ordnungen ist ungebrochen, die Einheit von Kirche und Welt, Glauben und Leben noch über jeden Zweifel erhaben. Die Gesellschaft, in der er lebt, ist ein fest gefügtes System, in dem jeder einzelne einen bestimmten, seinem Stand entsprechenden Platz hat. Am besten läßt es sich mit einer Pyramide vergleichen. An ihrer Spitze steht

Die Kathedrale Notre-Dame in Laon.

Gott selbst, dann folgen seine Vertreter auf Erden: Kaiser und Papst, darunter dann der Adel und die Bischöfe. Nächstniedriger Stand sind die Kaufleute, gefolgt von den Bauern und schließlich kommen die „Armen", die Bettler und Aussätzigen. Da das Leben eines jedes Menschen von Gott gefügt ist, hat die Armut viel von ihrem diskriminierenden Charakter verloren. Zumal sich die Wohlhabenden durch die Unterstützung der Bedürftigen den Weg in den Himmel ebnen können.

Identitätsstiftend sind also nicht in erster Linie Nationalität oder sozialer Rang, sondern vor allem die Zugehörigkeit zum christlichen Gottesreich.

Auch die Lebensbedingungen zu jener Zeit entwickeln sich sehr positiv. Eine anhaltende ertragssteigernde Wärmeperiode, effektivere landwirtschaftliche Methoden, neue technologische Entwicklungen und die Wiederbelebung des Mittelmeerhandels sorgen für Bevölkerungszuwachs, einen erhöhten Lebensstandard und verlängern die Lebenserwartung. Es vollzieht sich eine Urbanisierung der Gesellschaft: Die Städte wachsen, auf dem Land entwickeln sich Dorfstrukturen. Das christliche Europa prosperiert und mit ihm seine Kirche.

Der neue Wohlstand bringt aber auch neue Konflikte mit sich, wie zum Beispiel in der

französischen Stadt Laon, gut 100 Kilometer nordöstlich von Paris gelegen.

Wir schreiben das Jahr 1112. Das aufstrebende städtische Bürgertum der Stadt befindet sich in einem Dauerkonflikt mit dem vom König eingesetzten Bischof. Seine Abwesenheit nutzen die Bürger, um den verbliebenen Kirchenherren Privilegien in den Bereichen Handel, Abgaben und Rechtsprechung abzukaufen. Es zeichnet sich eine bürgerliche Selbstverwaltung ab. Nach der Rückkehr des Bischofs kauft dieser aber, nach mittelalterlichem Recht, die abgegebenen Privilegien vom französischen König zurück. Als er auch noch einen der Anführer der bürgerlichen Emanzipation beim Gebet in der Kathedrale ermorden läßt, läuft das Faß über.

In der Woche nach Ostern formiert sich der Protest zu einer gezielten Aktion gegen die Kirchenherren, deren Häuser gebrandschatzt werden. Schließlich dringt die aufgebrachte Menge in den Bischofspalast ein. Am nächsten Morgen wird der Bischof enthauptet aufgefunden.

Die nach Laon beorderten Truppen des Königs können die Stadt nicht befrieden. Ein Jahr lang dauern die blutigen Unruhen, bis der König kanonische Neuwahlen zuläßt. Er verzichtet auf sein Recht zur Investitur des Bischofs, der von nun an durch die Wahl des gesamten Klerus, also des Domkapitels und der Priesterschaft der Domkirche, ermittelt wird.

Diese Auseinandersetzung, in der die Kirche dem König das Investiturprivileg abgerungen und ein Stück Freiheit hinzugewonnen hat, steht in direktem Zusammenhang mit der bedeutendsten Kirchenreform des Hochmittelalters. Sie ist nach ihrem Ausgangspunkt benannt, nach dem im Herzen Frankreichs gelegenen Städtchen Cluny!

Klostergebäude und Klosterkirche der Benediktinerabtei Cluny.

Oben: Holzstich der Klosterkirche, um 1890.

Hier liegt eines der bedeutendsten Benediktinerklöster jener Zeit. Wie ein Erdbeben wird die cluniazensische Reform die bisherigen Machtstrukturen innerhalb des christlichen Europa aufbrechen.

Am Anfang handelt es sich dabei um eine Klosterreform, die die strenge Einhaltung der Mönchszucht, die Befreiung der Klöster von der Obergewalt der Bischöfe und einen besseren Schutz gegen die Raublust weltlicher Herrscher anstrebt. Ihre weltpolitische Bedeutung erwächst der cluniazensischen Reform aber dadurch, daß sie den mittlerweile übermäßigen Einfluß weltlicher Macht in der Kirche zurückdrängen will.

Seit Otto dem Großen (936-973) liegt das Recht der Investitur von Bischöfen und Äbten – als Gegenleistung für die Überlassung von Land, Lehnsleuten und Reichsrechten wie Münze und Markt – in den Händen der weltlichen Herren. Sie scheuen sich immer weniger, Freunde oder Gönner in ertragreiche Positionen zu befördern oder die Ämter an den Meistbietenden zu verkaufen – in Anlehnung an Simon aus der Apostelgeschichte (Apg 8, 18-24) wird ein solcher Ämterschacher Simonie genannt. Theologische Ausbildung und moralische Kompetenz spielen bei der Besetzung kirchlicher Ämter keine Rolle mehr. Die Beachtung des Zölibats liegt diesen geistlichen Würdenträgern ebenso fern wie Rücksichtnahme bei

Investitur eines Bischofs. Filmszene.

der Weitergabe ihrer Ämter und Pfründe, die vielfach an die eigenen Söhne vererbt werden. Selbst der Stuhl des Papstes wird wiederholt von Laien besetzt.

So steht nicht weniger als die Glaubwürdigkeit der Kirche auf dem Spiel. Eine grundlegende Neuordnung des Verhältnisses zwischen Staat und Kirche ist gefordert.

Bezeichnenderweise wird die entscheidende Wende hin zu einer radikalen Reform des Papsttums nicht aus den Reihen der Kirche, sondern durch den deutschen König Heinrich III. (1039-1056) eingeleitet. Er steht der cluniazensischen Bewegung nahe und nutzt seine enorme politische Macht, um im

Papst Gregor VII. mit einem Schreiber. Buchmalerei.

Jahr 1046 auf den Synoden zu Sutri und Rom drei simonistische Päpste abzusetzen. Der neugewählte Papst Klemens II. krönt Heinrich dann zum Kaiser. Außerdem wird er zum „patricius Romanorum" und hat damit das Recht, den Kandidaten für die Wahl des Papstes zu ernennen.

In den folgenden Jahrzehnten, besonders unter Papst Leo IX. (1049-1054), wird die grundlegende Reform des Papsttums und der kirchlichen Strukturen vorangetrieben. Die Kirche schärft ihr eigenes Profil und erlebt einen enormen Machtzuwachs.

Somit ist der nächste Streit vorprogrammiert. Papst Gregor VII. (1073-1085), der als junger Mönch Hildebrand im Kloster Santa Maria Aventinese mit den cluniazensischen Reformgedanken in Berührung gekommen war, verlangt mit dem Selbstbewußtsein des direkten Nachfolgers Petri vom deutschen König Heinrich IV. die Rückgabe des Investiturrechts. Dieser jedoch weist das Ansinnen des Papstes mit Unterstützung der deutschen Bischöfe zurück und erklärt Gregor für abgesetzt:

„Heinrich, nicht durch Anmaßung, sondern durch Gottes heilige Einsetzung König, an Hildebrand, nicht mehr den Papst, sondern den falschen Mönch.
Du also, durch diesen Spruch Verdammter: steige herab, verlaß den angemaßten apostolischen Stuhl. Denn ich, Heinrich, von Gottes Gnaden König, mit allen meinen Bischö-

Der Burgberg von Canossa. Radierung, 17. Jahrhundert.

fen sage ich Dir: Steige herab, steige herab, Du durch Jahrhunderte zu Verdammender!"

Papst Gregors Antwort hat die Form eines Gebets, aber die Wirkung eines Schwerthiebs: *„Heiliger Petrus, neige zu mir, Deinem Knecht Gregor, gnädig Dein Ohr. Zur Ehre und zum Schutze Deiner Heiligen Römischen Kirche widersage ich, im Namen des allmächtigen Gottes, dem König Heinrich, Kaiser Heinrichs Sohn, der gegen Deine Kirche mit unerhörtem Hochmut sich erhoben hat, die Herrschaft über das gesamte Reich der Deutschen und Italiens und löse alle Christen von dem Band des Eides, welchen sie ihm geleistet haben und untersage jedem, ihm fürder als einem König zu dienen! Und weil er als ein Christ zu gehorchen verachtete und nicht zu Gott zurückkehrte und meine Mahnungen verschmähte und sich von deiner*

Heinrich IV am Portal von Canossa. Filmszene.

Innenansicht der Kathedrale St. Pierre in Beauvais.

Kirche, im Begehr sie zu spalten, trennte, binde ich ihn an deiner Statt mit der Fessel des Kirchenbanns."

Der Bannspruch des Papstes hat eine durchschlagende Wirkung. Der deutsche König sieht sich einer nahezu geschlossenen Opposition im eigenen Land gegenüber, die ihm keine Wahl läßt: Er muß sich vom Kirchenbann lossprechen lassen. Und dafür gibt es nur einen Weg: den Gang nach Canossa.

Die letzten Schritte dieses für den 26jährigen Heinrich so notwendigen und gleichzei-

tig zutiefst demütigenden Bußmarsches schildert Gregor VII. so:

„Der sich friedlich zeigende König kommt mit wenigen Begleitern an meinen Aufenthaltsort in Canossa. Er entledigt sich seiner königlichen Tracht und verharrt in Mitleid erregender Art, barfuß und in härenem Gewand vor dem Burgtor und erbittet weinend die päpstliche Absolution."

Heinrich IV. erreicht die Aufhebung des über ihn verhängten Kirchenbanns und verhindert damit seine Absetzung vom deutschen Königsthron. Gregor hingegen hat bewiesen, daß die Kirche mit der Exkommunikation über ein politisches Machtmittel ersten Ranges verfügt. Der Kirchenbann des Königs hat die weltlichen Herrscher tief beeindruckt und wird entscheidend zu einer Verschiebung der Machtverhältnisse in der mittelalterlichen Gesellschaft beitragen.

Diese Neuordnung und die damit einhergehenden gesellschaftlichen und politischen Umwälzungen finden ihren umfassenden künstlerischen Ausdruck in den gewaltigen Kathedralen, die uns jene Epoche hinterlassen hat.

Der Kirchenraum dient nicht mehr nur allein dem Gebet. Vielmehr drücken die hohen, lichtdurchfluteten Bauten der Gotik auch das Streben des Menschen nach Erleuchtung und Erkenntnis aus. Sie sind wahrhaft eindrucksvolle Symbole für die gestalterische Kraft des Glaubens und künden gleichzeitig vom Reichtum und von der realen Macht ihrer Erbauer.

Im Jahr 1130 beginnt in St.-Denis im Norden von Paris die Arbeit an der ersten großen gotischen Kathedrale überhaupt. Die Federführung hat Abt Suger, einer der klügsten und mächtigsten Männer seiner Zeit. Nach seinem Willen soll hier die schönste Kirche der Christenheit entstehen, lichtdurchflutet und gewaltig. Zur Grundsteinlegung am 14. Juli 1140 schreibt Suger:

„Nach einer gemeinschaftlichen Beratung mit unseren Brüdern haben wir nach reiflicher Überlegung beschlossen, unter der Eingebung Gottes, diese geheiligten Steine der alten Kirche wie Reliquien zu behandeln und uns zu bemühen, jene Kirche, deren Neubau durch eine so zwingende Notwendigkeit begonnen wurde, durch Schönheit, Länge und Höhe zu veredeln."

Auch für die Ausgestaltung des Innenraums findet der Abt die passenden Worte:

„In der Mitte nämlich erheben sich 12 Säulen, die die Anzahl der 12 Apostel vorstellen, in zweiter Linie ebensoviele Säulen der Seitenschiffe, die die Zahl der Schar der Propheten bezeichnen, das Gebäude unvermittelt hoch, damit es, so wie der Apostel sagt, wachse zu einem heiligen Tempel des Herrn. Je höher und je passender wir in ihm uns bemühen, materiell zu bauen, desto mehr werden wir in ihm selber darin belehrt, daß wir durch uns selbst geistlich aufgebaut werden zu einer Wohnung Gottes im Heiligen Geist."

An anderer Stelle berichtet Suger von Schwierigkeiten beim Materialtransport und von ihrer wunderbaren Überwindung:

„An jenem Tage, als infolge eines Platzregens ein dunkler Schatten die aufgewühlte Luft bedeckt hatte, hatten sich, als die Wagen am Steinbruch eintrafen, diejenigen, die gewöhnlich als Arbeitshilfen tätig waren, wegen der Heftigkeit des Regens entfernt. Die Ochsentreiber aber sahen sich um und riefen laut, daß sie durch die Muße der Arbeiter untätig seien, und daß die wartenden Arbeiter sich erheben mögen. Sie drängten durch lautes Rufen so lange, bis schließlich einige Kraftlose und

Die Kathedrale von Chartres. Ansicht der Westfassade.

Schwache zusammen mit einigen Jungen, der Zahl nach siebzehn, sich erhoben. Und alsbald schleppten die Unverdrossenen eifriger heraus, was gewöhnlich 140 oder mindestens 100 Personen nur schwer aus der Tiefe herausgezogen hätten, nicht aus eigener Kraft, was nicht möglich gewesen wäre, sondern durch den Willen Gottes und durch die Unterstützung der Heiligen, die diese anriefen; und sie brachten die Säule auf einem Wagen zur Baustelle der Kirche. Und dort wurde der gesamten Nachbarschaft verkündet, daß dieses Werk dem allmächtigen Gott äußerst gefalle, da Er zum Lob und

**Portail Royal.
Das Königsportal
der Kathedrale
von Chartres.**

zum Ruhm Seines Namens durch diese und derartige Zeichen Seinen Arbeitern gezeigt habe, dieses Werk fortzuführen."

Aber es regt sich auch innerkirchliche Kritik an den aufwendigen Bauvorhaben. Der berühmte Zisterzienser Bernhard von Clairvaux verfasst bereits 1125/26 eine Streitschrift zu diesem Thema. Darin heißt es:

„Unbedingt zu meiden sind unbescheidene Längen des Kirchenbaus, weil sie gottlos sind, und die leeren Höhen bis zu den Decken, weil sie den Gedanken verwirren, ebenso maßloser Zierrat und jedes Schmücken des Chorkranzes, weil es eitel ist."

Und Petrus Cantor vergleicht die Bauherren von Notre-Dame mit den Erbauern des babylonischen Turmes. Doch die Entwicklung ist nicht aufzuhalten.

Der mittelalterliche Kathedralenbau ist ein europäisches Unternehmen. Architekten aus Flandern, Steinmetze aus der Lombardei, Glasbläser aus Süddeutschland, Spezialisten aus dem ganzen christlichen Abendland werden in der Umgebung des jeweiligen Baube-

triebes angesiedelt. Generationen investieren ihre Lebensarbeit in die Dombauten. Sie hinterlassen individuelle Spuren ihrer Mitwirkung, geheimnisvolle Zeichen und Botschaften an ihre Nachfolger. Letztendlich aber laufen alle Fäden beim Baumeister zusammen. Er ist der Architekt des großen Ganzen.

Die Architektur ist zu jener Zeit noch eine reine Erfahrungswissenschaft, die Kenntnisse werden zumeist vom Vater an den Sohn weitergegeben. Das Wissen dieser Meister, ihre Konstruktions- und Arbeitstechniken sowie die statischen und geometrischen Grundlagen für den Bau der großen Kathedralen sind in sogenannten Musterbüchern festgehalten. Leider sind davon nur wenige Exemplare erhalten geblieben.

Wenn, wie im Fall der großen Kathedralen, bauliches Neuland beschritten wird, dann sind Fehler nicht zu vermeiden. Vom Baumeister der Kathedrale von Canterbury beispielsweise liegt uns folgender Bericht vor:

„Nachdem aber die beiden Triforien und die oberen Fenster fertig waren, und als ich die Gerüste zur Wölbung des großen Gewölbes am Anfang des fünften Jahres vorbereitet hatte, da zerbrachen plötzlich die Balken unter meinen Füßen, und zugleich zwischen den Steinen und Hölzern stürzte ich zur Erde aus der Höhe

der Kapitelle des oberen Gewölbes, nämlich fünfzig Fuß. Nach Gottes Willen überlebte ich den Sturz, mußte mich aber zur Genesung von allen Arbeiten zurückziehen. Da aber das Dach noch bis zum Winter geschlossen werden sollte, übergab ich den Bau an einen anderen Meister."

Noch sehr viel dramatischer sind die Ereignisse in der nordfranzösischen Kleinstadt Beauvais. Bischof und Domkapitel haben beschlossen, die Kathedralbauten der Nachbarstädte Noyon, Amiens und Laon noch zu übertreffen. Beauvais soll die Heimat der höchsten Kirche der Christenheit werden.

Für dieses hochgesteckte Ziel reichen die finanziellen Möglichkeiten des Bischofs und seiner Chorherren aber bei weitem nicht aus. Also greift man zu einer naheliegenden Lösung: neue und höhere Steuern.

Die bloße Anwendung von Maßen und Gewichten wird nun ebenso besteuert wie beladene Karren und alle zum Verkauf angebotenen Waren, während der Bischof nach wie vor Privilegien wie das der kostenlosen Selbstbedienung bei Früchten und Gemüsen genießt. Er kann sogar den Kaufpreis für Tiere, die er erwerben möchte, selbst bestimmen.

Nachdem sich die Bevölkerung anfangs noch guten Mutes an dem Neubau beteiligt hat, kommt es im sechsten Baujahr zu militanten Bürgerprotesten. Auslöser ist die Tatsache, daß der Bischof den Geldwechslern weniger Abgaben für den Kirchen-

Pilger auf dem Jakobsweg. Filmszene.

bau abverlangt als den Vertretern der Stände. Angesichts der gewalttätigen Auseinandersetzungen verlassen Bischof und Domkapitel die Stadt. Der Bischof verhängt das Interdikt über die Stadt – ganz Beauvais wird damit exkommuniziert!

Für die nächsten Jahre wird es in der Stadt keine Messen und Gottesdienste geben, es werden keine Sakramente gespendet, weder zur Geburt noch zur Ehe oder zum Sterben. Sechs Jahre dauert die Unterbrechung des Baubetriebes in Beauvais. Die meisten Handwerker verlassen die Stadt. Die Bürger verwenden Steine aus den Mauern der Kirche für ihre eigenen Häuser. Um den Baubetrieb endlich wieder in Gang zu bringen, müssen neue Geldquellen erschlossen werden. Also läßt der Bischof eine wertvolle Armreliquie importieren, um die Stadt zu einer Station des oberen Jakobsweges zu machen. Der Kathedralenneubau soll durch die Pilgerscharen, die sich auf den Weg nach Santiago de Compostela machen, unterstützt werden.

Diese Pilger sind Teil der großen Massenbewegung des Mittelalters, die um die Jahrtausendwende beginnt; man könnte sie fast eine religiöse Völkerwanderung nennen. Große Pilgerströme ergießen sich über das Abendland. Aus dem Norden und dem Westen kommen sie, machen sich für Monate von ihren Familien und Berufen los, aus Dankbarkeit, Glaubenseifer, oder auch, um der

Die Fassade „El Obradoiro"
der Kathedrale von
Santiago de Compostela.

Darunter:
Schrein des Apostels Jakobus
in der Krypta der Kathedrale.

Ein Pilgerführer aus dem Jahr 1140 gibt Ausstattung und Verhaltensregeln vor:

„Nimm diese Tasche als Zeichen der Pilgerschaft, damit du geläutert und befreit zurückkehren mögest. Die Tasche ist klein. Der Vorrat, den sie behält, ist mager, denn du sollst auf deinen Herrn vertrauen. Sie ist offen und oben ungebunden, damit du freigiebig bist in deinen Almosen. Sie ist aus der Haut toter Tiere, da auch du die Laster und Begierden deines Fleisches durch Hunger und Durst, Fasten, Kälte und Entbehrung abtöten sollst.

Nimm auch den Stab, gleichsam als deinen dritten Fuß, er beweist deinen Glauben an die Dreieinigkeit, er verteidigt dich gegen die Wölfe und Hunde und gegen deine Feinde, damit du sicher zurückkehren mögest.

Gehst du aber nach Jerusalem, so trage eine Palme als Zeichen deines Triumphes. Gehst du nach Santiago zum hl. Jakobus, so trage eine Muschel als ein Zeichen deiner guten Werke."

Enge ihrer Lebensverhältnisse zu entkommen. Testamente werden vorsorglich geschrieben; viele Pilger kehren nie zurück. Wer reich ist schickt einen Stellvertreter auf die Reise.

Die Pilgerstationen sind wichtige Umschlagsplätze für Waren und Informationen. Wallfahrtsorte wachsen zu bedeutenden Wirtschaftszentren heran. Die Ziele liegen im Süden: Jerusalem, Rom, und vor allem Santiago de Compostela.

Santiago de Compostela liegt in Galizien, im äußersten Nordwesten der iberischen Halbinsel. Um den Weg der Gebeine des Heiligen Jakobus (des Älteren) von Jerusalem, wo er im Jahr 44 enthauptet wird, bis in die Kathedrale von Santia-

Holzstich von Cordoba
mit der maurischen Brücke
über den Guadalquivir,
im Hintergrund die Kathedrale
„La Mezquita".

Unten:
Die Säulenhalle der Kathedrale
„La Mezquita".

go rankt sich eine Legende: Nach seinem Tod bringen seine Schüler die sterblichen Überreste des Märtyrers nach Spanien zurück, in das Land seines Wirkens. Dort spannt man zwei wilde Stiere vor einen führerlosen Wagen mit dem Leichnam des Missionars. Sie ziehen ihn hinauf ins Hügelland. An der Stelle, an der die Tiere schließlich stehenbleiben, errichtet man ein Grabmal aus Marmor. Das Grab gerät in Vergessenheit. Im Jahr 813 aber führt ein Komet einen Einsiedler zu der heiligen Stätte, die schnell an Popularität gewinnt. Zum Ende des 9. Jahrhunderts wird dann eine Kathedrale über der Gedenkstätte errichtet, die zum größten Wallfahrtsziel des Mittelalters werden wird.

Schon seit Beginn des 8. Jahrhunderts liegt die iberische Halbinsel unter muslimischer Herrschaft. Allerdings können die Eindringlinge die Grenzen ihres Herrschaftsgebietes zum nördlichen Hochland hin, in das sich die christlichen Eliten zurückgezogen haben, nie ganz befrieden. Und schon mit dem Beginn der Reconquista um 750 werden sie aus Galizien vertrieben. In den folgenden Jahrhunderten erobert sich das Christentum Stück für Stück Spanien und Portugal zurück. Kampflos geben die islamischen Eroberer diese Gebiete jedoch nicht preis. Im Jahr 997

hebt eine Strafexpedition das christliche Feldlager in Compostela aus. Die Truppen des Kalifen zerstören die Quartiere. Das Grab des Heiligen Jakobus aber bleibt unangetastet.

Als Zeichen ihres militärischen Triumphs rauben die muslimischen Truppen die Glocken der Kathedrale. Kriegsgefangene Christen schleppen die schwere Beute in die Hauptstadt des Kalifenreiches – ins eintausend Kilometer entfernte Cordoba. Erst zweieinhalb Jahrhunderte später, im Frühjahr 1236 erreicht die katholische Reconquista Cordoba. Die Tage der maurischen Herr-

Thomas von Aquin mit biblischen Gestalten, Tugenden, drei überwundenen Ketzern und den vierzehn Wissenschaften. Fresko von Andrea da Firenze.

schaft in Europa sind endgültig gezählt. Ferdinand III. von Kastilien und León läßt die geraubten Glocken durch muslimische Kriegsgefangene nach Santiago de Compostela zurückbringen.

Um die Jahrtausendwende jedoch steht Cordoba im Zenit seiner Entwicklung. Die Kalifenstadt ist mit knapp einer Million Einwohnern zur bedeutendsten Metropole des Abendlandes geworden. Mit ihren Krankenhäusern, Bibliotheken und Universitäten ist sie eines der wissenschaftlichen Zentren Europas.

Überall im maurischen Reich existieren jüdische und christliche Gemeinden. Sie werden in der Regel toleriert, solange sie sich politisch unterwerfen. Allerdings wird ihnen eine Sondersteuer abverlangt.

In der Zeit der militärischen Konfrontation zwischen Christen und Muslimen halten jüdische Kaufleute den Orienthandel aufrecht. Sie beherrschen meist auch die Sprachen der beiden Kulturkreise, und so kommt ihnen

eine zentrale Vermittlerrolle zu.

Berühmte Übersetzerwerkstätten in Cordoba und Toledo beschäftigen Angehörige aller Kulturen. Sie bearbeiten antike Texte aus den Bibliotheken des arabischen Raums wie zum Beispiel die Metaphysik des Aristoteles. Aber auch auf anderen Gebieten wie zum Beispiel in Medizin, Mathematik und Astronomie kommt es zu bahnbrechenden Neuerungen. Verlorengeglaubtes antikes Wissen wird wiederentdeckt, und auch in die kirchliche Wissenschaft kommt Bewegung.

Die traditionelle Theologie, die hauptsächlich aus dem Zusammentragen von Zitaten der Kirchenväter und anderer überlieferter Stoffe bestand, wird durch die dialektische Methode abgelöst. Das Überlieferte wird in These und Antithese analysiert und in der Synthese zu einer neuen Ordnung zusammengeführt. Aus den Gegensätzen „ich glaube" und „ich erkenne" entwickelt sich ein „ich glaube, damit ich erkenne".

Diese neue geisteswissenschaftliche Methode wird an Schulen und Universitäten praktiziert und wird daher Scholastik genannt. Sie gebiert eigene Formen der Wissensaneignung. Neben den linearen Vortrag tritt nun auch die kontroverse Auseinandersetzung,

**Blick auf die Alhambra
in Granada.**

der Disput. Das Anliegen der Scholastik, die scheinbar gegensätzlichen Welten von Vernunft und Offenbarung in eine konstruktive Beziehung zu setzen, birgt eine ungeheure Sprengkraft für das bislang so festgefügte Gebäude der christlichen Theologie. Es bedarf großer Geister und standhafter Persönlichkeiten, um die Neuerungen gegenüber dem herrschenden Konservatismus durchzusetzen.

Einer der bedeutendsten Scholastiker ist der Dominikaner Thomas von Aquin. Sein Hauptwerk „summa totius theologiae", das sich besonders auf die Werke des Aristoteles, des Augustin und des Mystikers Dionysius Areopagita stützt, genießt bis heute größte Achtung.

Auch in Cordoba und anderen arabisch besetzten Städten wird scholastisches Denken gepflegt. So lebt am Hof des Emir Abu Jakub Jusuf in Murcia der Gelehrte Averroës, der eine ganze Reihe von Aristoteles-Kommentaren verfaßt. Thomas widerspricht zwar seinen Thesen ausdrücklich, aber gerade in dieser Auseinandersetzung zeigt sich die Bedeutung der maurischen Denker für die abendländische Geistesgeschichte.

Die von den Scholastikern entwickelte neue Methode und ihre Begriffe bleiben jedoch nicht unwidersprochen. Drei Jahre nach Thomas' Tod wird ein Teil seiner Schriften verdammt. Die Theologie der reinen Treue gegenüber dem Wort der Kirchenväter und dem bedingungslosen Gehorsam gegenüber der kirchlichen Autorität gewinnt wieder an Boden.

Mit der Rückeroberung Spaniens durch die katholischen Könige verschwindet auch die maurische Kultur von europäischem Boden. Nur einige Bauwerke wie die Alhambra in Granada erinnern noch an ihre fast 800 Jahre während Herrschaft. Von einem friedlichen, fruchtbaren Nebeneinander der Kulturen bleibt nur ein zerschlagener Traum – in Spanien ebenso wie am anderen Ende der damals bekannten Welt.

„Bald nachdem wir hinaufgestiegen waren, flohen alle Verteidiger von den Mauern durch die Stadt, und die Unsrigen folgten ihnen und trieben sie vor sich her, sie tötend und niedersäbelnd bis zum Tempel Salomons, wo es ein solches Blutbad gab, daß die Unsrigen bis zu den Knöcheln in Blut wateten. Dann durcheilten die Kreuzfahrer die ganze Stadt und plünderten die Häu-

Peter von Amiens begeistert durch seine Beredsamkeit das Volk in Mittel- und Nordfrankreich zum Kreuzzug.

heit aus der Hand der Muslime begonnen worden war, hatte sich zu einem brutalen Eroberungskrieg gewandelt. Wie konnte es dazu kommen, wer hatte den Kreuzzugsgedanken in die Welt gesetzt?

ser, die mit Reichtümern überfüllt waren. Am folgenden Tag erkletterten die Unsrigen das Dach des Tempels, griffen die Sarazenen, Männer und Frauen, an, zogen das Schwert und schlugen ihnen die Köpfe ab. Die ganze Stadt war völlig mit Leichnamen angefüllt. Die lebenden Sarazenen schleppten die Toten aus der Stadt und machten daraus häuserhohe Haufen, die sie verbrennen mußten. Niemand hat jemals von einem solchen Blutbad unter den Heiden gehört oder es gesehen."

Mit diesen Worten beschreibt ein Zeitzeuge die Eroberung Jerusalems durch eine Kreuzzugsarmee in der Nacht zum 14. Juli 1099. Sechs Wochen lang war die verheißene Stadt belagert worden. Über drei Jahre hatten die aus französischen und normannischen Kontingenten zusammengewürfelten Kreuzfahrer gebraucht, um sie zu erreichen. Was ursprünglich als Befreiung der heiligen Stätte der Christen-

Am 27. November 1095, achtzehn Jahre nach Canossa, ruft Papst Urban II. am Rande der Synode in Clermont zur Befreiung des Heiligen Landes von den Muslimen auf.

„Bewaffnet euch mit dem Eifer Gottes, liebe Brüder, gürtet eure Schwerter an eure Seiten, rüstet euch und seid Söhne des Gewaltigen. Besser ist es im Kampf zu sterben, als unser Volk und die Heiligen leiden zu sehen ...

Und wenn einer dort in wahrer Buße fällt, so darf er fest glauben, daß ihm Vergebung seiner Sünden und die Frucht ewigen Lebens zuteil werden wird!"

Aber der Papst bedenkt nicht nur die geistliche, sondern auch die irdische Dimension der Unternehmung und verspricht den Teilnehmern handfesten weltlichen Lohn:

„Das Land, das ihr bewohnt, vom Meer und Gebirge ein-

Kreuzritter. Filmszene.

Die Eroberung von Jerusalem durch Gottfried von Bouillon 1099. Gemälde von Karl Theodor von Piloty, um 1855/60.

geschlossen, ist durch eure große Zahl zu eng geworden. Es enthält keinen Überfluß an Reichtum und die Nahrung reicht kaum für ihre Erzeuger aus... Macht euch auf den Weg zum Heiligen Grab, entreißt dieses Land dem frevelnden Volk, unterwerft es euch. Dieses Land, wo Milch und Honig fließen, ist euch von Gott zum Eigentum gegeben."

Im Lauf des 11. Jahrhunderts ist der Kampf gegen den Islam nicht nur in Spanien, sondern auch in Italien heftig entbrannt. Dazu kommen Berichte über eine steigende Feindseligkeit der Muslime gegenüber Pilgern, die die heiligen Stätten der Christenheit in Palästina besuchen wollen, und gegenüber den dort ansässigen Christen. Zudem ist der wirtschaftliche Aufschwung der Epoche an einem Großteil der Bevölkerung vorbeigegangen, was zu einer wachsenden Unzufriedenheit geführt hat.

Die päpstlichen Worte fallen also auf fruchtbaren Boden. Urban setzt sich mit seinem Appell an die Spitze einer Massenbewegung, was seine Position gegenüber dem deutschen Kaiser Heinrich IV. verbessert, und er sieht sich als Vollstrecker des göttlichen Willens. In dieser Überzeugung beschließt er auch seinen Aufruf zum Kreuzzug:

„Deus lo volt — Gott will es."

Seit Jahrhunderten verbindet sich für die Christen mit der Wallfahrt nach Jerusalem die Vorstellung der Befreiung von den Sünden. Zwar befindet sich die Stadt des Heils seit dem 7. Jahrhundert in den Händen der Heiden, was den Wallfahrten jedoch keinen Abbruch getan hat. Ähnlich wie heute bilden die drei großen monotheistischen Religionen auch damals ein hochsensibles Gleichgewicht in der Stadt.

Militärisch, das weiß Papst Urban, ist das Unternehmen ein Himmelfahrtskommando. Und so zögert er, sein politisches Schicksal an den Ausgang des Kreuzzugs zu knüpfen. Seine Chronisten warten erst die erfolgreiche Einnahme Jerusalems durch die Kreuzritter ab, bevor sie die Rolle Urbans hervorheben. Der Papst ist nicht der einzige, der die Bevölkerung für einen Kreuzzug nach Palästina mobilisieren will. Peter von Amiens, ein Wanderprediger, hat von seiner Pilgerreise nach Jerusalem Schauerliches zu berichten:

„Sie beschneiden die Christen und das Blut der Beschneidung gießen sie auf den Altar oder in die

Taufbecken. Es gefällt ihnen, andere zu töten, indem sie ihnen die Bäuche aufschneiden und die Därme herausziehen."

Mit der Realität im damaligen Jerusalem haben diese demagogischen Vorwürfe nichts zu tun. Dennoch kann der feurige Kreuzzugsprediger innerhalb von vier Monaten über zwanzigtausend Menschen in Nordfrankreich, Flandern und Deutschland mobilisieren. Im Frühjahr 1096, ein halbes Jahr vor dem eigentlichen Kreuzheer, machen sie sich auf den Weg. Den meisten Teilnehmern dieses „Kreuzzugs der Armen", oft Abenteurer mit eher fragwürdigen Motiven, gehen nach wenigen Tagen die Vorräte aus. Soll das Unternehmen nicht gleich zu Beginn scheitern, muß schnell eine Lösung gefunden werden. Man verfällt darauf, die Juden in den Städten am Rhein für die Versorgung der Kreuzzugsteilnehmer aufkommen zu lassen. Obwohl diese bereit sind, zu zahlen, kommt es in Trier, Köln, und Mainz zu blutigen Pogromen, die nur wenige der ortsansässigen Juden überleben.

Einschiffung französischer Kreuzritter in St. Jean d'Acre. Buchmalerei, 15. Jahrhundert.

Krak des Chevaliers. Kreuzritterburg der Johanniter in Syrien, errichtet ab 1142.

Jahrhundertelang haben die Juden im Heiligen Römischen Reich weitgehend unbehelligt gelebt. Sie sind nicht nur die einzige tolerierte Minderheit in der christlichen Welt, sie genießen sogar eine Reihe von Privilegien, die gerade aus ihrer Außenseitersituation entstanden sind. Außerdem unterstehen sie dem persönlichen Schutz des Kaisers. Aber Heinrich IV., der aus seiner Skepsis gegenüber dem Kreuzzugsgedanken keinen Hehl macht, befindet sich in Italien. Der auf dem Papier garantierte Schutz für die Juden erweist sich jedoch im Ernstfall als wertlos. In den Städten am Rhein werden Tausende ermordet. Zwar versuchen die Bischöfe in Trier, Köln und Mainz zuerst, die ihnen anvertrauten Juden zu schützen, aber angesichts der fanatisierten Massen überlassen sie sie schließlich ihrem Schicksal. Später werden Kaiser und Papst die Verfolgungen verurteilen und die Schutzbriefe für die

Juden erneuern, aber die Saat des Hasses wird von nun an immer wieder aufbrechen.

Der Kreuzzug des Peter von Amiens wird dann weit vor den Grenzen Palästinas von Bulgaren und Seldschuken aufgerieben.

Neben den insgesamt sieben Kreuzzügen führt die Kirche im 12. Jahrhundert auch kriegerische Auseinandersetzungen mit innerkirchlichen Gruppen, die den Absolutheitsanspruch Roms in Frage stellen.

Eine der bedeutendsten Sekten jener Zeit sind die Katharer, die sich in Okzitanien, im Süden des Frankenreiches konzentrieren. Ihre Hochburgen liegen in Toulouse, Bézier und Carcassonne.

Die Katharer oder „Neumanichäer" gliedern sich, wie die Manichäer der Antike, in „perfecti", die Vollkommenen, die mit ihrer asketischen Lebenshaltung die spirituelle Kontinuität verkörpern, und das gläubige Volk der „credentes", die äußerlich Glieder der katholischen Kirche bleiben.

Der Kampf gegen die Katharer wird mit ähnlichen Mitteln geführt wie die Kreuzzüge. Die adligen Beschützer der Sekte werden exkommuniziert, und damit haben die Bekämpfer der Sekte — sofern sie mindestens vierzig Tage an einer Kampagne teilnehmen — nicht nur einen völligen Sündenerlaß erreicht, sondern auch noch Aussicht auf irdische Beute. Allerdings setzt die Kirche auch andere Mittel ein, um die Abtrünnigen zurückzu-

Ruine der Katharerburg Montsegur.

gewinnen. Sie stiftet beispielsweise Orden, deren Mitglieder ihr Leben ganz am Vorbild Jesu und der Apostel orientieren, und erreicht so eine durchaus nennenswerte Zahl an Sektenmitgliedern. Und sie begründet die päpstliche Inquisition.

Die Katharer werden in den Albigenserkriegen militärisch geschlagen und anschließend durch die Inquisition verfolgt, ihre Schriften nahezu vollständig vernichtet. Gleichzeitig wird die mächtige Grafschaft Toulouse entmachtet, und die Adelsfamilien des Nordens können sich auch den Süden Frankreichs einverleiben.

Nach der Erstürmung Jerusalems 1099 entfalten die Kreuzfahrer in Palästina vielfältige Aktivitäten. Drei Fürstentümer und das Königreich Jerusalem entstehen, und die politischen Zustände nähern sich mehr und mehr denen in Europa an. Die adligen Herren liefern sich Kriege, Kirche und weltliche Macht ringen um die

Die Verbrennung der Katharer von Montsegur. Holzstich, um 1880.

Oberhand, wenn es um Investitur und Pfründe geht. In die Auseinandersetzungen werden, je nach Bedarf, auch die muslimischen Nachbarn als Verbündete einbezogen.

Die Lebenshaltung ist dekadent und parasitär, die heiligen Stätten werden skrupellos vermarktet. Ritterorden sichern den Bau und Unterhalt ihrer Burgen durch Überfälle.

Die Einnahme Jerusalems durch die Truppen Sultan Saladins im Jahr 1187 läutet den Anfang vom Ende des Kreuzzugszeitalters ein. 1244, knapp 150 Jahre nach der christlichen Eroberung, fällt Jerusalem endgültig an die Muslime zurück.

Am 18. Mai 1291 verlieren die Kreuzfahrer mit der Hafenstadt Akkon dann ihre letzte Bastion im Nahen Osten. Ein sinnloser Kampf geht zu Ende, dessen ursprünglich hehre Ziele sich in keiner Weise verwirklichen ließen – im Gegenteil. Rom und Byzanz sind endgültig getrennt. Mit ihrem Auftreten in Palästina haben sich die Christen dauerhafte Feinde im arabischen Raum geschaffen, die bald vor den Toren Wiens stehen werden.

Auch in Europa erwachsen der Kirche neue Schwierigkeiten. Rein äußerlich nimmt ihr Einfluß zwar beständig zu. Die Kirche ist die alle gesellschaftlichen Bereiche dominierende Macht. Kathedralen ragen als steinerne Zeugnisse dieser Macht in den Himmel. Doch es knirscht im Gebälk.

Franz von Assisi stützt die vom Einsturz bedrohte Lateranskirche. Fresko von Giotto, um 1295-1300.

Auch der Dom in Beauvais ist nach vielen Rückschlägen endlich vollendet. Der Vierungsturm mißt 150 m und ist damit der höchste Turm der Christenheit.

Allerdings – das Bauwerk hat Mängel. Das mittlere Strebewerk ist zu schlank dimensioniert und setzt fünf Meter zu tief an. So werden die tragenden Säulen nach innen gepreßt, während das Rippengewölbe der Decke nach außen drückt. Mühsam wird das Domkapitel zur Finanzierung der dringend notwendigen Stützmauern überredet. Doch die Rettungsaktion kommt zu spät. Zwei Wochen später stürzt der Turm ein und zerschlägt Fenster, Chorgestühl und Lettner. Die Kathedrale bleibt unvollendet. Der Torso des Chores erinnert bis heute als Mahnmal an die Hybris der Erbauer.

Hat sich die Gesamtkirche übernommen? Hat sie sich zu sehr auf äußeren Glanz konzentriert und ihr Innenleben vernachlässigt? Auf jeden Fall spüren die Menschen gegen Ende des 12. Jahrhunderts, daß die Kirche innerlich morsch und hohl ist. Trotz ihrer gewaltigen institutionellen Macht ist sie dabei, die Herzen der Menschen zu verlieren.

Franz von Assisi, der Mann im Bettlergewand, wird sie zurückgewinnen. In seiner Lehre von der radikalen Nachfolge Christi in Demut und Armut liegt eine enorme Sprengkraft, die das christliche Europa in der kommenden Epoche in Atem hält.

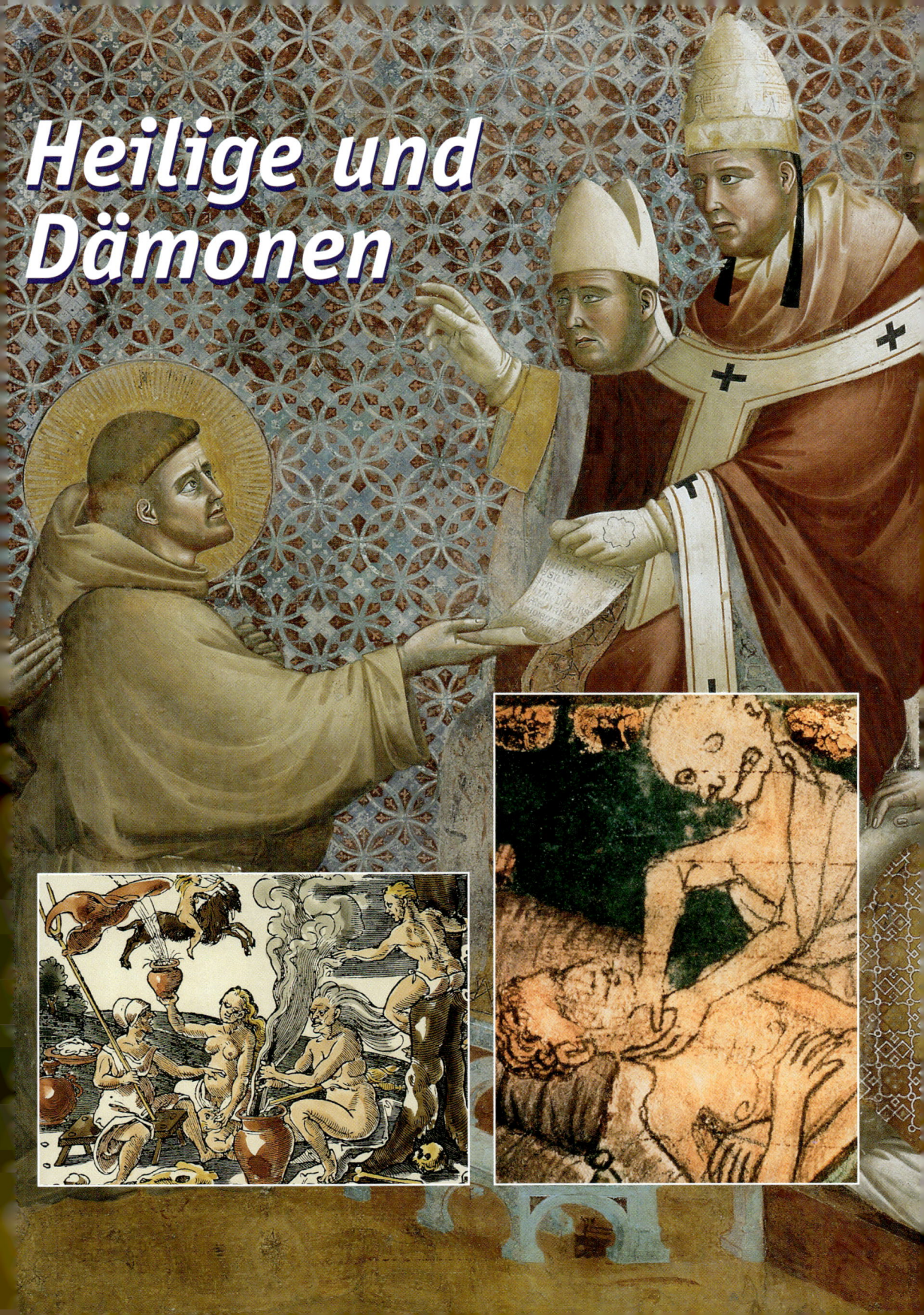

Heilige und Dämonen

Die Pest reißt das christliche Abendland in den Totentanz
des Spätmittelalters. Juden werden zu Sündenböcken gestempelt
und verfolgt, Frauen als Hexen verbrannt.
Die Machtgier der Päpste treibt die Kirche an den Rand des Abgrunds,
doch im armen Mann Franziskus erwächst ihr eine neue Chance.

Der beständige Machtkampf zwischen Königtum und Papsttum hält die Menschen des Mittelalters in Atem. Doch die größte Katastrophe in der Geschichte Europas wird nicht durch Machtpolitik, Irrlehren oder Waffen ausgelöst, sondern durch winzige Bakterien, die das bloße Auge nicht einmal wahrnehmen kann. Ihr wissenschaftlicher Name lautet „Yersinia", und sie verursachen die Pest. Sie werden vom Rattenfloh auf den Menschen übertragen. Ganze Landstriche entvölkern sich unter dem Ansturm der Seuche, die schon wenige Stunden nach Ausbruch der ersten Symptome zum Tod führen kann.

Im Jahr 1347 belagern Tartaren eine Stadt auf der Krim. Dabei bricht wahrscheinlich eine Seuche im Lager der Tartaren aus, worauf diese fluchtartig verschwinden. Als die Bürger der Stadt verwundert hervorkommen, finden sie die Leichen und infizieren sich selbst mit dem Pesterreger. Einige der Belagerten kommen mit dem Schiff nach Messina und Genua. So tragen sie den tödlichen Erreger nach Europa. Von den Küstenstädten verbreitet sich die Seuche landeinwärts. Unaufhaltsam verwüstet sie den Süden Europas, gelangt weiter nach Deutschland und Frankreich und springt über das Meer nach England und in die skandinavischen Länder.

Die Krankheit tritt in zwei Formen auf. Entweder als Beulenpest, die die Lymphknoten in den Achselhöhlen

Triumph des Todes.
Gemälde von Pieter Brueghel,
um 1560.

Die goldene Kapelle auf Burg Karlstein, erbaut von Karl IV.

und Leisten anschwellen läßt, oder als Lungeninfektion, die innerhalb kürzester Zeit zum sicheren und qualvollen Tod führt. Die Ärzte versuchen sich durch das Tragen einer Pestmaske, die mit Heilkräutern gefüllt wird, vor Ansteckung zu schützen.

Aus Berichten von Augenzeugen spricht der ganze Schrecken und die Hilflosigkeit der Menschen angesichts der Seuche:

„Wenn jemand erkrankte, brach er bald darauf zusammen und starb. Dabei steckte er seine ganze Familie an. Entsprechend kamen auch die Totengräber um, welche die Leichen bestatten sollten.

Und der Tod kam sogar durch die Fenster. Städte und Burgen wurden entvölkert, und man weinte um ganze Ortschaften wie um einen Verwandten."

Die Menschen sind, ohne Kenntnis der Krankheitsursachen und ohne Heilungschance, der Seuche hilflos ausgeliefert. Es sei leichter, die Lebenden als die Toten zu zählen, schreibt ein Chronist gegen Ende der Pestzeit im Jahr 1351. Nach heutigen Schätzungen rafft der „Schwarze Tod" innerhalb von drei Jahren etwa ein Drittel der europäischen Bevölkerung dahin.

Der Doktor Schnabel von Rom. Kupferstich eines Pestarztes.

Die völlige Ratlosigkeit angesichts der Brutalität der Krankheit äußert sich auch in den angewandten Gegenmitteln und Heilungsversuchen.

Kaiser Karl IV. läßt sich aus Angst vor Ansteckung außerhalb von Prag die Burg Karlstein errichten. Die Wände werden mit Edelsteinen ausgekleidet, von denen man sich krankheitsbannende Wirkung verspricht. Umgeben von Reliquien und abgeschottet von aller Welt verbringt er hier viele Tage im Gebet. Auch sexuelle Enthaltsamkeit gilt als vielversprechende Maßnahme zur Pestprophylaxe, und so darf keine Frau, auch nicht die Kaiserin, die Burg betreten.

In der einfachen Bevölkerung greift man zu anderen Maßnahmen. Sie reichen von der Isolierung der Kranken bis zur Verabreichung von Medikamenten wie dem verbreiteten

Die Geißler zu Doornik
im Jahre 1349.
Farbige Buchminiatur.

Theriak, einer Mischung aus 60 verschiedenen Kräutern, Gewürzen und Mineralien, versetzt mit Schlangenfleisch und Opium. Doch alle Versuche bleiben wirkungslos. Professoren der Pariser Universität stellen in einem Gutachten fest, die Pest werde von üblen Winden verursacht, die im Meer vor Indien aufsteigen und den krankmachenden Hauch von toten Fischen mit sich tragen.

Doch letztendlich helfen alle Therapien und Erklärungsversuche nichts. Die einen sterben wie die anderen. Manche suchen ihr Heil in der Flucht. Aber kann man vor dem Zorn Gottes fliehen?

Die Katastrophe der Pest fällt in eine Zeit des geistigen Umbruchs. Für die Gelehrten des Hochmittelalters bestand die Welt noch aus einem festgefügten, von Gott geschaffenen Kosmos. Himmel und Erde, das soziale Gefüge und die politische Ordnung – überall fanden sich dieselben, ewig gültigen Strukturen. Dadurch, daß alles als Ausfluß der göttlichen Güte begriffen wurde, hatte auch alles Teil an ihr. Die menschliche Vernunft war so in der Lage, die Strukturen der göttlichen Ordnung und sogar Gott selbst zu

erkennen: Der Glaube ist vernünftig und der vernünftige Mensch glaubt.

Im 14. Jahrhundert aber zerbricht diese Vorstellung. Die Vernunft und ihre Begriffe reichen nicht mehr aus, um das göttliche Wesen zu erfassen. Glauben und Wissen fallen auseinander.

Auf diesem Hintergrund entfaltet Wilhelm von Ockham, einer der großen Theologen dieser Zeit, seine Lehre von der „potentia dei absoluta", von Gottes freiem Willen, der sich allmächtig entfaltet. Dies bedeutet nun nicht, daß Gott seine Macht willkürlich und völlig unberechenbar für die Menschen ausspielen würde. Er hat vielmehr eine Ordnung errichtet, an deren Gesetzmäßigkeiten – z. B. den Naturgesetzen – er sich freiwillig ebenfalls gebunden hat. Den Menschen erscheint er als absolut mächtiger und letztlich nicht durchschaubarer Weltenherrscher.

So spiegelt sich im Wandel des Gottesbildes der Wandel eines Lebensgefühles. Es drückt sich auch die allgemeine Angst jener Epoche darin aus:

„Als Gott von seinem Palast aus die Verderbtheit der Welt sah, da ließ er den Tod aus seinem Käfig, um Gerechtigkeit und Rache zu üben. Der Tod durchlief die ganze Welt, voller Raserei und Wut, ohne Zügel, ohne Zaum, ohne Fessel, ohne Glaube, ohne Liebe, ohne Maß..." Anonymer zeitgenössischer Autor

Die Menschen suchen Zuflucht im Glauben. In allen von der Pest betroffenen Regionen finden Prozessionen statt. Reliquienschreine werden vorangetragen – eine Tradition, die sich in etlichen Orten bis heute erhalten hat. Doch Angst und Hilflosigkeit der Menschen sind stärker als der Trost, den die Kirche bietet.

Neben der Seuche entwickelt sich eine andere Art von Epidemie. Die Chroniken berichten von einer seltsamen Massenhysterie, die Mitte des 14. Jahrhunderts ganz Mitteleuropa befällt. Im Sommer 1349 trifft ein Geißlerzug in Straßburg ein. Der Chronist berichtet:

„Wenn die Geißler büßen wollten, legten sie sich in einen weiten Ring und ihr Meister schritt über sie, schlug einen nach dem anderen mit der Geißel auf den Leib und sprach:

Steh auf durch der reinen Marter Ehre
und hüt dich vor der Sünden mehre.

Hernach gingen sie je zwei um den Ring und geißelten sich mit Geißeln von Riemen, die hatten Knoten voran, darein waren Nägel gesteckt.

Und sie schlugen sich über den Rücken, daß mancher sehr blutete... Nun fielen alle kreuzweise nieder auf die Erde und lagen eine Weile da, bis daß die Sänger anhuben zu singen:

Nun hebet auf eure Händ',
daß Gott das große Sterben wend'.
Nun hebet auf eure Arm',
Daß Gott sich über uns erbarm'..."

Die nach dem lateinischen Wort „flagellum" („Peitsche") benannten „Flagellanten" versuchen, der Strafe Gottes durch Selbstbestrafung zu entgehen. Außerdem soll ihre freiwillige Buße die himmlischen Mächte wieder milde stimmen, da die von der Kirche angebotene Buße dieses offensichtlich nicht vermag.

Die Geißlerzüge machen enormen Eindruck auf die verängstigten Zeitgenossen.

Doch die Seuche wütet weiter, und so schlagen Verzweiflung und Hilflosigkeit in Haß gegen die vermeintlichen Urheber der Seuche um. Irgendwo entsteht das Gerücht, die Juden seien schuld: „Die Juden haben die Brunnen vergiftet", vergiftet, um die Christenheit zu verderben. Daß die Pest auch Juden dahinrafft, scheint niemand zu wundern. Das Gerücht verbreitet sich schneller als die Seuche selbst. „Großes Judentöten" verzeichnet ein Chronist lapidar für das Jahr 1349 – als sei es ein Naturereignis.

In der homogenen christlichen Gesellschaft gelten die Juden als Außenseiter. Da ihnen Broterwerb durch Landwirtschaft verschlossen und jegliches Handwerk verboten ist, betätigen sie sich als Geschäftsleute und Pfandleiher. Kaiser und Päpste brauchen zuweilen ihr Geld und stellen sie unter Schutz.

Verbrennung von Juden. Holzschnitt aus der Weltchronik von Hartmann Schedel.

**Stadtansicht von Avignon mit Papstpalast.
Französische Buchmalerei 1409.**

Im Volk sind sie jedoch verhaßt und gelten als „Gottesmörder". Man zwingt sie, in Ghettos zu leben und den hohen, spitzen „Judenhut" zu tragen. Jetzt werden sie zu Tausenden gejagt und ermordet. Nicht wenige unter den Tätern werden auf diese Weise auch ihre Schuldscheine los.

Die Katastrophe der Pest erfaßt die christliche Welt in einer ohnehin verhängnisvollen Situation. Frankreich ist vom Hundertjährigen Krieg zerissen, im Deutschen Reich kämpft Kaiser Karl IV. gegen seinen bayerischen Widersacher Ludwig, in Italien wüten Hungersnöte und Bürgerkriege, und Kleinasien wird Opfer einer türkischen Invasion. Auch die Kirche ist in einem skandalösen Zustand. Bonifaz VIII. (1294-1303) hat sich in einen Streit mit dem französischen König

Philipp IV. verstrickt. Auf dem Höhepunkt der Auseinandersetzung veröffentlicht er die Bulle „Unam Sanctam" und bezeichnet sich in maßloser Selbstüberschätzung als weltliches Oberhaupt aller Herrscher dieser Erde. *„Daß aber die geistliche Macht an Würde und Adel jede weltliche überragt, müssen wir umso freier bekennen, als überhaupt das Geistliche mehr wert ist als das Weltliche. Die geistliche Macht hat die weltliche einzusetzen und ist Richterin über sie, wenn sie nicht gut ist."* Wenn also die weltliche Macht in die Irre geht, so wird sie von der geistlichen gerichtet werden. Wer sich dieser von Gott so geordneten Gewalt widersetzt, der widerstrebt Gottes Ordnung.

„So erklären wir denn, daß alle menschliche Kreatur bei Verlust ihrer Seelen Seligkeit untertan sein muß dem Papst in Rom, und sagen es ihr und bestimmen es." Aber dieser Anspruch deckt sich längst nicht mehr mit der politischen Realität. Philipp läßt Bonifaz gefangennehmen. Zwar befreien ihn die Bürger seiner Stadt Agnani, aber noch bevor er den König bannen und exkommunizieren kann, stirbt der Papst an den Folgen der Aufregung.

Nun gerät die Kurie in die völlige Abhängigkeit von Frankreich. Es beginnt die „babylonische Gefangenschaft" der Päpste. Von 1309 bis 1377 residieren sie nicht mehr in Rom, sondern in Avignon, im Einflußbereich und als willfährige Werkzeuge der französischen Könige.

Der Verfall der kirchlichen Zentralgewalt wird vom allgemeinen Niedergang der übrigen kirchlichen und religiösen Kräfte begleitet. Die Orden verlieren, ebenso wie die kirchliche Wissenschaft, an Kraft und Einfluß.

Auf einem völlig neuen Gebiet jedoch kann die Kirche große Erfolge verbuchen: Durch die Umsiedlung nach Avignon ist die Kurie eines Teils ihrer Einnahmen beraubt, und so sucht und findet sie neue Wege zur Geldbeschaffung. Vor allem unter Papst Johannes XXII. (1316-1334) entwickelt sie ein ausgeklügeltes Steuersystem, das zu einer regelrechten Plünderung des Klerus führt.

Die Kirche wird zur ersten bedeutenden Finanzmacht in Europa, vernachlässigt dabei aber ihre eigentlichen Aufgaben. Viele geistliche Amtsträger lassen ihre Pflichten gegen schlechte Bezahlung von Vertretern des niederen Klerus erledigen. Dessen Vertreter sind schlecht ausgebildet und beherrschen kaum die Liturgie.

Wieder einmal steckt die christliche Kirche in einer Sackgasse. Machtanspruch und irdischer Reichtum haben sie innerlich verarmen lassen und ihrem Wesen, ihrer Lehre und dem Vorbild ihres Gründers entfremdet. Wieder einmal steht sie vor der Notwendigkeit eines Neuanfangs.

Und so kann die Frage nach der Armut Christi und seiner Jünger und nach den Konsequenzen für seine Nachfolger zum beherrschenden Thema einer gesamten Epoche werden.

Das Problem ist der Kirche nicht neu. Schon 150 Jahre vor dem oben beschriebenen Konflikt tritt im italienischen Assisi ein junger Mann namens Francesco auf, dessen Forderungen nach einer radikalen Nachfolge Christi die damalige Kirche verändern.

Er wird 1181/82 als Sohn eines reichen Tuchhändlers geboren und teilt in seiner Kindheit und Jugend die Interessen seiner Alters- und Standesgenossen, von galanten Abenteuern bis hin zu kriegerischen Unternehmungen.

Doch mit Anfang 20 steigt Francesco plötzlich aus. Er lebt als Einsiedler und beginnt, verfallene Kapellen in der Umgebung der Stadt wieder aufzubauen. Immer weiter entfernt er sich von der Welt, der er eigentlich entstammt.

In einem symbolischen Akt der Lossagung verzichtet er auf das väterliche Erbe und wirft dem Vater sogar die Kleider vor die Füße. Der Konflikt ist unüberbrückbar. Franz bricht endgültig mit der Welt des Vaters und seiner gesellschaftlichen Stellung. Er ist zu diesem Zeitpunkt 25 Jahre alt und wird nie mehr nach Hause zurückkehren.

Die Mantelspende des Franziskus.
Fresko von Giotto di Bondone, um 1295-1300.

Franziskus predigt den Vögeln.
Fresko des Maestro di San Francesco, um 1260.

Ein aus Lumpen zusammengenähtes Gewand wird nun sein Erkennungszeichen, und die Worte des Neuen Testaments, mit denen Jesus seine Jünger zur Verkündigung des Reiches Gottes ausgesendet hat, werden sein Programm: das Wort Gottes in der Welt zu verkünden und auf alles andere zu verzichten. Auch Francescos Hinwendung zur Natur ist sehr untypisch für die Menschen des Mittelalters, denen die Natur meist als feindliche Macht begegnet, die man sich unterwerfen muß. Die Legende erzählt, daß Franz den Vögeln gepredigt habe, ein andermal sei ein wilder Wolf in seiner Gegenwart zahm geworden. So wird versucht, das ungewöhnliche und starke Charisma dieses Mannes zu beschreiben, der viele Menschen in seinen Bann gezogen hat und auch heute noch durch eine einzigartige Hymne auf die Schöpfung, den Sonnengesang, fasziniert:

„Gepriesen seist du, mein Herr,
durch Bruder Mond und die Sterne,
am Himmel hast du sie gebildet,
hell leuchtend und kostbar und schön.
Gepriesen seist du, mein Herr,
durch Bruder Wind und durch Luft und Wolken
und heiteren Himmel und jegliches Wetter,
durch welches du deinen Geschöpfen den
Unterhalt gibst."

Um die kleine Kapelle in Assisi sammelt sich bald eine Schar von Männern, die das karge Leben des Eremiten teilen. Er verfaßt für die entstehende Bruderschaft eine Regel, die der Nachfolge Christi in Armut und Demut absolute Priorität einräumt. Schon als er im Jahr 1209 nach Rom aufbricht, um seine Bruderschaft als Orden anerkennen zu lassen, eilt ihm der Ruf eines Heiligen voraus. Der Mönch, der Armut und Bescheidenheit predigt, ist unterwegs zu einem der mächtigsten und selbstbewußtesten Päpste, die je den Stuhl Petri besetzt haben.

Innozenz III. treibt den päpstlichen Machtanspruch auf die Spitze. Er versteht sich nicht nur als Nachfolger des Petrus, sondern führt für die Päpste den Titel „Stellvertreter Christi" ein. Er beansprucht nicht weniger als die Herrschaft über alle Könige der Welt: *„Wie nun der Mond sein Licht durch die Sonne empfängt und zugleich kleiner und im Hinblick auf Helligkeit, Stellung und Wirksamkeit unbedeutender ist, so erhält die königliche Macht ihren Glanz von der Autorität des Papstes."*

Im April 1209 stehen sich die beiden Männer gegenüber. Franz bittet Innozenz um die Zulassung seiner Ordensgemeinschaft. In dieser Begegnung liegt viel Zündstoff. Wie vollzieht sich die wahre Nachfolge Christi? In der machtvollen Durchsetzung kirchlicher Herrschaft oder in liebevoller Zuwendung zu den Armen und zur Schöpfung? Eine Frage, welche die Kirche bis heute bewegt und die noch oft für Auseinandersetzungen sorgen wird.

Im April 1209 jedenfalls trifft der Papst eine überraschende Entscheidung. Er läßt den Orden der Minoriten zu, obwohl dieser sich im klaren Widerspruch zu seiner päpstlichen Politik befindet.

Die Legende sagt, daß Papst Innozenz vor der Begegnung mit dem kleinen Mönch einen Traum hatte. Darin stützt Franziskus das wankende Gebäude der Kirche.

Der Bettelmönch als Retter der Kirche? Die fromme Legende, die den Heiligen verklärt, enthält einen historischen Kern. Die Armutsbewegung des Franziskus steht trotz aller Provokation ganz auf dem Boden der katholischen Kirche – im Gegensatz zu anderen Bewegungen, die zur selben Zeit entstehen und die Kirche zu sprengen drohen. Und das Papsttum ergreift die Chance, zumindest einen Teil der radikalen Strömungen in den Schoß der Kirche zurückzulenken.

Die kleine Kapelle des Franziskus in der mächtigen Kathedrale, die später darüber errichtet wird, ist ein Symbol für die Entwicklung einer Bewegung. Aus kleinsten Anfängen entwickelt sich schnell einer der größten Orden des Abendlandes.

Doch schon bald nach dem Tod des Gründers im Jahr 1226 bricht innerhalb der Franziskaner ein Streit über das wahre Wesen der Armut aus, und hundert Jahre später wird der in vieler Hinsicht verhängnisvolle Papst Johannes XXII. folgende Erklärung abgeben: *„Die hartnäckige Versicherung, unser Erlöser und Herr Jesus Christus und seine Apostel hätten weder privat noch gemeinsam etwas besessen, ist als irrig und häretisch zu erklären, da sie der Heiligen Schrift ausdrücklich widerspricht".*

Damit wird Franz von Assisi von der Kirche, deren Heiliger er ist, desavouiert. Doch sein Geist lebt weiter, ist eine Unterströmung dieser Kirche, die einen Franziskus unverlierbar in ihr kollektives Gedächtnis eingetragen hat. Bis heute berufen sich Hunderte von Klö-

Franziskus erweckt das Kind in der Krippe. Fresko von Giotto di Bondone, um 1295-1300.

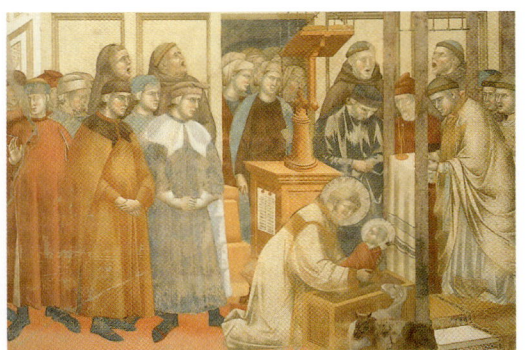

Franziskus erscheint den Brüdern in Arles. Fresko von Giotto di Bondone, um 1295-1300.

stern in der ganzen Welt auf seine Ordensregel. Heutzutage ist das Engagement für Menschen am Rande der Gesellschaft ein typisches Kennzeichen der Franziskaner. Einzelne Mitglieder des Ordens, wie der Brasilianer Leonardo Boff, verstehen ihre Solidarität mit den Armen der Welt auch ganz konkret politisch, wodurch sie in Widerspruch zum Papst geraten sind. Die Sprengkraft der Botschaft des großen Heiligen ist auch an der

Acht Nothelfer. Aus dem Linden-hardter Altar von Matthias Grünewald.

Schwelle zum 21. Jahrhundert unverändert groß.

Zu Beginn des 14. Jahrhunderts gibt es in Deutschland über 200 Klöster, die sich auf die Regel des Franziskus berufen. Die Diskussion über das Verhältnis der christlichen Kirche zu Reichtum und Armut ist trotz päpstlicher Angriffe nicht mehr zu unterdrücken und gewinnt in den nächsten Jahrhunderten immer mehr an Brisanz.

Die Welt des Spätmittelalters ist eine Welt im Umbruch. Zwischen 1100 und 1300 verdoppelt sich die europäische Bevölkerung von 25 auf 50 Millionen. Und immer mehr Menschen zieht es in die Städte, die sich im Lauf des Mittelalters vom Einfluß der bischöflichen und adligen Stadtherren befreit haben. Das Motto lautet: „Stadtluft macht frei". Wer über ein Jahr in einer Stadt lebt, der kann sich zum Beispiel aus der damals üblichen Leibeigenschaft lösen.

Der rasante Aufstieg der Städte, den auch die Katastrophe der Pest nicht aufhalten kann, beruht auf dem zunehmenden Handel und auf der Entwicklung des Handwerks. Hier ist besonders die Tuchherstellung zu nennen. Die ersten Fabriken Europas sind Tuchmanufakturen.

In Norditalien und in Flandern, im heutigen Belgien, werden Kleinstädte zu bedeutenden Metropolen. Die prächtig gestalteten Fassaden der Kaufmannshäuser in Brügge und Gent tragen noch heute stolz das Selbstbewußtsein ihrer Besitzer zur Schau.

Das sichtbare, alles überragende Zentrum der neuen Metropolen ist das Kirchengebäude. Die Kathedralen werden jetzt prächtig ausgestattet, mit Altären und bunten Glasfenstern, zumeist Stiftungen reicher Kaufleute. Der Kirchenraum selbst ist nach wie vor ein öffentlicher Raum. Hier finden Gerichtsverhandlungen statt, hier treffen sich Kaufleute zu Geschäftsgesprächen und zuweilen hört man sogar Klagen darüber, daß Prostituierte in der Kirche auf Kundenfang gehen.

Doch trotz des allgemeinen Aufschwungs führen die alltäglichen Bedrohungen durch Krankheit, Seuchen und Kriege dem Menschen immer wieder die Verletzlichkeit des Lebens vor Augen. Der Tod ist eine alltägliche Erfahrung. Und die Angst vor den Schrecken des Fegefeuers steigert das

Bemühen um die Erlangung der Seligkeit manchmal bis ins Groteske. So hofft der deutsche Kaiser Friedrich III., sich durch die Stiftung von nicht weniger als 30000 Seelenmessen der göttlichen Gnade zu versichern.

Vorbild für ein Leben und Sterben in Christus sind die Heiligen. Zahlreiche zeitgenössische Darstellungen machen ihr Leiden und ihren Märtyrertod in drastischer Weise anschaulich.

Die Heiligen gelten als Mittler zwischen Gott und den Menschen, und die Volksfrömmigkeit ordnet ihnen bestimmte Zuständigkeiten zu. Sankt Rochus beispielsweise wird gegen die Pest angerufen, Sankt Antonius gilt als Helfer beim Auffinden verlorener Dinge. Es gibt praktisch keinen Bereich des Alltags, der nicht in das „Aufgabenfeld" eines Heiligen fiele.

Nichts erscheint daher wertvoller als der Besitz von Überresten eines Heiligen. Kirchenfürsten, Adlige und reiche Bürger wetteifern im Sammeln verschiedenster Reliquien. Auch Karl IV., seit 1339 deutscher Kaiser, hat in seiner Burg Karlstein eine umfangreiche Kollektion zusammengetragen. Viele der stolzen Besitzer lassen wertvolle Schaugefäße aus Gold und Edelsteinen dafür anfertigen. Knochenteile, Haare, Zähne, Kleidungsfetzen, Splitter vom Kreuz Jesu — alles, was irgendwie in Zusammenhang mit einem heiligen Geschehen gebracht werden kann, wird zum Objekt der religiösen Begierde. Auch verschiedene Heilkräfte werden den Reliquien zugetraut, und so wundert es nicht, daß die Chroniken der Epoche von manch frommem Diebstahl berichten.

Die wertvollsten Reliquien sind Dinge, die unmittelbar mit der Person Jesu in Verbindung stehen: Splitter vom Kreuz, Nägel von der Kreuzigung, Gewandteile, ja, sogar Überbleibsel von der Beschneidung des Jesus-Knaben werden vielerorts verehrt und manchmal öffentlich gezeigt, was jeweils riesige Menschenmassen anzieht.

Mittelalterlicher Holzschnitt einer Klosterfrau.

Seit dem 13. Jahrhundert findet in Brügge alljährlich am Himmelfahrtstag die Heiligblutprozession statt. In ihrem Mittelpunkt steht ein Reliquiar, das einige Tropfen vom Blut Jesu enthalten soll. Es soll in der ersten Hälfte des 13. Jahrhunderts aus Konstantinopel nach Flandern gelangt sein.

Auch heute noch gibt es immer wieder Berichte über Heilungen im Zusammenhang mit der Anrufung eines Heiligen. Unsere Zeit geht mit solchen Vorgängen zwar kritischer um als das Mittelalter, doch kommt es immer wieder vor, daß Menschen entgegen medizinischer Prognosen von schweren Krankheiten geheilt werden und so die unerklärliche Kraft des Glaubens am eigenen Leib erfahren.

Die Sehnsucht nach der Nähe des Heiligen und Sakralen kommt am stärksten in der Bewegung der Mystik zum Ausdruck. Alle großen Religionen kennen diesen Versuch des Individuums, sich mit dem

Göttlichen zu vereinen. Der Mystik liegt das Gefühl zugrunde, daß die Welt, aber mehr noch das eigene Ich mit all seinen Wünschen und Begierden, wie eine Mauer zwischen Gott und dem Menschen steht. Um diese Mauer einzureißen, muß das Ich schon im Leben „absterben", wie die Mystiker es nennen. Durch Meditation, Fasten und ähnliche Übungen wird die Seele in einen Zustand versetzt, der fast rauschhafte Visionen hervorbringt, die nur noch schwer in Worte zu fassen sind.

Vor allem Frauen scheinen eine große Offenheit für die mystische Frömmigkeit zu haben. Margarete Ebner, eine Nonne aus Bayern, die um die Mitte des 14. Jahrhunderts stirbt, hat Visionen von solcher Intensität, daß sie regelmäßig in einen komaartigen Zustand verfällt. In anderen Momenten stammelt sie unverständliche Worte in einer ihr unbekannten Sprache. In ihren Aufzeichnungen „Von der Gnaden Überlast" findet sich folgende Beschreibung:

„Manchmal tat sich ein Weg vor mir auf und Rede geschah mir und manchmal wurde ich emporgehoben, so daß ich den Boden unter den Füßen verlor."

Margarete Ebner in ihrer Zelle. Filmszene.

In ihrer Zelle steht eine Wiege, in der sie das Jesuskind wiegt, wenn es nicht schlafen will. Manchmal nimmt sie es sogar auf den Arm.

Auch sieht sie den Gekreuzigten vom Kreuz heruntersteigen, um sie zu umarmen und ihr Nahrung zu reichen.

Wir haben uns daran gewöhnt, solche Äußerungen ausschließlich unter psychologisch-klinischen Gesichtspunkten zu betrachten. Doch spricht daraus auch die starke Sehnsucht nach der Gegenwart des Göttlichen, die zu allen Zeiten ein Grundzug des Religiösen gewesen ist.

Die Mystik ist aber nicht die einzige Alternative zu den erstarrten Strukturen der Großkirche. Vor allem in den schnell wachsenden Städten, wo sich die mangelhafte Betreuung der Gläubigen stark bemerkbar macht, bilden sich immer mehr Laien-Gemeinschaften.

Die Tertiarier beispielsweise, der sogenannte Dritte Orden des Franziskus (als Zweiter Orden gilt der weibliche Zweig der Franziskaner). Sie versuchen, die asketischen Forderungen der Ordensregel so weit wie möglich zu erfüllen, bleiben aber in ihren bürgerlichen Berufen.

Oder die Beginen, ein Laienorden für Frauen, der im Bistum Lüttich entsteht. In der ersten Hälfte des 13. Jahrhunderts gibt es in jeder flandrischen Stadt einen sogenannten Beginenhof, ein abgeschlossenes „Dorf" inmitten der Stadt, das unverheiratete Frauen beherbergt. Die Beginen bilden eine Mischung aus religiöser Gemeinschaft und wirtschaftlichem Zweckverband und existieren zum Teil heute noch. Weil es im Spätmittelalter zeitweise mehr Frauen als Männer gibt, haben die Beginen starken Zulauf, denn außerhalb von Ehe und Familie oder Kloster gibt es für

Frauen in dieser Gesellschaft keine Existenzmöglichkeiten. Den Alltag in der Gemeinschaft prägt ein geregelter Tagesablauf zwischen Gebet und Arbeit.

Die Kirche betrachtet die Beginenhöfe und ähnliche Vereinigungen mit Mißtrauen, da sie ihrem unmittelbaren Einfluß entzogen sind. Als Konsequenz daraus werden die Exponenten der Laien- und Armutsbewegung, also Beginen, Franziskaner und ihre Geistesverwandten, zu Beginn des 14. Jahrhunderts verboten. Die Kurie versucht, den mächtigen Strom an spontaner Religiosität zurückzudämmen. Sie wird das Opfer der von ihr selbst geschürten Ketzerfurcht.

So wie die Menschen des Spätmittelalters in der Mystik oder im Zusammenschluß zu Glaubensgemeinschaften die Nähe und die Erfahrung des Göttlichen suchen, so fürchten sie auch die Mächte der Hölle und der Finsternis. In ihrer Vorstellung ist die ganze Welt von Dämonen bevölkert. Ein Theologe dieser Zeit lehrt, daß uns eine Unzahl bö-

Beginenhof in Brügge.

97

nur nach dem Tod die Herrschaft über die Seelen gewinnen, sondern kann auch von den Leibern der Menschen Besitz ergreifen.

Drei Jahrhunderte zuvor hat die große Mystikerin Hildegard von Bingen noch die Auffassung vertreten, daß „der Teufel in den Körper eines lebenden Menschen nicht Eingang finden kann, sonst würden sich die einzelnen Glieder zerstreuen".

Doch schon für Thomas von Aquin ist klar, daß „der Teufel alle Verwandlungen, die in der Natur und durch Keime entstehen können, nachahmen kann".

Damit fällt ein dämonischer Schatten über die Welt. Die Schönheit der Natur kann Lobpreis Gottes sein, aber auch Trugbild des Teufels. Die Menschen dieser Zeit erleben einen ohnmächtigen Gott. Dem Teufel aber traut man alles zu, auch, daß er in menschliche Gestalt schlüpfen und Menschen als Werkzeuge für seine Machenschaften benutzen kann. Besonders gern bedient er sich der Frauen. Der Hexenwahn greift um sich.

Die Hexe, die Magierin, die mit übernatürlichen Mächten in Verbindung steht, Zauber-

Die Wetterhexen. Von Hans Baldung, gen. Grien, 1523.

ser Geister wie ein dickes Gewölbe einschließen, so daß nicht einmal mehr ein Luftloch dazwischen Platz hat.

Die Menschen haben keine natürlichen Erklärungen für das, was ihnen widerfährt. Unangenehmes, wie Blähungen, Zahnweh oder ein Kater nach einem Rausch, kann nur das Werk der Dämonen sein. Aber es gibt Gegenmittel. Weihwasser oder das Kreuzzeichen bannen den Teufel und seine Heerscharen. Die Welt ist der große Kampfplatz, wo die guten und die bösen Mächte um die Herrschaft über den Menschen ringen.

Nie zuvor hat man die Gegenwart des Teufels so unmittelbar gespürt wie jetzt. Er ist der eigentliche Herr der Welt. Er kann nicht

Der obszöne Lehnskuß auf den Hintern besiegelt das Bündnis mit dem Satan. Holzschnitt 1608.

und Liebestränke mixt, sowie Krankheiten bei Mensch und Tier herbei- und wegzaubern kann, sie gehört zum Urbestand der Mythologie vieler Völker. Jahrhundertelang hat das Christentum die Vorstellung von Dämonen, Zauberern und Hexen als Aberglauben bekämpft. Am Ende des Mittelalters scheint es selbst dem heidnischen Wahn zu erliegen. Mit scholastischer Gründlichkeit systematisieren Theologen den gesammelten Aberglauben und gießen ihn in ein „wissenschaftliches Lehrbuch", das man als groteske Ausgeburt einer pervertierten Phantasie abtun könnte, wäre es nicht zur tödlichen Waffe gegen Tausende von Frauen geworden. Der „Malleus maleficarum", der Hexenhammer, 1487 von zwei Dominikanern veröffentlicht, legt die Gründe dar, warum vor allem Frauen für die Anfechtungen des Teufels empfänglich seien: Schon das lateinische Wort „femina" für Frau leite sich von den Wörtern „fides mina" das heißt „weniger Glaube" her. Außerdem seien Frauen ohnehin in allen Kräften der Seele wie des Leibes mangelhaft, zudem triebhaft und deshalb vor allem den sexuellen Nachstellungen des Teufels ausgeliefert.

Die Vorwürfe gegen die Hexen reichen vom Herstellen von Liebestränken über das Wegzaubern des männlichen Gliedes bis zum Besenritt zum Hexensabbath, einer Art okkulter Orgie, bei der sich die Hexen dem Teufel sexuell hingeben und ihm kleine Kinder opfern. Die Mischung aus neurotischen Zwangsvorstellungen und volkstümlichem Aberglauben, die in solchen Vorwürfen zum Ausdruck kommt, wird im Verlauf von fast

Verhör. Nach einer Zeichnung von F. Piloty.

drei Jahrhunderten ungezählten Frauen aus allen Schichten des Volkes zum Verhängnis werden.

Zur Bekämpfung der Hexerei bedient sich die Kirche eines Mittels, das im 13. Jahrhundert zur Abwehr von Irrlehren und Häretikern entwickelt worden war: des Inquisitionsprozesses.

Diesem Gerichtsverfahren liegt ein durchaus moderner Gedanke zugrunde. Durch Inquisition, das heißt durch Untersuchung des Sachverhalts oder Befragung des Angeklagten und der Zeugen, soll die Wahrheit ermittelt werden. Damit ist die Inquisition ein echter Fortschritt im Vergleich zu den üblichen Methoden der Rechtsfindung jener Zeit.

Die mittelalterlichen Gerichte vertrauen meist noch auf das „Ordal", das Gottesurteil. Stehen zwei oder mehrere Aussagen gegeneinander, so kann der Angeklagte zu einem Gottesurteil gezwungen werden. Dies

Hexenverbrennung. Nach einer Zeichnung von Felix Philippoteaux.

kann die Form eines Zweikampfes haben, kann aber auch bedeuten, daß er ein heißes Eisen tragen oder in einen Kessel mit kochendem Wasser greifen muß. Nach dem Grad der Verletzung wird dann auf die Schuld oder Unschuld des Angeklagten geschlossen.

Mit der Einführung der Inquisition distanziert sich die Kirche von dieser Art der magisch-religiösen Rechtsfindung und versucht, den Strafprozeß auf eine nachvollziehbare Grundlage zu stellen. Die Verteilung der Rollen vor Gericht hat sich bis heute nicht geändert: ein Richter, dazu Ankläger und Verteidiger, Zeugen und Sachverständige. Und noch etwas hat sich erhalten: das Prinzip, daß eine Verurteilung nach Möglichkeit

auf dem Geständnis der Angeklagten beruhen soll.

Die vernünftige Grundidee dieses Verfahrens wird jedoch durch die Anwendung der Folter bei den Verhören zunichte gemacht. Für viele der Angeklagten ist das Schuldgeständnis die einzige Möglichkeit, den brutalen Quälereien ein Ende zu bereiten.

Der Tod durch Verbrennen, zuerst über die Ketzer verhängt, wird nun auch die Strafe der Hexen. In der zweiten Hälfte des 16. Jahrhunderts, fast 100 Jahre nach Erscheinen des „Hexenhammers", wird Europa von einer Epidemie des Hexenwahns erfaßt. Täglich brennen die Scheiterhaufen. Auch die staatlichen Behörden beteiligen sich an der Hexenjagd, die erst im 18. Jahrhundert mit dem Beginn der Aufklärung aufhört.

Am Ende des 14. Jahrhunderts scheint die Kirche an einem Tiefpunkt ihrer Geschichte zu sein. Dabei ist sie materiell reicher als jemals zuvor. Doch die Kirche ist gespalten durch ein Doppelpapsttum in Rom und in Avignon, fast vollständig abhängig von den Monarchen Europas und sieht sich auch im Innern vielfach in Frage gestellt. Externe wie interne Laien- und Armutsbewegungen erheben vehement ihre Stimme.

Immer häufiger und immer lauter regt sich Widerwillen gegen die Zustände im Haus des Herrn. Vor allem in England erhebt sich eine mächtige Stimme. Hier lehrt an der Universität Oxford der geachtete Philosoph und Theologe John Wyclif (1328-1384). Seine Kritik an der kirchlichen Finanzpolitik wird gerne gehört, denn England liegt seit Jahrzehnten im Krieg mit Frankreich,

Ansicht der Stadt Prag. Holzschnitt aus der Weltchronik von Hartmann Schedel, 1493.

und es ist ein offenes Geheimnis, daß die beträchtlichen Kirchensteuern, die England an die Päpste in Avignon abführt, zum Teil in die französische Kriegskasse wandern.

Unter Berufung auf das Neue Testament kommt Wyclif zu folgendem Schluß:

„Nach Christi Verordnung muß der gesamte Klerus vom Besitz irdischer Güter ganz und gar gereinigt werden. Niemals wird die Kirche ohne beträchtliche Störung sein, bis die Verordnung Christi, die heutzutage so sehr verachtet wird, in ihrer ursprünglichen Weise wieder durchgeführt wird."

Als Konsequenz daraus gesteht Wyclif den weltlichen Herrschern die Besteuerung von Kirchengütern zu und unterstützt die Weigerung der englischen Könige, Gelder an den Papst abzuführen.

Wyclifs Schriften kritisieren nicht nur den Zustand der Kirche. Sie symbolisieren zugleich das Scheitern der Idee einer universalen europäisch-christlich-lateinischen Kultur. Denn in dem Gelehrten aus Oxford regt sich auch das Nationalgefühl des Engländers gegen einen französischen Papst. Es findet überdies auch in Wyclifs Übersetzung der Bibel ins Englische seinen Ausdruck – ein für die damalige Zeit unerhörter Vorgang: Menschen können die Heilige Schrift in ihrer Muttersprache lesen und sind nicht mehr auf

die Vermittlung gelehrter Prediger angewiesen.

Wyclifs Ansichten werden immer radikaler. Gegen Ende seines Wirkens fordert er die Abschaffung aller kirchlichen Hierarchien, die Preisgabe des gesamten kirchlichen Eigentums und des päpstlichen Machtanspruchs sowie die Unabhängigkeit der einzelnen Nationalkirchen von Rom. In den folgenden Jahrzehnten wird seine Lehre auf drei Konzilien scharf verurteilt. So groß ist der Zorn der Kirchenführung, daß Wyclifs Gebeine 1428, 44 Jahre nach seinem friedlichen Tod, exhumiert und verbrannt werden. Diese massive, wenn auch verspätete Reaktion hängt mit der enormen Resonanz zusammen, die Wyclifs Lehre in ganz Europa hervorruft. Vor allem in Prag, zu jener Zeit Hauptstadt des Deutschen Reiches, fällt seine radikale Kirchenkritik auf fruchtbaren Boden.

Kaiser Karl IV. hat die Stadt zu einer prächtigen Residenz ausgebaut. Der Veitsdom ist bis heute eines der eindrucksvollsten Beispiele spätgotischer Architektur überhaupt. Ein zeitgenössischer Bericht schwärmt:

„Kirchen, die gen Himmel aufragen, wunderbar anzusehen, und unglaublich hochgesetzte Altäre, besetzt mit Heiligtümern, die mit Gold und Silber schwer geziert

Blick in den Chor des St.-Veits-Doms in Prag.

waren, priesterliche Ornamente mit Edelstein und Perlen durchsetzt, alle Zier der Tempel köstlich, die Fenster hoch und licht, mit gar köstlichem Glaswerk, mit kluger Meisterschaft gemacht."

Doch der Prediger Jan Hus (ca. 1370-1415), angeregt von den Ideen Wyclifs, hat wenig Sinn für die Pracht des Kirchengebäudes. Für ihn ist dies alles unnützes Zeug, das den Blick auf den wahren christlichen Glauben verstellt.

„Das geziemendste und größte Stift und Gotteshaus, darin Gott soll angebetet werden, ist die Welt.
Die aber Kirchen bauen und Klöster und Kapellen und Bethäuser, die wollen die Göttliche Majestät in einen Winkel zwingen, als ob sie nicht an allen Stätten könnte gleich gnädig sein".

Hus nimmt Gedanken vorweg, die in der Reformationszeit wieder auftauchen werden. Wie alle Reformatoren will er die Kirche von Entwicklungen reinigen, die die Gläubigen von den Worten der Bibel wegführen. Auch will er den Einfluß der Laien auf das kirchliche Geschehen stärken. Zum Symbol der Hussitischen Bewegung wird der Laienkelch, also die Teilhabe der ganzen Gemeinde am Abendmahlskelch, der in der katholischen Liturgie dem Priester vorbehalten ist.

Auch in Hus' Kirchenkritik mischen sich religiöse und politische Motive. Im Spätmittelalter beginnen die Völker sich ihrer Eigenarten bewußt zu werden, und so formiert sich auch hinter den Fassaden der Prager Bürgerhäuser ein tschechisches Nationalbewußtsein. Der römische Papst und der Kaiser haben ihren universalen Nimbus eingebüßt und werden nun als ausländische Mächte empfunden, die versuchen, eigene Machtinteressen durchzusetzen.

Zu Beginn des 15. Jahrhunderts ist die römische Kirche einmal mehr in einem desolaten Zustand. Gleich drei Päpste beanspruchen den Stuhl des Petrus für sich und belegen sich gegenseitig mit Bannflüchen. Viele Theologen halten ein allgemeines Konzil für die einzige Chance, die dringend notwendigen Reformen in Gang zu bringen. Auf Veranlassung des deutschen Kaisers Sigismund kommt es im Jahr 1414 in Konstanz am Bodensee zustande.

Tausende von Geistlichen, weltliche Herren mit ihrem Gefolge, Gelehrte der Universitäten und dazu ein Schwarm bunten Volkes drängen sich in der Stadt zusammen, auf die sich über vier Jahre hin die Hoffnungen des christlichen Abendlandes richten.

Die Aufgaben der Kirchenversammlung sind gewaltig. Die Einheit der Kirche muß wiederhergestellt werden, sie benötigt eine „Reform an Haupt und Gliedern", und auch die dogmatische Auseinandersetzung mit den kirchenkritischen Strömungen der Zeit läßt sich nicht länger aufschieben.

Jan Hus. Gemälde, 16. Jahrhundert.

Die Beendigung des Schismas (eine Kirchenspaltung, die nicht aus Gründen unterschiedlicher Lehre erfolgt ist) gelingt durch die Absetzung der drei Päpste und die Wahl eines neuen, Martin V. (1417-1431). Die „Reform der Glieder" scheitert jedoch an zu vielen unterschiedlichen Einzelinteressen. Auch die Chance, den Ämter-, Steuer-, und Ablaßschacher zu beenden, wird vertan. Zwar kommt man zu dem Entschluß, das allgemeine Konzil zu einer ständigen Einrichtung zu machen und in bestimmten Abständen wieder einzuberufen. Doch der von vielen angestrebte Vorrang des Konzils vor dem Papst läßt sich nicht durchsetzen, dieser bleibt die letzte Instanz der römisch-katholischen Kirche.

Neben den kirchenpolitischen Ränkespielen ist das Konzil der Nachwelt vor allem durch eine besonders niederträchtige Tat im Gedächtnis geblieben: den Verrat an Jan Hus. Unter den Hunderten von Theologen, die zum Konzil angereist sind, befindet sich auch der radikale Reformator aus Prag. Eingeladen zur Verteidigung seiner Lehren, ausgestattet mit einem kaiserlichen Schutzbrief, der seine persönliche Sicherheit garantiert, wird er dennoch ergriffen, der Folter unterworfen und in Anwesenheit des Kaisers vor den Toren von Konstanz als Ketzer verbrannt.

Die ganze tschechische Nation gerät über diese Tat in Aufruhr, und als die böhmische Krone 1419 auf Sigismund übergeht, erheben sich die Landsleute des Reformators gegen seinen „Mörder". Von 1419 bis 1436 verwüsten die grausamen Hussitenkriege den

Jan Hus auf dem Weg zum Scheiterhaufen. Buchmalerei, 15. Jahrhundert.

Süden und Osten des Reiches. Sie lassen ahnen, welches Haßpotential die aufbrechenden religiösen Gegensätze enthalten.

Hus muß sterben, aber die Idee einer gründlichen Reform der Kirche läßt sich auf Dauer nicht mit Scheiterhaufen bekämpfen. Obwohl die Epoche des Spätmittelalters aus heutiger Sicht fremd, düster und grausam erscheint, hat sie etwas hervorgebracht, das bis in die Moderne wirkt: das Gesicht des Individuums. Es taucht zum ersten Mal in der Malerei des 15. Jahrhunderts auf. Erstmals begegnen uns realistische Abbilder von Menschen, Gesichter aus Fleisch und Blut, mit persönlichem Ausdruck, vom Leben gezeichnet. Adam und Eva zum Beispiel, die Stammeltern des Menschengeschlechts: ein nackter Mann und eine nackte Frau, nicht idealisiert, sondern nach lebenden Modellen gemalt.

Noch sind die Künstler ausschließlich religiösen Themen verpflichtet, wie im sogenannten „Genter Altar" der Gebrüder van Eyck, einem der bedeutendsten Werke der Zeit. Aber die heiligen Szenen werden in eine Welt gesetzt, die der Künstler um sich herum entdeckt. Man spürt förmlich das Vergnügen des Malers an der möglichst präzisen Darstellung der ihn umgebenden Wirklichkeit. Die Wiese, auf der die Heiligen stehen, ist mit Blumen und Insekten bevölkert, die so exakt wiedergegeben sind, als seien es Darstellungen aus einem Biologiebuch.

Die tatsächliche, sicht- und fühlbare Beschaffenheit der Welt, die das Mittelalter wenig interessiert hat, gerät in den Blick der Künstler. Bald folgen die Naturwissenschaftler. Ein neues Zeitalter zieht herauf — die Renaissance.

Anbetung des Osterlamms. Aus dem Mittelteil des Genter Altars von Jan van Eyck, vollendet 1432.

Diesseits des Himmels

Zeitenwende: Während Konstantinopel unter dem Ansturm der Muslime fällt und fortan eine islamische Stadt ist, triumphiert im Rom der Päpste eine neue Weltanschauung, die Renaissance. Künste und Wissenschaften blühen auf, aber die Kirche verkommt zu einem Spielball der Macht.

Wir schreiben den 29. Mai 1453. Das über tausend Jahre alte Konstantinopel hat bis dahin nach den Berechnungen fleißiger Historiker genau 625 Belagerungen überstanden. Doch jetzt tobt hier eine Entscheidungsschlacht, die mit den vorangegangenen Angriffen nicht vergleichbar ist.

Zwischen Kampfeslärm und den Schreien der Verwundeten sind immer wieder die Alla-hu-akbar-Rufe der angreifenden Türken sowie Kirchenglocken und das Kyrie der griechischen Verteidiger zu hören. Schließlich, nach erbittertem Kampf, fällt die Stadt und mit ihr der letzte oströmische Kaiser, Konstantin XI.

Die Armee des Sultans Mohammed II. mit dem Beinamen „der Eroberer" nimmt die christliche Metropole am Bosporus ein und richtet ein verheerendes Blutbad an. Tausende werden erschlagen und ebenso viele in die Sklaverei verschleppt. Byzanz, das alte Konstantinopel, eine der ältesten Metropolen der christlichen Welt, ist von nun an eine islamische Stadt.

Vergeblich haben die Byzantiner ihre christlichen Brüder im Westen um Hilfe gebeten. Das christliche Abendland ist schon lange keine Einheit mehr. Ost- und Westkirche, Byzanz und Rom, stehen sich in vielen Fragen als erbitterte Gegner gegenüber.

Die Eroberung von Byzanz ist ein Meilenstein für das Osmanenreich, das seit Beginn des 14. Jahrhunderts stark expandiert. Das Tor nach Westen steht jetzt weit offen. In den folgenden zwanzig Jahren erobern die Türken die Balkanhalbinsel und alle wichtigen Gebiete am Schwarzen Meer. Das byzantinische Reich und die byzantinische Reichskirche sind am Ende.

Holzschnitt von Konstantinopel, um 1520.

Rechte Seite:
Die Erschaffung Adams.
Fresko von Michelangelo Buonarroti
in der Sixtinischen Kapelle.

Die zaghaften Bemühungen, den Vormarsch des Islam aufzuhalten, schlagen fehl. Eine formelle Kirchenunion zwischen Rom und Byzanz scheitert ebenso im Ansatz wie der Versuch der Päpste, eine neue Kreuzzugsbewegung ins Leben zu rufen. Zu sehr sind die europäischen Staaten und die Päpste in ihre jeweils eigene Politik verstrickt.

Damit ist auch die endgültige Trennung von westlichem und östlichem Christentum, von römischem Katholizismus und Orthodoxie besiegelt. Der orthodoxe Glaube bleibt von den Umwälzungen im Westen unberührt und bewahrt bis heute eine weit traditionellere Form des Christentums. Als Folge der Eroberung Konstantinopels durch das Osmanische Reich gewinnt die russische Kirche innerhalb der Orthodoxie immer mehr an Bedeutung. Moskau wird vielfach sogar als das „Dritte Rom" bezeichnet.

Das erste Rom aber, und mit ihm die gesamte westliche Welt, steht zu dieser Zeit vor einer Epochenwende. Gebäude, Plätze und Kunstwerke werden geschaffen, die bis heute das Bild des katholisch-päpstlichen Roms prägen. Im Zentrum dieser Entwicklung liegt der Vatikan mit der alles überragenden Peterskirche. Die Residenz der Päpste verwandelt sich innerhalb von drei Generationen in ein grandioses Gesamtkunstwerk.

Auch das Bild des Menschen erhält in dieser Epoche völlig neue Züge. Schriftsteller und Philosophen versuchen, ihn in seinem Verhältnis zur Welt und in seinem Verhältnis zu Gott neu zu definieren. Exemplarisch dafür steht „Die Erschaffung Adams", Michelangelos berühmtes Gemälde in der Sixtinischen Kapelle und eines der bedeutendsten Werke der christlichen Kunst überhaupt. Der Maler stellt darin die Erschaffung des ersten Menschen durch die Hand Gottes dar und verherrlicht darin gleichzeitig die Schönheit des sterblichen Leibes – so etwas hat es im Mittelalter nicht gegeben.

„Ich habe dich mitten in die Welt gesetzt, damit du um so leichter zu erblicken vermögest, was darin ist. Weder zum himmlischen noch zum irdischen, weder zum sterblichen, noch zum unsterblichen Wesen habe ich dich

Schreckensvision. Ausschnitt aus dem Isenheimer Altar von Matthias Grünewald.

geschaffen, so daß du als dein eigener Bildhauer dir selber deine Züge meißeln kannst".

Der Schriftsteller Pico della Mirandola formuliert diese Sätze, die wie ein programmatischer Titel über einer Epoche stehen, die seit dem 18. Jahrhundert auch als „Renaissance", das heißt „Wiedergeburt", bezeichnet wird. Was ist damit gemeint?

Die geistige Atmosphäre des späten Mittelalters ist von der Angst beherrscht. Überall lauert der Tod. In den Schreckensvisionen der Maler jener Zeit wird die dunkle Seite der menschlichen Existenz immer phantastischer ausgestaltet.

„Mitten im Leben sind wir vom Tod umfangen", heißt es in einem mittelalterlichen Choral. Dem entspricht die alltägliche Erfahrung der Menschen, die von Pestepidemien heimgesucht werden. Ohne Vorwarnung werden sie aus dem Leben gerissen, aus einem Leben, das die Vorstufe zur ewigen Seligkeit oder zur ewigen Verdammnis sein kann. Aber nie ist es mehr als eine Vorstufe. Auch die politische Situation am Anfang des 14. Jahrhunderts gibt den Menschen in Europa wenig Anlaß zur Hoffnung. Frankreich ist in einen Hundertjährigen Krieg mit England verstrickt, in England selbst verblutet praktisch der gesamte Adel im Kampf um den Thron. Spanien führt einen Dauerkrieg gegen die Araber. Das Deutsche Reich wird von Thronfolgekämpfen erschüttert, und immer wieder wütet die Pest.

Trotz der großen Katastrophen entwickelt sich aber vor allem in Italien ein bisher nicht gekannter Wohlstand. Treibende Kraft ist das städtische Bürgertum. Unbehelligt von fremden Mächten — insbesondere vom deutschen Kaiser, der Italien immer noch als Teil des

Die Laokoon-Gruppe. Griechische Plastik, um 50 vor Christus aus den Vatikanischen Museen.

Reiches betrachtet, aber mittlerweile zu schwach ist, um sich politisch noch durchzusetzen – entwickelt sich in den italienischen Stadtstaaten ein neues Selbstbewußtsein.

Italien besinnt sich auf seine eigene, große Tradition. Die Spuren der längst vergangenen Weltherrschaft, die Ruinen der römischen Städte und die noch erhaltenen Kunstwerke, all dies steht den Menschen vor Augen.

Jedes Überbleibsel, jede Spur der griechischen und römischen Antike weckt das Interesse der Zeitgenossen, wird erforscht, geradezu aufgesaugt. Die Suche nach Altertümern entwickelt sich zur Leidenschaft der Reichen und Gebildeten. Auf antiken Ruinenfeldern findet man Kunstwerke, deren Vollkommenheit erst jetzt wirklich gewürdigt wird: römische und griechische Skulpturen, der Apollo von Belvedere, die vatikanische Venus oder der Torso der Kleopatra. Auch die Päpste jener Zeit sind große Liebhaber römischer Kunst, wovon die umfangreiche Antikensammlung des Vatikan bis heute zeugt.

Die Hauptstadt dieses Geistes der Wiedergeburt ist jedoch Florenz. Hier häufen mächtige Adelsfamilien im Verlauf des 15.

Jahrhunderts einen enormen Reichtum an. Ihre Banken und großen Handelshäuser machen unvorstellbare Gewinne. Hier wird der moderne Kapitalismus geboren. Das zeigen nicht zuletzt auch die vielen italienischen Begriffe der Bankensprache, wie zum Beispiel „Giro", „Konto" oder „Bankrott", die bis in die Gegenwart erhalten geblieben sind.

Zum Synonym für den Reichtum und die Machtfülle der nun entstehenden Kaufmannsdynastien werden die Medici. Keine andere Familie der Zeit hat eine so ungewöhnliche Entwicklung gemacht wie das

**Blick auf den Dom
S. Maria del Fiore in Florenz.**

**Bild oben:
Villa Medicea di Poggio a Caiano.
Gemälde von Giusto Utens, 1599.**

Haus mit den sechs Kugeln im Wappen.

Begründer des neuen Zeitalters ist Cosimo de Medici (1389-1464), der durch den Orienthandel und das Alaun-Monopol reich wird. Alaun ist ein wichtiger Grundstoff für das Färber- und Gerbergewerbe. „Pater patriae" („Vater der Heimatstadt") nennen ihn die Florentiner ehrfurchtsvoll. Seine beiden Söhne Giovanni und Piero unterstützen den Vater erfolgreich in seinen Geschäften. Aber erst sein Enkel Lorenzo (1469-1492), der später den Beinamen „il Magnifico" („der Prächtige") erhält, führt die Dynastie auf ihren glanzvollen Höhepunkt an Macht und Reichtum. Die Medici werden zur größten Finanzmacht Europas.

Ihren schwindelerregenden Reichtum setzen sie unter anderem zur Förderung der Kunst ein und werden so die größten Kunstmäzene der Epoche — ja vielleicht aller Zeiten. Die weltberühmte „Galleria degli Uffizi", kurz „Uffizien" genannt, beherbergt bis heute die gewaltige Kunstsammlung der Medici. In den dort versammelten Gemälden läßt sich der geistige Wandel der Epoche am deutlichsten ablesen.

Noch im späten Mittelalter werden die Gegenstände nicht in ihren natürlichen Größenverhältnissen dargestellt, sondern nach ihrem symbolischen Rang. Ganz selbstverständlich erscheinen beispielsweise die Heiligen größer

David mit dem Haupt des Goliath. Bronzestatue von Donatello.

als einfache Menschen. Die mittelalterlichen Maler interessiert weniger die exakte Wiedergabe der physischen Welt als die Bedeutung des Dargestellten, die ewigen Wahrheiten hinter dem sichtbaren Bild, sozusagen der Maßstab Gottes.

In der Renaissance tritt diesbezüglich ein völliger Wandel ein. Jetzt bestimmt die Perspektive, also der Standpunkt des Malers zu den Gegenständen, und nicht mehr die Bedeutung des Dargestellten den Bildaufbau. Ein geistesgeschichtlicher Wandel von enormer Bedeutung.

Im Auftrag Cosimo de Medicis schafft der Künstler Donatello eine Davidstatue. Sie ist seit der Antike, also seit über tausend Jahren, die erste nackte, freistehende Statue des Abendlandes. Ein revolutionäres Kunstwerk — hinsichtlich seiner Vollkommenheit ebenso wie hinsichtlich seiner Kühnheit. Das Bild des neuen Menschen.

Die Renaissance wird auch als die Geburtsstunde des Individuums bezeichnet. Der Blick auf den Menschen verändert sich, er bekommt eine Sensibilität für etwas, was uns heute ganz selbstverständlich erscheint: für die unverwechselbare Eigenart der einzelnen Person. Das Mittelalter hat kaum Interesse an der Herkunft und Geschichte Einzelner. Spärlich gesät sind biographische Daten, selbst bedeutende Künstler sind uns häufig nicht namentlich bekannt. Man hat im Einzelnen immer nur den Sonderfall des Allgemeinen gesehen.

Dies alles ändert sich jetzt. Zum ersten Mal seit der Antike erhalten Porträts und Skulpturen wieder einen individuellen Ausdruck. Nicht nur in der Kunst, auch in anderen gesellschaftlichen Bereichen sind vergleichbare Prozesse zu beobachten. So hat der irdisch-wirkliche Mensch der Kunst sein Pendant in einem neuen Politikertypus, der in dieser Zeit auf den Plan tritt: der Tyrann. Seine Herrschaft ist nicht mehr im mittelalterlichen Sinn göttlich legitimiert, sondern einzig durch die Machtfülle, die er sich selbst angeeignet hat.

Niccolo Machiavelli heißt der große politische Theoretiker an der Schwelle zur Neuzeit. Er formuliert in seinem 1532 erscheinenden Werk „Il Principe" („Der Fürst") eine Theorie der Herrschaft, die sich weit von der mittelalterlichen Vorstellungswelt entfernt. Nicht das „Gottesgnadentum" des Herrschers ist die Grundlage seiner Herrschaft, sondern sein politisches Geschick. Und Zweck der Herrschaft ist nicht das Seelenheil der Untertanen, sondern die Aufrechterhaltung der politischen Ordnung, die Staatsräson, der alle anderen Beweggründe untergeordnet werden müssen — nicht zuletzt auch die Religion. Das Staatswesen ist eine organisatorische Aufgabe, keine religiöse. Das ist das außerordentlich Moderne an Machiavellis Ideen.

Seine Theorie mündet allerdings in der Verherrlichung des Tyrannen — aus der Erfahrung der Zeit heraus, daß nur ein starkes Machtzentrum in der Lage ist, politisches Chaos und Anarchie zu verhindern. Dennoch ist Machiavelli auch der erste große Entzauberer der Macht. Er zerstört den sakralen Nimbus des Herrschers und macht aus ihm einen Menschen aus Fleisch und Blut.

Die Päpste dieser Epoche — unbehindert von jeder Einmischung durch die europäischen

Beispiel eines Gelages in der Zeit der Renaissance. Das Gemälde „Hochzeit zu Kanaa" von Paolo Veronese.

Monarchen, die sich mit ganz anderen Problemen beschäftigen müssen – regieren vom Stuhl des Petrus herab ganz im Stil der neuen Zeit. Manche dieser Herren sieht man häufiger in Rüstung an der Spitze eines Heeres reiten als in liturgischen Gewändern am Altar stehen.

Die meisten der sogenannten „Renaissance-Päpste" haben mehrere uneheliche Kinder, an die sie bedenkenlos politische und kirchliche Ämter verschachern, sie machen Verwandte zu Kardinälen, sind in politische Intrigen bis hin zum Mord verwickelt – und sie geben enorme Mengen an Geld aus.

Die persönlichen Lebensverhältnisse dieser Päpste haben die Phantasie der Nachwelt mehr beschäftigt als jede andere Epoche der Kirchengeschichte. Selten war der Widerspruch zwischen Anspruch und Wirklichkeit des höchsten Priesteramtes der katholischen Kirche so extrem wie zu dieser Zeit. So feiert beispielsweise Papst Innozenz VIII. (1484–1492) in aller Öffentlichkeit die Hochzeit seines Sohnes mit einer Tochter aus dem Hause Medici. Ort dieses denkwürdigen Schauspiels ist der Vatikan.

Aber auch die Kardinäle stehen dem Nachfolger Petri nicht nach und überbieten sich mit rauschenden Festen:

„Die Gefäße und Geräte bei Tisch waren vergoldet, und an Zieraten wurden dabei über die Maßen viel aufgewandt. Und es wurde erzählt, daß der Kardinal für jede der Damen, die alle ein Zimmer für sich hatten, außer den anderen wertvollen Schmuckgegenständen auch ein vergoldetes Nachtgeschirr bereitgehalten habe."   Zeitgenössischer Bericht

Doch die Kirchenfürsten widmen sich neben solchen delikaten Kleinigkeiten auch einer skrupellosen Machtpolitik.

So berichten Zeitzeugen nicht nur von dem unvorstellbar verschwenderischen Luxusleben des achtundzwanzigjährigen Kardinals Pietro Riario, sondern auch von seiner außergewöhnlichen Gottlosigkeit und seiner diabolischen Mordgier.

Er plant zusammen mit Girolamo Riario – beide sind sie Neffen von Papst Sixtus IV. (1471–1484) –, die Medicibrüder Lorenzo und Giuliano aus dem Weg räumen, um die alleinige Herrschaft in Florenz übernehmen zu können.

Der Papst ist Mitwisser des Anschlags. In einer Äußerung, die er in diesem Zusammenhang gegenüber Girolamo gemacht haben soll, kommen Abscheu und Bewunderung gleichermaßen zum Ausdruck: „Tu sei una bestia" („Du bist ein Tier").

Am 26. April 1478 wird das Attentat ausgeführt – am Mittag, beim Hochamt in der Kathedrale. Die beiden Priester Maffei da Volterra und Stefano da Bagnone haben den Mordauftrag übernommen.

Das Wandlungsglöckchen erklingt. Alle Kirchenbesucher sind in Andacht versunken. Da stechen die beiden Priester zu. Sterbend fällt

Der Papst läßt sich malen. Filmszene.

Giuliano auf sein Gesicht. Lorenzo aber wird nur leicht am Hals verwundet.

Bevor Maffei da Volterra zustoßen kann, hat er versehentlich den Arm des knienden Mannes berührt. Blitzschnell dreht sich Lorenzo um, schlingt geistesgegenwärtig seinen Mantel um den Arm und kann den Dolchstoß abwehren. Dann flieht er über den Altar zur Sakristei. Als Sixtus IV. in Rom von dem mißglückten Attentat erfährt, schäumt er vor Wut – nicht wegen des Anschlags, sondern weil er mißlungen ist.

Daß der Name dieses Papstes der Nachwelt in Erinnerung geblieben ist, ist aber nicht seiner Skrupellosigkeit zu verdanken, sondern einem berühmten Bauwerk, das bis heute seinen Namen trägt. Die Sixtinische Kapelle mit den später entstandenen Fresken Michelangelos ist bis heute ein einzigartiger Höhepunkt christlicher Kunst.

Welch ein Widerspruch! Nie ist das Papsttum weiter von den ursprünglichen Idealen des Christentums entfernt als in dieser Epoche und doch hinterläßt es einzigartige Denkmäler christlicher Kultur.

Die Tatsache, daß die Kirche im Zeitalter der Renaissance weitgehend frei ist vom politischen Druck europäischer Monarchen beschert ihr viele Freiheiten. Auch die Wahl des Papstes durch das sogenannte Konklave, das Kollegium der Kardinäle, könnte nun endlich eine echte Wahl ohne politische Einmischung sein.

Doch jetzt zeigt sich, daß in diesem Verfahren eine ganz andere Gefahr liegt.

Die Kardinalswürde ist ein Amt, das größte Begehrlichkeiten weckt. Und so verwundert

Inbegriff eines Renaissancepapstes: Alexander VI. Fresko von Bernadino Pinturicchio, 1492/95.

es angesichts des Zustandes der Kirchenführung wenig, daß sowohl die Kardinalswürde als auch die Papstwahl selbst oftmals erkauft werden.

Pius IV., der seine päpstliche Würde auch nicht ohne Bestechung erhalten hat, vervollkommnet diese Ämterkäuflichkeit bis zur Perfektion. Von der Kardinalsernennung bis hinunter zu den kleinsten Gnaden und Bewilligungen, alles muß bezahlt werden, und so gehören Korruption, Bestechlichkeit und Intrigen zum Alltagsgeschäft im Vatikan.

Der Ämterschacher wird von einer weiteren Erscheinung begleitet, dem „Nepotismus", also der Vetternwirtschaft. Da die päpstlichen Würden und Privilegien nicht direkt vom Vater auf seine Nachkommen übergehen können, wird mit allen Mitteln versucht, die Papstwürde in der Familie zu halten und sie wenigstens auf die Neffen zu übertragen. So zum Beispiel im Fall von Giovanni de Medici. Er ist ein Neffe des Papstes, was nicht weiter ungewöhnlich ist. Aber selbst für damalige Verhältnisse überraschend ist das Alter des Würdenträgers. Bereits mit acht Jahren empfängt er die niederen Weihen. Als Zwölfjähriger wird er Abt des Benediktinerklosters Monte Cassino und mit vierzehn Jahren wird er Mitglied des Kardinalskollegiums, das ihn 23 Jahre später als Leo X. zum Papst wählt.

Wer nun vermutet, daß damit der Höhepunkt dieses Gemischs aus Korruption, Betrug, Verrat und Mord erreicht ist, der sieht sich getäuscht. Während sich Sixtus IV. durch den Totalausverkauf aller geistlichen Würden Geld beschafft hat, gründet sein Nachfolger Innozenz VIII. zusammen mit seinem Sohn Franceschetto eine Bank, bei der gegen Zahlung von hohen Gebühren ein Generalpardon für Mord und Totschlag zu haben ist. Das Unternehmen floriert. In Italien wimmelt es in dieser Zeit von protegierten und nichtprotegierten Mördern. Von den Gebühren für jeden Generalpardon gehen 150 Dukaten an die päpstliche Kammer, den Rest erhält Franceschetto.

Nach dem Tod von Innozenz VIII. gelangt

Cesare und Lukrezia mit Alexander VI. Filmszene.

schließlich ein Mann auf den Stuhl Petri, der zum vollkommenen Inbegriff des Renaissancepapsttums wird: Rodrigo Borgia, genannt Alexander VI. (1492-1503).

Schon in seiner Zeit als junger Kardinal erregt sein Lebenswandel so viel Aufsehen, daß sein Onkel, Papst Pius II. (1458-1464), sich bemüßigt fühlt, einen tadelnden Brief an ihn zu richten.

„Geliebter Sohn, Wir haben gehört, daß vor vier Tagen einige Damen aus Siena, herausgeputzt mit allem Tand der eitlen Welt, in den Gärten des Giovanni dei Bichis zusammenkamen, und daß Du von der siebzehnten bis zur zweiundzwanzigsten Stunde bei ihnen weiltest. Die Scham verbietet es zu sagen, was dort alles getrieben wurde. Die Gatten, Väter, Brüder und Verwandten, die mit den jungen Frauen gekommen waren, wurden nicht eingelassen, damit ihr Euch ungestört vergnügen konntet. Man sagt, daß heute in Siena von nichts anderem gesprochen wird, als von jener Orgie."

Immer wieder wird in älteren und auch neueren Texten, die sich mit Alexander VI. beschäftigen, seine besondere Verderbtheit betont. Dabei ist der Borgiapapst nicht schlimmer als viele seiner Vorgänger. Er handelt nur klüger und konsequenter, kennt aus seinen früheren Ämtern die möglichen Geldquellen besser und kann sie besser nutzen.

Im Vatikanischen Archiv ruhen zahlreiche Dokumente, die zeigen, daß sich Alexander VI. am Anfang seines Pontifikats durchaus als kluger Regent zeigt. Er beseitigt notorische Mißstände im Gerichtswesen und organisiert eine schlagkräftige Polizeitruppe. In Rom lebte man unter seiner Ägide seit langer Zeit wieder ruhig und zufrieden.

In Dokumenten des Historikers Comines ist auch nachzulesen, daß Alexander VI. im Vergleich zu Ferdinand, König von Neapel, als relativ gemäßigt gelten kann. Der König ist zu dieser Zeit der mit Abstand grausamste und habgierigste aller Herrscher.

Eines allerdings ist bei Alexander VI. auffällig: die fast sklavische Liebe zu seinen Kindern. Besonders die Abhängigkeit von seinem Sohn Cesare erweist sich als verhängnisvoll. Cesare isoliert den Vater, indem er den Bruder, den Schwager, andere Verwandte und Höflinge entweder selbst ermordet oder ermorden läßt, sobald ihm deren Gunst beim Papst oder ihre sonstige Stellung unbequem wird. Alexander muß sogar in die Ermordung seines geliebtesten Sohnes, des Duca di Gandia, einwilligen, weil er selber vor Cesare zittert und um sein Leben fürchten muß.

Auch die skandalumwobene Lucrezia ist nur ein Spielball in den Händen ihres Bruders, der Herr des Kirchenstaates werden will, koste es, was es wolle. Lucrezias erste Ehe wird aus politischen Gründen geschieden. Den zweiten Ehemann, einen unehelichen Sohn des Königs von Neapel, läßt Cesare ermorden, weil er die Schwester für eine neue

Cesare Borgia. Zeitgenössisches Gemälde.

Verbindung braucht. Als sie schließlich Alfonso d'Este, den Herzog von Ferrara, heiratet, wird ihr Leben ruhiger. Zwanzig Jahre lang wird sie als verantwortungsvolle Herzogin von ihrem Volk geliebt und geehrt. Doch nicht nur das Haupt, auch die Glieder der großen Kirche bieten in dieser Zeit ein Bild, das kaum mit der christlichen Lehre in Einklang zu bringen ist. Vor allem der Zustand der Klöster und das Verhalten vieler Wanderprediger erregt Unwillen. Salernitano Masuccio beschreibt das Treiben dieser Wandermönche eindrucksvoll.

Lukrezia und Alfonso d'Este. Filmszene.

„Sie stellen sich als Heilige dar und tun Wunder, wobei der eine das Gewand von S. Vincenzo, der andere die Schrift des S. Bernardino vorzeigt. Andere bestellen sich einen Helfershelfer, der, scheinbar blind oder todkrank, durch Berührung einer Kutte oder der mitgebrachten Reliquie plötzlich mitten im Volksgewühl geheilt wird; dann läutet man die Glocken und nimmt lange, feierliche Protokolle auf. Alles reine Komödie. Der Mönch mit seinen Helfershelfern sammelt so viel Geld, daß er von einem Kardinal ein Bistum kaufen kann, wo sie nun gemächlich leben.

Es gäbe keine bessere Züchtigung für sie, als wenn Gott recht bald das Fegefeuer aufhöbe; dann könnten sie nicht mehr von ergaunerten Almosen leben, sondern müßten wieder zur Hacke greifen."

Genau das war auch die Auffassung des Dominikanermönchs Girolamo Savonarola (1452-1498) aus Florenz. Er attackiert

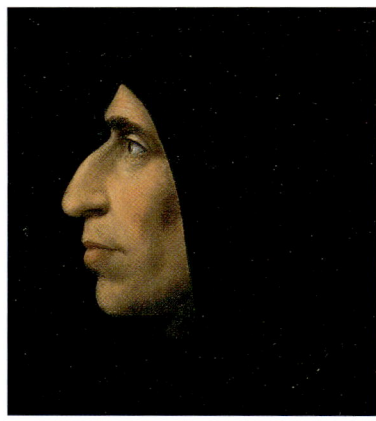

Girolamo Savonarola.
Gemälde von Fra Bartolomeo, um 1498.

den allgemeinen Sündenverfall in der Kirche und in der Renaissancegesellschaft auf das schärfste. Unter dem Eindruck seiner wohlformulierten, ausgefeilten Predigten, seiner charismatischen Persönlichkeit und seines strengen asketischen Lebenswandels reformiert sich zunächst sein eigenes Kloster, San Marco in Florenz.

Savonarolas große Stunde kommt, als der französische König Karl VIII. mit einem Heer in Italien einfällt. Die Medici werden vorübergehend aus Florenz vertrieben, und so kann der radikale Reformer für die Dauer von einigen Jahren die Macht an sich reißen.

Der Dominikaner will eine Theokratie errichten, eine Gottesherrschaft, in der sich alles in seliger Demut vor dem Allerhöchsten

Die Sintflut. Fresko von Michelangelo Buonarroti in der Sixtinischen Kapelle.

beugt. Der Mensch soll sich nur noch mit Dingen abgeben, die dem Seelenheil dienen, und auf Kommerz, Luxus und Bildung verzichten. In drastischen Worten und Bildern führt der florentinische Bußprediger den Menschen den zornigen Gott des Alten Testaments vor Augen.

Die Stadt hört auf den Dominikaner, weiht sich Christus und ernennt den Mönch zum König von Florenz.

„Oh Italien, oh Florenz, um deiner Sünden willen brechen die Trübsale über dich herein. Oh ihr Vornehmen, ihr Mächtigen, ihr Leute aus dem Volk! Die Hand Gottes ist über euch und keine Macht der Welt, keine Flucht, keine Weisheit mag ihr zu widerstehen. Tut Buße ...“

Savonarolas eindringliche Warnungen vor einem Strafgericht Gottes bleiben nicht ohne Wirkung. Am letzten Karnevalstag des Jahres 1497 errichten die Bürger von Florenz einen „Scheiterhaufen der Eitelkeit". Dort verbrennen sie alles, was ihnen vorher so wichtig gewesen ist: Larven, falsche Bärte, Masken und Kleider; Bücher der lateinischen und italienischen Dichter: Pulci, Boccaccio, Petrarca; unersetzliche Pergamentdrucke und Miniaturen; Parfüms, Spiegel, Schleier, Musikinstrumente, Spielkarten, Schachbretter, und schließlich, mit ganz „besonderer Freude", Gemälde weiblicher Schönheiten.

Der Bußenthusiasmus dauert jedoch nicht lange an. Die verwöhnten Florentiner ertragen die immer radikaleren Forderungen Savonarolas bald nicht mehr und verweigern ihm den Gehorsam.

Daraufhin greift der Dominikaner, besessen von seiner Idee eines Gemeinwesens, das ausschließlich auf biblischen Prinzipien beruht, zu diktatorischen Polizeimaßnahmen.

Er organisiert Scharen von Halbwüchsigen, die unter dem Schutz von Schlägertruppen in Häuser eindringen und dort alles zerstören, was nur im Geringsten nach Luxus aussieht.

Damit verscherzt sich der Mönch auch die letzten Sympathien. Viele seiner Anhänger verlassen ihn, und schließlich spricht Papst Alexander VI. die Exkommunikation aus. Die Stadtregierung läßt Savonarola verhaften und erpreßt durch grausame Folter den Widerruf seiner Lehren.

Am 22. Mai 1498 vollzieht sich auf der Piazza della Signoria im Herzen von Florenz der letzte Akt des Dramas: Savonarola wird

Hinrichtung Savonarolas auf der Piazza della Signoria. Zeitgenössisches Gemälde.

Blick in die Kuppel des Petersdoms, entworfen von Michelangelo Buonarroti, vollendet 1593 durch Giacomo della Porta.

Rechte Seite: Das Abendmahl von Leonardo da Vinci, 1495-97.

zusammen mit zwei Mitstreitern erhängt. Anschließend werden die Leichen verbrannt. In der Gestalt Savonarolas flackert eine radikale Form des Widerstandes gegen den verweltlichten Zustand der Kirche auf. Doch trotz seiner radikalen Kritik bleibt Savonarola jederzeit Katholik. Ein Widerspruch zum Dogma wäre für ihn niemals in Frage gekommen. Luther hat ihn für seine Konsequenz bewundert, und der Dominikanerorden setzt sich bis heute für seine Heiligsprechung ein.

Mit dem Tod Savonarolas hat sich das Papsttum zunächst einmal gegen seine Kritiker behauptet. In völliger Verkennung des Sturms, der sich über dem Haus des Herrn zusammenbraut, widmen sich die Nachfolger Petri auch weiterhin lieber der Kunst als der Seelsorge. Zum Entsetzen der Christenheit läßt Papst Julius II. (1503-1513) im Jahr 1506 die alte, konstantinische Petersbasilika abreißen. Sie soll durch eine neue ersetzt werden, die alles bisher Dagewesene in den Schatten stellt.

Höhepunkt des Bauwerks ist die Dachkonstruktion, eine freitragende Kuppel von über 42 Metern Durchmesser. Die bautechnischen Probleme sind enorm. Mehrere Architekten, allesamt Koryphäen auf ihrem Gebiet, versuchen sich an diesem Projekt. Bramante zuerst, später Raffael und Peruzzi. Erst Michelangelo findet eine Lösung, und er findet sie nur wenige hundert Kilometer nördlich von Rom, in Florenz: die doppelte Kuppelschale, die schon zu Beginn des 15. Jahrhunderts von Filippo Brunelleschi bei der Konstruktion des Doms Santa Maria del Fiore entwickelt worden ist. Eine einzige Schale hätte das enorme Gewicht nicht tragen können.

St. Peter ist die prachtvollste und berühmteste Kirche der Christenheit, über die der französische Autor Stendhal sagt, sie sei schlichtweg die Vollendung der Kunst. Und auch der

protestantische Dichter Friedrich Schiller kommt bei ihrem Anblick ins Schwärmen:

„Ein wahrhaft Reich des Himmels ist sein Haus. Denn nicht von dieser Welt sind diese Formen."

Bis der Neubau jedoch vollendet ist, stehen nicht nur die Baumeister vor gewaltigen Problemen, sondern auch die päpstlichen Bauherren, die für die unvorstellbaren Kosten aufkommen müssen. Zu diesem Zweck erläßt Papst Leo X. (1513-1521), der schon oben erwähnte Giovanni de Medici, auf dem fünften Laterankonzil (1512-1517) eine Konstitution zum Schutz der Unsterblichkeit und Individualität der Seele.

Ab sofort können begangene und noch zu begehende Sünden für Geld getilgt werden. Mit dieser Konstitution hat der bereits florierende Ablaßhandel eine neue Dimension erhalten. Die große Masse des Volkes empfindet jedoch nichts Ungewöhnliches bei dieser Regelung, im Gegenteil. Die Menschen sind fest davon überzeugt, daß durch den erworbenen Ablaß die eigene Sündenlast und die der toten Anverwandten leichter wird. Insofern kommt Leo X. auch dem verständlichen Bedürfnis der Gläubigen entgegen, die ihr Seelenheil sichern wollen und bereit sind, dafür einen hohen Preis zu bezahlen.

Trotzdem wächst der innerkirchliche Widerstand gegen die Ablaßpraxis, die mit christlichen Glaubensvorstellungen kaum noch vereinbar ist.

Vor allem nördlich der Alpen entsteht Unruhe. Bis nach Rom dringen die Nachrichten von einem gewissen Martin Luther, einem Augustinermönch, der in Wittenberg gegen die päpstliche Ablaßpraxis opponiert und sich auf der in der Nähe von Eisenach gelegenen Wartburg daran macht, die Bibel ins Deutsche zu übertragen.

Doch im Vatikan bleibt man gelassen. „Laßt uns ein frohes Papsttum leben, da Gott es uns einmal gegeben", soll Leo X. bei seiner Einsetzung im Jahr 1513 gesagt haben. Er ist ein Renaissancemensch par excellence: genußsüchtig und mit einem erlesenen Geschmack, gleichzeitig aber auch skrupellos und verschwendungssüchtig.

Er lebt seinen ureigenen Renaissancetraum, umgibt sich mit Malern, Bildhauern und Poeten, läßt das antike Rom vermessen und teilweise ausgraben und gibt Unsummen für den Neubau des Petersdoms aus. Für ihn malt Raffael (1483-1520) die Stanzen in den vatikanischen Repräsentationsräumen, für ihn plant er die neue Universität, die „Sapienza", die ebenfalls Unsummen verschlingt. Das Geld wird unter anderem auch dafür gebraucht, berühmte Professoren von

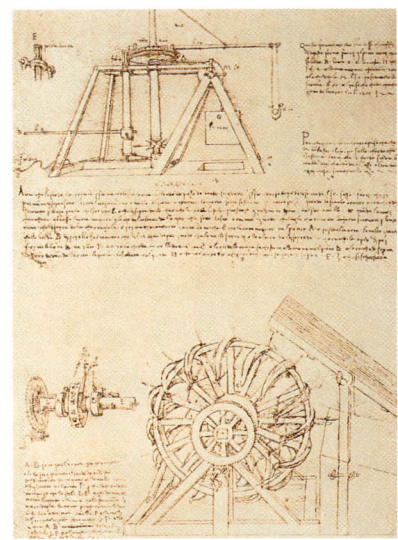

Steinschleuder und Armbrust-maschinerie. Zeichnungen von Leonardo da Vinci.

anderen Universitäten abzuwerben.

Der Papst will die Wissenschaft fördern, will ihr neue Wege und Horizonte öffnen. Während bisher das Wissen von der Welt und ihrer Beschaffenheit auf theoretischen Lehren fußt, kommt man nun immer häufiger zu Ergebnissen, die auf Beobachtungen, Berechnungen und Experimenten basieren.

Es ist das Zeitalter der Erfinder, Entdecker und Experimentierer auf allen Gebieten, das Zeitalter der Universalgenies. Maler sind zugleich Bildhauer, Ingenieure, Architekten, Chemiker und Anatome. Der berühmteste unter ihnen heißt Leonardo (1452-1519) und stammt aus der Stadt Vinci.

Schon allein als Schöpfer des Gemäldes vom Abendmahl Jesu mit seinen Jüngern, das heute in der Mailänder Kirche Santa Maria delle Grazie zu besichtigen ist, hätte er Weltruhm erlangt.

In Venedig wurde früh die Bedeutung neuer Erfindungen erkannt.
Blick auf den Dogenpalast. Gemälde von Gaspar Van Wittel, 1697.

Aber Leonardo ist nicht nur Maler. Seine Leidenschaft gilt allen Wissensgebieten der damaligen Welt. Er seziert Leichen und beschreibt akribisch, wie das Innere des menschlichen Körpers aufgebaut ist. Er konstruiert Belagerungsmaschinen, Kanonen, Pumpen und Flugapparate. Manches davon ist ohne praktische Bedeutung, anderes aber läßt sich umsetzen und anwenden.

In der Person Leonardos wird noch einmal das Wesen der Renaissance deutlich: die Wiedergeburt eines Interesses an der Beschaffenheit der Welt, einer Neugierde auf Unbekanntes, einer Faszination an der praktischen Umsetzung von Ideen.

In Venedig erkennt man die Bedeutung neuer Erfindungen schnell und verabschiedet ein Gesetz für Patente:

„Zum Schutz der Interessen jener scharfsinnigen Köpfe, die es verstehen, mancherlei sinnvolle und kunstreiche Gegenstände auszudenken und zu erfinden."

Natürlich geht es dabei in erster Linie um die Stärkung kommerzieller Interessen, um das wirtschaftliche Monopol, denn das Gesetz verlangt, daß die geschützten Patente für die Gesellschaft von Nutzen sein müssen.

Die meisten Patente in Venedig werden – es klingt nicht weiter verwunderlich – für Entwicklungen auf dem Gebiet der Wasserhebung vergeben. Wasserpumpen lassen sich aber nicht nur zur Rettung vollgelaufener Kellerräume einsetzen, sondern auch zur Entwässerung überfluteter Bergwerksstollen. So ermöglichen sie die Ausweitung des Erz- oder Kohleabbaus.

Auch die Medizin entwickelt sich weiter. Andreas Velasius veröffentlicht seine „Sieben

Universalkompaß von Nikolaus Rensperger, 1568 und erste dosenförmige Taschenuhr von Peter Henlein, hergestellt 1510.

Bücher über die Zusammensetzung des menschlichen Körpers" („De Humani corporis fabrica libri septem"), ein Werk, das erstmals in der Geschichte des Abendlandes Ergebnisse objektiver, experimenteller Forschungen in der Anatomie publiziert.

Dann entsteht die erste Sternwarte. Es folgen der erste Globus, die erste Taschenuhr, die ersten Radschloßgewehre, die ersten Lehrbücher der Rechenkunst, der erste Kompaß und vieles andere mehr.

Die bahnbrechendsten Entdeckungen aber werden auf dem Gebiet der Astronomie gemacht. Nikolaus Kopernikus (1473-1543) stellt in seinem sechsbändigen Werk „De revolutionibus orbium coelestium" („Über die Umläufe der Himmelskörper") die Theorie auf, daß Sonne und Fixsterne unbeweglich sind und daß sich die Erde um die Sonne und gleichzeitig um die eigene Achse dreht.

Für die Kirche ist diese Entdeckung die reine Blasphemie. Die Erde als ein Stern unter anderen, verloren in den unendlichen Weiten des Alls? Das scheint unvereinbar

mit dem göttlichen Heils-
plan. Gottes Sohn, gebo-
ren auf irgendeinem belie-
bigen Planeten? Unmög-
lich!

Kopernikus ist zwar der
erste, der das überlieferte
geozentrische Weltbild ins
Wanken bringt. Doch ist
der Name eines anderen
Wissenschaftlers sehr viel
stärker mit dieser umwäl-
zenden Entdeckung ver-
bunden, obwohl er hun-

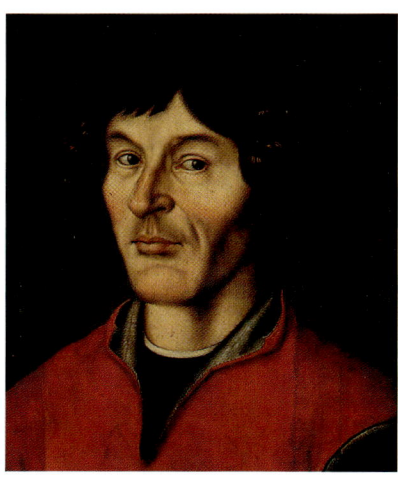

Nikolaus Kopernikus, gemalt 1575.

dert Jahre später gelebt hat. Das Schicksal
dieses Mannes ist geradezu zum Inbegriff
für die jahrhundertelange Auseinandersetzung zwischen moderner Wissenschaft und
christlicher Kirche geworden. Sein Name lautet Galileo Galilei (1564-1642).

Alles beginnt mit einem unscheinbaren Experiment. Galilei läßt Steine vom schiefen
Turm in Pisa fallen. Eigentlich studiert er nur
das Gesetz des Freien Falls – am Ende aber
bringt er das ganze bestehende Weltbild ins
Wanken.

Unter Berufung auf Aristoteles lehren die
mittelalterlichen Theologen, daß es die Natur eines jeden Körpers sei, zu liegen. Jedes
Ding hat einen natürlichen Ort. Deshalb fällt
der Stein zu Boden. So ist das gesamte Universum ein festgefügtes Gebilde. Jede physi-
kalische Bewegung, so folgert man, benötigt
eine unterstützende Kraft, und niemand anders als Gott selbst ist der Ursprung dieser
Kraft. Ohne sie bleibt der bewegte Körper
stehen.

Galileis Entdeckung der
Beschleunigung führt ihn
dagegen zu der Überle-
gung, daß der Zustand ei-
nes Körpers das Ergebnis
verschiedener, aufeinander
einwirkender Kräfte ist.
Eine Erkenntnis, deren Bedeutung für die damalige
Zeit gar nicht hoch genug
eingeschätzt werden kann.
Und doch bleibt Galilei bei
diesen grundsätzlichen Er-
kenntnissen über die Me-
chanik der Körper nicht stehen. Er tut einen
weiteren gewaltigen Schritt, der ihn über die
Grenzen des Planeten hinausführt. Könnte

Der schiefe Turm von Pisa. Aquatinta von G. Carocci.

**Wissenschaftliche Instrumente
aus dem Besitz Galileis,
darunter Teleskop,
Magnetkompaß, Pendeluhr.**

es sein, daß die festgestellten Gesetzmäßigkeiten nicht nur auf der Erde, sondern auch in den unendlichen Weiten des Alls Gültigkeit haben?

Galilei baut eine neuartige holländische Erfindung nach, ein Fernrohr, und beginnt mit der Beobachtung des Himmels. Dabei entdeckt er unter anderem die Gebirgslandschaft des Mondes, die ersten vier Jupitermonde, die bis heute nach ihm benannt sind, die Ringe des Saturn und die Sonnenflecken.

Er reist nach Rom, um seine Entdeckungen Papst Paul V. zu erläutern, hütet sich aber davor, Bezüge zu Kopernikus herzustellen. Trotzdem wird er vom „Heiligen Offizium", der Inquisition, überwacht. Der oberste Ankläger, Kardinal Bellarmin, läßt sich ein Gutachten über Galileis Behauptungen machen.

Mehrfach wird er davor gewarnt, öffentlich für die kopernikanische These der doppelten Erdbewegung einzutreten. Diese Lehre sei mit den biblischen Schriften nicht in Einklang zu bringen. Somit würde er automatisch zum Häretiker und sein Leben wäre gefährdet.

Doch Galilei läßt sich nicht beirren. Im Jahr 1632 veröffentlicht er den „Dialog", ein Werk, das seinen weltweiten Ruhm begründet und zu seinem Verhängnis wird, denn seine Erkenntnisse bestätigen Kopernikus.

Die Inquisition klagt ihn an, und der Papst verfügt die Folter, falls Galilei nicht widerruft. Bis heute ist die Stätte des Verhörs in der Sakristei der Kirche Santa Maria sopra Minerva in Rom zu besichtigen.

Am 22. Juni 1633 nimmt Galilei seine zu hundert Prozent bewiesenen Erkenntnisse pauschal zurück. „Und sie bewegt sich doch", soll er am Schluß der Verhandlung geflüstert haben. Aber das ist nichts als ein Gerücht. Niemand hat diesen Satz in irgendeiner Weise belegt.

Historisch gesehen gehört Galilei schon in eine spätere Zeit als die Renaissance, doch er fußt in dieser Epoche. Das 16. Jahrhundert hat ein Wissen von der Welt hervorgebracht, das sich von den

Start von „Gemini II".

traditionellen Überlieferungen, von den Raum- und Zeitvorstellungen der Bibel und der frühen Kirche entfernt. Wahrheit bedeutet nicht länger „identisch mit den Glaubensinhalten", sondern heißt von nun an „in Übereinstimmung mit der Erfahrung". Die Kirche empfindet diese Entwicklung — verständlicherweise — zunächst als Bedrohung des Glaubens. Erst allmählich wird sie lernen, daß der christliche Glaube neben und mit den verschiedensten Anschauungsformen der Welt existieren kann.

Der Fall Galilei ist eine der berühmtesten Auseinandersetzungen zwischen kirchlicher Lehre und naturwissenschaftlicher Entwicklung. Jahrhunderte später wird der „Fall Darwin" ähnliche Wellen schlagen.

Doch am Ende des 20. Jahrhunderts hat die Kirche ihren Frieden mit den Theorien Galileis gemacht. Papst Johannes Paul II. erklärt im Jahr 1992 sogar die Verurteilung Galileis für ungerechtfertigt. Außerdem besitzt der Vatikan eine eigene Sternwarte, deren Mitglieder sich ganz selbstverständlich auf dem neuesten Stand der astronomischen Forschung bewegen. Die Kirche hat erkannt, daß die immer genaueren Einblicke, die wir in die überwältigende Dimension und Komplexität der uns umgebenden Welt gewinnen, gar nicht gegen den christlichen Glauben gerichtet sind. Sie schärfen nur den Blick auf die Frage, deren Antwort die Wissenschaft uns schuldig bleiben muß: die Frage nach dem Woher und Wohin.

„Ich habe dich mitten in die Welt gesetzt, damit du um so leichter erblicken vermöget, was darin ist."

Diese Worte läßt der Dichter Pico della Mirandola Gott zu dem neuen Menschen der Renaissance sprechen.

„Du kannst zum Tier entarten, aber du kannst dich auch aus dem freien Willen deines Geistes zum gottähnlichen Wesen wiedergebären."

Die Menschen der Renaissance beginnen, das Buch der Natur zu entziffern. Im Laufe dieses Prozesses, der auch heute noch lange nicht abgeschlossen ist, werden ihnen Kräfte gigantischen Ausmaßes an die Hand gegeben. Ob man damit der menschlichen Bestimmung näherkommt oder sie gerade dadurch verfehlt — diese Frage werden erst zukünftige Generationen beantworten können.

Allein der Glaube

Um in Rom den Bau des Petersdoms zu finanzieren,
verkaufen päpstliche Prediger in Deutschland Ablaßbriefe.
Der Widerstand eines sächsischen Mönchs gegen den Mißbrauch
kirchlicher Macht weitet sich zu einem Flächenbrand aus,
der die Einheit der Kirche zerstört.

Am 6. Juli 1415 wird der tschechische Reformator Johannes Hus – trotz des von König Sigismund zugesicherten freien Geleits – auf dem Konzil von Konstanz zum Tode verurteilt. Die Strafe wird direkt im Anschluß an das Urteil vollzogen. Die Legende besagt, daß Hus, dessen Name übersetzt „Gans" bedeutet, folgende letzte Worte an seine Peiniger gerichtet haben soll:

„Eine Gans bratet ihr heute. Hört aber, ein Schwan wird kommen in hundert Jahren, der wird euch ein lauteres Liedlein singen!"

Gut hundert Jahre später, am 31. Oktober 1517, verfaßt ein unbekannter Mönch und Professor für Bibelauslegung an der theologischen Fakultät der Universität Wittenberg 95 Thesen gegen das Ablaßunwesen. Ein reformatorischer Ansatz, gewiß, aber eigentlich eine unspektakuläre Aktion. Was für eine Gefahr kann von dem 33jährigen Augustinermönch Martinus Luther schon ausgehen? Wie soll dieses Stück Papier, angeheftet an die Tür der Wittenberger Schloßkirche, der Anfang vom Ende der Einheitskirche werden?

**Luther als Augustinermönch.
Kupferstich von Lucas Cranach, 1521.**

Martin Luther artikuliert mit diesen Thesen seinen Abscheu gegenüber den gängigen Ablaßpraktiken. Außerdem will er Freunde und Kollegen zur Diskussion auffordern, will sich mit seinen Überlegungen der Öffentlichkeit und der Auseinandersetzung stellen. Daher schickt er das Papier auch direkt an Erzbischof Albrecht von Mainz, der das alleinige Recht auf den Ablaßhandel im Magdeburgischen besitzt.

Luthers Thesen sind das Ergebnis seiner theologischen Überlegungen, aber genauso auch das Ergebnis seines Lebensweges, der von einer vehementen Suche nach der Frage, wie der Mensch vor dem Gericht Gottes bestehen kann („Wie finde ich einen gnädigen Gott?") gekennzeichnet ist. Martin Luther wird am 10. November 1483 in Eisleben geboren. Nach dem Wunsch des Vaters soll der junge Mann Jura studieren und eine bürgerliche Karriere anstreben. Er selbst ist sich jedoch im Unklaren, welchen Weg er einschlagen soll:

„Da ich zu Erfurt in der Hochschule angefangen hatte zu studieren, und dabei soviel gefaßt hatte,

daß ich Magister geworden war, hätte ich daselbst unterrichten können oder aber hätte fortfahren mögen, weiter zu studieren. Aber ich zweifelte."

Am Nachmittag des 2. Juli 1505 hat Luther ein Erlebnis, das seine Zweifel bestätigt und sein gesamtes Leben verändert. Auf dem Weg in seine Universitätsstadt Erfurt gerät er auf freiem Feld bei Stotternheim in ein schweres Gewitter. Ganz in der Nähe schlägt ein Blitz ein, und von der Wucht des Einschlags wird der junge Martinus bäuchlings auf eine steinerne Grabplatte geschleudert. In seiner Verzweiflung und Todesangst gelobt er, daß er im Fall seiner Errettung einem Kloster beitreten wolle.

„So verließ ich meine Eltern, meine Lehrer und Freunde und begab mich wider ihrer aller Willen in das Kloster und zog mir eine Kutte an. Denn ich glaubte, ich würde im Mönchsstande und mit solcher harten, sauren Arbeit Gott einen größern Dienst tun."

Es ist fast eine Ironie der Geschichte, daß der Mann, der später – wenn auch absolut ungewollt – die Spaltung der römischen Kirche auslösen sollte, sein Mönchsgelübde auf dem Grab des Johannes Zacharias ablegt, den die Augustiner als Retter der kirchlichen Einheit betrachten. Er war einer der Kirchenmänner, die auf dem Konzil in Konstanz das Verfahren gegen Hus eingeleitet haben.

Die Regeln der Augustinereremiten, in deren Erfurter Kloster Luther eintritt, sind streng. Das tägliche Leben der Mönche ist von großer Gottesfurcht geprägt. Im Bewußtsein ihrer Sündhaftigkeit legen sich die meisten Brüder zusätzliche Bußübungen auf. Viele hoffen, das Seelenheil durch die rücksichtslose Kasteiung ihres Körpers erlangen

Eintrag Luthers in den Registern der Universität Erfurt, 1505. „M. Martinus Luder ex Mansfeldt". Rot unterstrichen.

zu können. Die selbstquälerischen Praktiken fordern regelmäßig ihre Opfer, und so liegt die durchschnittliche Lebenserwartung der Mitglieder in diesem Orden bei dreißig Jahren.

Luther selbst berichtet über seine Klosterzeit:

„Unsere Herzen waren so von dem Mönchsleben eingenommen, daß wir dasselbe allein für den Weg zur Seligkeit hielten. ... Wahr ist's, ein frommer Mönch bin ich gewesen und habe so streng die Ordensregeln beachtet, daß ich sagen darf: Ist je ein Mönch in den Himmel gekommen durch Möncherei, so wollte ich auch hineingekommen sein."

Immer wieder wird ihm seine sündhafte Unzulänglichkeit vor Gott und die große Macht der Sünde bewußt, von der er sich selbst nicht

**Das Lutherhaus in Wittenberg.
Ehemals Augustinereremitenkloster,
1508 bis 1546 Wohnhaus Martin Luthers.**

beginnende Renaissance hat der deutsche Mönch keinen Blick. Allerdings mißfällt ihm der respektlose Umgang mit den Pilgern und die Gebühren, die er vor dem Betreten der Heiligtümer entrichten muß.

„Ich hätte nicht geglaubt, daß das Papsttum ein so großer Greuel sei, wenn ich es nicht selbst gesehen hätte."

befreien kann. So geht Luther, von Skrupeln getrieben, nach jeder kleinsten Anfechtung zur Beichte, oft mehrere Male am Tag. Er durchlebt zahlreiche tiefe Krisen und fühlt sich hilflos.

„Denn wo nur eine kleine Anfechtung kam von Tod oder Sünde, so fiel ich um und fand weder Taufe noch Möncherei, die mir helfen konnten. ... Da war ich der elendste Mensch auf Erden, Tag und Nacht war da eitel Heulen und Verzweifeln."

Doch auch in Phasen großer Unsicherheit hält Luther weiter seine Vorlesungen an der Universität. Auch innerhalb des Ordens wird sein Sachverstand geschätzt, und so steigt er in der innerklösterlichen Hierarchie stetig nach oben. Im November 1510 wird er zusammen mit einem älteren Bruder in Ordensangelegenheiten nach Rom gesandt. Nur fünf Monate benötigen die beiden Mönche zu Fuß für die beschwerliche Winterreise von Erfurt nach Rom und zurück. Luthers Aufenthalt in der Ewigen Stadt ist von Buß- und Pilgergängen geprägt. Für die

Der Pilgerführer für Rom sieht den Besuch von insgesamt sieben Kirchen vor. Da mit dem Bau der neuen Peterskirche aber gerade erst begonnen worden ist, bleibt Luthers Romwallfahrt unvollständig. Noch ahnt der Mönch nicht, daß sein Schicksal und die Geburt der Reformation eng mit diesem Bauvorhaben verknüpft sein werden.

Nach seiner Rückkehr wird Luther als Prediger und Lehrer an die Universität Wittenberg geschickt, wo er 1512 zum Doktor der Theologie promoviert wird und die Professur für Biblische Wissenschaft übernimmt. Wittenberg ist Anfang des 16. Jahrhunderts eine Kleinstadt mit 3 800 Einwohnern. Das Seminar hat 300 eingeschriebene Studenten. Die Keimzelle der Reformation liegt also nicht nur in einer entfernten Provinz des Reiches, von Rom aus gesehen liegt sie am Rande der Welt. Wie sollte jemand von hier aus die Welt erschüttern können?

Luthers reformatorische Entdeckung läßt sich auf eine zentrale Formel bringen, die er in der Bibel findet, im Römerbrief des Paulus: „Der aus Glauben Gerechte wird leben" (Röm 1,17). Das revolutionär Neue daran besteht in der Erkenntnis, daß das Verhältnis zwischen Gott und Mensch nicht auf Leistung und Gegenleistung beruht, sondern ausschließlich auf der Gnade Gottes. Das Opfer des Gottessohnes am Kreuz ist keine Rechnung, die Menschen begleichen müssen, sondern ein Geschenk. Gott ist nicht gerecht und strafend, sondern barmherzig und gnädig. Der Mensch kann sich vor Gott durch nichts – weder durch Taten noch durch Werke – rechtfertigen, sondern er wird allein durch Gottes Gnade gerechtfertigt. Und im Glauben ergreift der Mensch dieses Geschenk.

Luthers lebenslanger Kampf mit der Sünde und seine Suche nach den Quellen göttlicher Wahrheit sind damit am Ziel angelangt. Mit der ganzen Kraft dieser Erkenntnis wendet er sich nun gegen die größte religiöse Unsitte seiner Zeit: die Praxis des gekauften Sündenablasses. Wenn der Mensch nicht einmal durch gute Werke in den Genuß göttlicher Gnade kommen kann, dann ist der gekaufte Sündenablaß eine arglistige Täuschung und nichts anderes als Teufelswerk.

Im Jahr 1514 erneuert Papst Leo X. den Jubiläumsablaß, den Julius I. schon 1506 zum Bau der Peterskiche ausgeschrieben hatte. Überall in Deutschland regt sich Unmut, da sich die Menschen von der Kurie ausgenutzt fühlen. Luther kommentiert die Situation folgendermaßen:

„Ich wußte erst gar nicht, wem dieser Ablaß zufallen sollte. Da kam es an den Tag, mein Freund: Kein

Reformationsaltar der Stadtkirche St. Marien in Wittenberg von Lucas Cranach.

Geringerer als der Bischof Albrecht von Magdeburg steckte dahinter. Denn der hatte sich auch zu Mainz zum Erzbischof wählen lassen mit dem Pakt, daß er zu Rom seinen Bischofsschal selbst kaufen sollte. Was 30000 rheinische Gulden kostet, denn so teuer kann der heilige Vater den Flachsfaden verkaufen.

Da erfand nun der Albrecht in seiner Not diesen Ablaß, und wollte seine Schulden den Fuggern, denn die hatten ihm das Geld geliehen, aus des gemeinen Mannes Beutel zurückzahlen. Und jetzt schickt er diesen großen Beuteldrescher Tetzel in die Länder. Der drischt auch weidlich drauf, daß es mit Haufen beginnt in die Kasten zu fallen, zu springen, zu klingen. Es hatte dazu noch der Papst die Hand mit im Spiel behalten, damit die Hälfte dem Bau der St. Peterskirche zu Rom zufallen sollte!"

Seit vierhundert Jahren ist der Ablaß eine gängige Währung zur Begleichung religiöser Schulden. Man kann damit, nach der handfesten „Theologie" der Zeit, zwar nicht dem Jüngsten Gericht entgehen, aber dem Fege-

**Buchdruckerwerkstatt.
Kupferstich von Jan Stradanus.**

ten sich schnell. Große Bedeutung kommt dabei einer technologischen Neuerung jener Zeit zu: Gutenbergs Erfindung des Buchdrucks mit beweglichen Lettern. Ohne diese Technik ist die rasche Verbreitung und der dauerhafte Bestand der reformatorischen Ideen kaum zu erklären. Im Jahr des Thesenanschlags gibt es mehr als tausend Druckereien in Europa, drei davon allein in Wittenberg, und die werden in den nächsten Jahren sehr viel Arbeit bekommen. Zum ersten Mal wird die Massenwirksamkeit des neuen Mediums erkannt und genutzt.

„Luther wollte nur mit den Gelehrten davon disputieren, was doch Ablaß wäre, was er vermöchte, wo er herkäme und wieviel er gelte.

Aber ehe vierzehn Tage vergingen, waren diese Thesen das ganze Deutschland und in vier Wochen schier die ganze Christenheit durchlaufen. Es glaubt kein Mensch, welch ein Gerede darüber entstand."

Zeitgenössischer Bericht

feuer. Und davor haben die Zeitgenossen ungleich mehr Angst, da das Fegefeuer dem Jüngsten Gericht vorausgeht. Darin werden die begangenen Sünden gesühnt. Im anschließenden Gericht ist jeder Gläubige durch das Sakrament der letzten Ölung auf der sicheren Seite.

Die Ablaßbriefe bleiben als Quittungen beim jeweiligen Käufer, der sich so von den Strafen für begangene Sünden freikaufen kann. Ehebruch, Diebstahl, Lüge — es gibt kaum ein Vergehen, für das man keinen Ablaß erwerben kann. Bei genau festgesetzten Preisen können auch bereits Verstorbene von der Qual des Fegefeuers befreit werden, und genauso ist es möglich, Ablässe auf Sünden zu erwerben, die man erst noch begehen wird! All diese Mißstände greift Luther im Oktober 1517, hundert Jahre nach Hus, in seinen 95 Thesen auf. Sie werden das erste Manifest der Reformation!

Luthers Schriften gegen den Ablaß — dazu gehört neben den Thesen vor allem auch der „Sermon von Ablaß und Gnade" — verbrei-

Durch die neue Technologie allein läßt sich die große Wirkung der lutherischen Gedanken natürlich nicht erklären. Entscheidend ist auch das desolate Erscheinungsbild einer Kirchenhierarchie, das eine Korrektur geradezu herausfordert.

Selbst Herzog Georg von Sachsen, einer der erbittertsten Gegner Luthers, zollt ihm in der Sache Respekt:

„Es ist nicht alles unwahr, was er schreibt, und auch nicht unnötig, daß das an den Tag kommt. Wenn niemand sich getraut, von den Übeln in der Kirche zu reden, und jedermann schweigen muß, so werden schließlich die Steine reden."

Luther erschrickt über die unerwartet starke Resonanz.

„Der Ruhm war mir nicht lieb, denn wie gesagt wußte ich selbst nicht, was der Ablaß war und das ganze Lied wollte meiner Stimme zu hoch werden."

Luther wankt. Vielleicht hätte er seinen Standpunkt in Zukunft vorsichtiger vertreten, vielleicht hätte er sich kompromißbereiter gezeigt, wenn nicht die Reaktion aus Rom in Person von Silvester Prierias, dem obersten Richter in Glaubensdingen, so uneinsichtig und maßlos gewesen wäre.

„Wenn das Beißen die Eigenart der Hunde ist, fürchte ich, daß Du einen Hund zum Vater gehabt hast, denn Du scheinst zum Beißen geboren zu sein. Obendrein fürchte ich, daß Dir wegen der Witzeleien und der Erhebung Deines Mundes gegen den Himmel ein Unglück widerfährt. Auch sehe ich nicht, auf welche Weise Du Dich dem Bannfluch entziehen willst. Bist Du aber ein voller, trunkener Deutscher, so wollen wir warten, bis Du wieder nüchtern bist!"

Die Kirche will sich jedoch nicht darauf verlassen, daß Luther von selbst wieder auf den rechten Pfad zurückkehrt. Also wird im Juni 1518 ein Ket-

zerprozeß gegen den Mönch aus Wittenberg eingeleitet.

Für Luther ist damit klar, daß er nicht mehr viel Zeit hat. Veröffentlichungen, Predigten und Disputationen jagen einander. Innerhalb weniger Monate werden – unter tätiger Mithilfe seiner unentbehrlichen Mitstreiter Philipp Melanchthon, Nikolaus von Amsdorf, Justus Jonas und Johann Bugenhagen, allesamt Mitglieder der theologischen Fakultät Wittenberg – die Grundzüge des lutherischen Reformprogramms entwickelt. In seinem Zentrum steht die neue Formel von der „Freiheit eines Christenmenschen" – eine Formel, dazu angetan, die römisch-katholische Kirchenlehre in ihrem Kern zu treffen. Dem Klerus, der weltumspannenden römischen Kirchenhierarchie, wird nicht nur die Fähigkeit, sondern auch das Recht abgesprochen, sich zum Mittler zwischen Gott und den Menschen zu erheben.

In Rom schlägt diese Botschaft ein wie eine Bombe. Hatte der Papst anfänglich noch an

Luther verbrennt am 10. Dezember 1520 in Wittenberg die päpstliche Bannbulle. Kupferstich von Matthäus Merian.

eine gütliche Beilegung des „Mönchsgezänks" geglaubt, so verlangt er nun die sofortige Auslieferung des abtrünnigen Augustiners, um den Prozeß schnellstmöglich abzuschließen. Der Landesherr Luthers, Kurfürst Friedrich von Sachsen, genannt „der Weise", lehnt das Auslieferungsgesuch jedoch ab. Warum? Ist der Grund dafür in jenem Traum zu finden, von dem die Legende berichtet?

Kurfürst Friedrich von Sachsen. Gemälde von Lucas Cranach, 1525.

„Da träumet mir, wie der allmächtige Gott einen Mönch zu mir schickt und mir gebietet, ich sollte dem Mönch gestatten, daß er mir etwas an meine Schloßkirche zu Wittenberg schreiben dürfte. Darauf fängt der Mönch an zu schreiben und macht so grobe Schrift, daß ich sie hier zu Schweinitz erkennen konnte. Er führte auch so eine große Feder, daß sie bis zu Rom mit dem Hinterteil reichte, bis an der päpstlichen Heiligkeit dreifache Krone und stieß so hart daran, daß sie begann zu wackeln und wollte ihrer Heiligkeit vom Haupte fallen."

Dieser Traum mag dazu beigetragen haben, daß der Kurfürst Luther Schutz gewährt. Es gibt jedoch noch andere Gründe, die für Friedrich eine gewichtigere Rolle spielen dürften. Zwar ist er dem Reformator Zeit seines Lebens nie begegnet, aber sein Hofkaplan und Beichtvater Georg Spalatin setzt sich mit allem Nachdruck für dessen Sache ein. Zudem will er als Landesfürst den populärsten Professor seiner noch jungen Universität nicht verlieren. Vielleicht hält er auch Luthers Ideen für die gerechtere Sache. Und schließ-

lich wird auch die Aussicht, den Einfluß der Kirche und damit auch den des Kaisers zurückdrängen zu können, zu Friedrichs Verhalten beigetragen haben. Die Fürsten erhoffen sich von der lutherischen Kirchenreform jedenfalls mehr wirtschaftliche und politische Selbständigkeit als bisher.

Unabhängig von den Überlegungen des Kurfürsten sorgt der Tod des deutschen Kaisers Maximilian I. (1493-1519) dafür, daß die Fortsetzung des Ketzerprozesses gegen Luther weiter aufgeschoben wird. Der Kampf um den Kaiserthron ist erst einmal wichtiger. Luther weiß die gewonnene Zeit zu nutzen. Er predigt und verfaßt zahlreiche Abhandlungen. Im Jahr 1520 entstehen gleich drei der wichtigsten reformatorischen Schriften überhaupt: „An den christlichen Adel deutscher Nation von des christlichen Standes Besserung", ein ausführliches Reformprogramm für Kirche, Staat und Gesellschaft, „De captivitate Babylonica ecclesiae praeludium" („Über die babylonische Gefangenschaft der Kirche"), eine scharfe Kritik der sieben Sakramente, von denen Luther nur noch Taufe und Abendmahl anerkennt, sowie „Von der Freiheit eines Christenmenschen".

Beständig wächst die Zahl seiner Studenten. Gelehrte aus ganz Europa finden sich in Wittenberg ein und tragen den reformatorischen Impuls nach Skandinavien und in die Niederlande, nach England und in die Schweiz.

Angeregt durch Luthers Initiative kommt es ab 1522 in Zürich zu einer eigenen reformatorischen Entwicklung. An ihrer Spitze steht der 38jährige Pfarrer Ulrich Zwingli (1484-1531), der von dem humanistischen Denker Erasmus von Rotterdam beeinflußt ist. Ab 1536 wird Genf durch das Wirken von Johannes Cal-

Johann Calvin. Zeitgenössisches Gemälde, flämische Schule.

Ulrich Zwingli. Gemälde von Hans Asper, 1549.

vin (1509-1564) zum dritten Mittelpunkt der Reformation.

Die Lehren Luthers, Zwinglis und Calvins gleichen sich in vielen Programmpunkten: Sie alle fordern die Auflösung der Klöster und des Mönchtums, die Abschaffung des Marien- und Heiligenkults, das Verbot der Wallfahrten, die Abschaffung des Zölibats für Priester und auch die Einrichtung von öffentlichen Schulen und Bibliotheken. Dennoch kommt es bei zentralen Fragen zu gewichtigen Kontroversen.

So sind Luther und Zwingli in der Bewertung des Abendmahls ganz gegensätzlicher Meinung. Während Luther an der leiblichen Gegenwart Christi im Sakrament festhält, weil sie der realen Gegenwart Christi im Wort entspricht, deutet Zwingli die Einsetzungsworte „Dies ist mein Leib" symbolisch. Daher wird das Abendmahl in Zürich ab 1525 als reines Gedächtnismahl gefeiert.

Doch bis zu den teils erbitterten Auseinandersetzungen zwischen den verschiedenen re-

formatorischen Strömungen ist es noch ein weiter Weg. Schauplatz einer entscheidenden Etappe auf diesem Weg ist das Städtchen Worms. Hier halten die deutschen Fürsten und Stände ab Januar 1521 einen Reichstag ab. Es ist der erste unter dem Vorsitz des neuen Kaisers, Karl V. (1519-1556).

In den Berichten über die Ereignisse der nächsten Monate sind Wahrheit und Legende nicht immer leicht auseinanderzuhalten. Genaues wissen wir über die Zusammensetzung des Reichstages. Sieben Kurfürsten, vier Erzbischöfe, 46 Bischöfe, 83 Prälaten, 24 weltliche Fürsten, 145 Grafen und Herren und die Vertreter der 85 Reichsstädte spiegeln die politische Kleinstaaterei und den Einfluß der Kirche im Deutschen Reich deutlich wider. Schon die Frage, ob es eine Anhörung Luthers in Worms geben soll, stellt die Versammlung, auch „Reichsstandschaft" genannt, vor eine ernste Belastungsprobe.

Unter den Anwesenden ist auch der päpstliche Gesandte Hieronymus Aleander. Die

Luther auf dem Reichstag zu Worms. „Hier stehe ich und kann nicht anders, Gott helfe mir, Amen".
Holzschnitt, 1557.

Tonlage seiner fast täglichen Berichte nach Rom wird zusehends nervöser. Aleander spürt die politische Gefahr, die von einer Anhörung Luthers ausgehen würde:

„Wie ich Eurer Herrlichkeit schon gemeldet habe, ist ungeachtet unseres dringenden Ansuchens, daß man die Sache Martins nicht vor den Reichstag bringen möchte, doch durch die offenkundige, unsinnige Begünstigung Luthers seitens der Fürsten, oder besser infolge der verrückten und abscheulichen Einflüsterungen des Satans, die allen Deutschen im Kopfe stecken, der Kaiser für dieses Verfahren gewonnen worden. ... So befinden wir uns denn die ganze Zeit über in einem solchen Wirrsal, daß wir in Wahrheit nicht wissen, wo aus noch ein: denn wenn Martin kommt, droht das Schlimmste!"

Die Reformgegner hoffen, daß Luther eine Reise in die Höhle des Löwen schon nicht wagen werde.

Der Augustinermönch ist schon jetzt der bekannteste und meistdiskutierte Mann im christlichen Europa. Mit der nun ausgesprochenen Bannandrohung und seiner Vorladung zum Reichstag in Worms wächst seine Bedeutung noch weiter. Luther wird zum Volkshelden. Ob Armut, Leibeigenschaft, Unterdrückung oder erwachendes Nationalbewußtsein — Luther und die Reformation geben den vielen Unzufriedenen im Land Hoffnung auf Veränderung, auf eine bessere Zukunft. Wird er der Vorladung nach Worms folgen und dort seine Sache vertreten? Oder wird er das Risiko scheuen? Kaspar Sturm, Reichsherold im Dienste des Kaisers, überbringt die Vorladung nach Wittenberg. Das Schreiben des Kaisers garantiert Luther sicheres Geleit:

„Wir, Karl der Fünfte von Gottes Gnaden, erwählter Römischer Kaiser des Reichs, und in Germanien, Hispanien, beider Sizilien, Jerusalem, Hungarn, Dalmatien, Croatien etc. König, Erzherzog zu Österreich und Herzog zu Burgund, Graf zu Habsburg, Flandern und Tirol etc. Bekennen als Wir aus beweglichen Ursachen Martin Luther her gen Worms erfordert, daß Wir Ihm deshalben Unser und des heiligen Reichs Sicherheit und Geleit wider männiglich gegeben uns zugesagt haben."

Luther kennt den fragwürdigen Wert eines solchen Geleits. Er weiß, daß Hus vor gut hundert Jahren seine Vertrauensseligkeit mit dem Leben bezahlt hat! Niemand könnte es ihm verdenken, wenn er zu Hause bliebe.

Aber Luthers Mut ist ungebrochen:

„Wenn noch so viele Teufel zu Worms wären als Ziegel auf den Dächern, ich wollte doch hinein."

Er erfährt tausendfache Unterstützung. Die Fahrt nach Worms wird zu einem Triumphzug. Seine Bereitschaft, Papst und Kaiser die Stirn zu bieten, heben seinen Ruhm ins Unermeßliche. Luther wird zur Lichtgestalt.

Auf die Anhörung am 18. April 1521 folgt eine Woche voller zäher Verhandlungen. Luther wird von allen Seiten zu einem Zugeständnis gedrängt. Schließlich stünde die Einheit von Kirche und Reich auf dem Spiel. Doch Luther bleibt fest:

„Daher kann und will ich nichts widerrufen, weil wider das Gewissen etwas zu tun weder sicher noch heilsam ist. Gott helfe mir, Amen."

Fest bleibt auch der Kaiser, der Luther am 25. April seine Entscheidung mitteilen läßt:

„Denn es ist sicher, daß ein einzelner Bruder irrt, wenn er gegen die Meinung der ganzen Christenheit steht, da sonst die Christenheit tausend Jahre oder mehr geirrt haben müßte."

Luther genießt zwar noch für weitere drei Wochen das Geleit, aber der Kaiser macht unmißverständlich deutlich, daß er ihn nicht wieder anhören und in Zukunft als notorischen Ketzer behandeln wird. Am Morgen des nächsten Tages verläßt Luther mit seinen Begleitern ohne großes Aufsehen die Stadt. Der Kaiser wird den Reformator und seine Anhänger für vogelfrei erklären – für

einen Mann wie Luther, dessen Konterfei zehntausendfach verbreitet ist, besteht damit akute Lebensgefahr. Jeder kann ihn entführen, gegen Belohnung ausliefern, sogar ohne Rechtsfolgen töten. Werden ihn seine adligen Fürsprecher schützen können?

Am 4. Mai 1521 holpert ein zweispänniger Pferdewagen über den alten Heeresweg in einer Hochlage des Thüringer Walds. Auf der harten Pritsche sitzt Luther mit seinen Begleitern Nikolaus von Amsdorf und Justus Jonas. Plötzlich preschen fremde Reiter heran. Die Pferde scheuen, einer der Freunde fällt von der Ladefläche, Luther schlägt sich die Stirn an der Holzkante blutig. Der Kutscher springt vom Bock und flieht in den Wald. Einer der fremden Reiter faßt die durchgehenden Zugpferde am Zaum und bringt den Karren zum Stehen. Zwei Landsknechte stürzen sich auf Luther, stülpen ihm eine Kapuze über, binden seine Hände und übergeben einem der Reiter das andere Ende des langen Stricks. Der plötzliche Zug des antretenden Pferdes reißt Luther von den Füßen, wild rollend wird sein Körper über die nasse Bachwiese geschleift.

Verzweifelt schaut von Amsdorf dem Pulk hinterher.

Die Kunde von Luthers Entführung verbreitet sich wie ein Lauffeuer. Seine Anhänger bangen um sein Leben. Dürer schreibt auf seiner niederländischen Reise folgendes in sein Tagebuch:

Entführung Luthers. Filmszene.

Die Lutherstube in der Vogtei der Wartburg.

Luther ist derweil als „Junker Jörg" auf der Wartburg untergetaucht. Die Entführung war ein ausgeklügeltes Täuschungsmanöver seines Landesherrn, des Kurfürsten Friedrich, das nur den engsten Mitstreitern bekannt gewesen ist.

„So bin ich nun hier, meine Kutte hat man mir abgenommen und ein Reitersgewand angezogen.

„Darum sehe ein jeglicher, der Doktor Martin Luthers Bücher liest, wie seine Lehre so klar durchsichtig ist, so er das heilige Evangelium lehrt. Darum sind sie in großen Ehren zu halten und nicht zu verbrennen; es wäre denn, daß man seine Widersacher, die allezeit die Wahrheit anfechten, auch ins Feuer würfe mit ihren Opinionen, die da aus Menschen Götter machen wollen! O Gott, ist Luther tot, wer wird uns hinfort das heilige Evangelium so klar vortragen!"

Ein tapferer Ritter bietet seine tatkräftige Unterstützung an:

„Ulrich von Hutten, Ritter, grüßt Martin Luther, den Theologen. Christus sei mit uns! Christus helfe! Denn seine Vorschriften verfechten wir, seine durch den Dunst der päpstlichen Satzungen verdunkelte Lehre bringen wir wieder ans Licht. Man sagt, du seiest in den Bann getan. Wie groß, o Luther, wie groß bist du, wenn dies wahr ist! Mich hast du zu deinem Beipflichter, es möge kommen, wie es wolle. Wir wollen die gemeine Freiheit beschützen, wir wollen das unterdrückte Vaterland befreien! Mit Gott auf unserer Seite, wer mag wider uns sein!"

Ich lasse mir Haare und Bart wachsen. Ihr würdet mich schwerlich erkennen, da ich mich schon selber nicht mehr wiedererkenne. Jetzt lebe ich in christlicher Freiheit, frei von allen Gesetzen der Tyrannen. Ich sitze unter den Vögeln, die auf den Zweigen lieblich singen und Gott kräftig Tag und Nacht preisen."

Zehn Monate verbringt Luther auf der Wartburg, unbehelligt und ungestört. Andernorts entfalten der päpstliche Bannfluch und die kaiserliche Reichsacht ihre Wirkung. In Mainz und Köln brennen die Schriften des Reformators, die neue Bewegung bekommt ihre ersten Märtyrer. Warum wird der Urheber der ganzen Unruhe nicht intensiver gesucht? Wie kommt es, daß der Kaiser seine Drohungen gegen Luther nicht wahrmacht? Karl V. ist in der Zeit nach Worms an vielen Fronten gefordert. Er muß den Kaiserthron gegen den französischen König Franz I. verteidigen, Aufstände in Spanien niederschlagen und gleichzeitig den von Osten heranrückenden Türken Einhalt gebieten. Erst

Bibelstelle Jesaia 25,8 im Urtext
und in der Übersetzung Luthers, 1545.
Unten:
Titelseite der ersten Vollbibel, 1534.

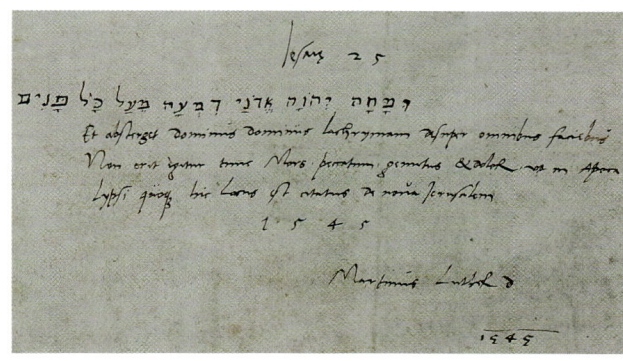

Jahre später wird er wieder Gelegenheit haben, sich mit dem Ketzer Luther zu beschäftigen.

Wieder sind es also äußere Umstände, die das Leben Luthers schützen und den Fortbestand der Reformation begünstigen.

Luther kämpft derweil mit anderen Feinden. Einsamkeit und Stille seines unfreiwilligen Verbannungsortes machen ihm zu schaffen. Er ißt, trinkt und schläft zu viel, leidet an schweren Verdauungsstörungen. Mag sein,

daß die Legende von der Teufelserscheinung, die der Gebannte mit einem gezielten Wurf seines Tintenfasses vertreibt, in den seelischen Belastungen seines Exils ihren Ursprung hat. Erst allmählich macht er sich mit seiner neuen Lage vertraut und findet die Kraft, sich mit einem Projekt zu beschäftigen, das zur Grundlage einer einheitlichen deutschsprachigen Kultur werden sollte: „Die Gantze Heilige Schrift deutsch".

Es hat bereits früher Ansätze für eine Bibelübersetzung gegeben – Historiker zählen insgesamt vierzehn vollständige hochdeutsche Bibelübersetzungen vor Luther –, aber keiner dieser Versuche erreicht auch nur annähernd die sprachliche Kraft und Geschlossenheit des Lutherwerkes. Luther benutzt für seine Übersetzung ein Gemisch aus der sächsischen Kanzleisprache und dem volkstümlichen Deutsch:

„Man muß nicht die Buchstaben in der lateinischen Sprache fragen, wie man deutsch reden soll, sondern man muß die Mutter im Hause, die Kinder auf den Gassen, den gemeinen Mann auf dem Markt darum fragen und denselbigen auf das Maul sehen, wie sie reden, und danach dolmetschen; so verstehen sie es denn und merken, daß man deutsch mit ihnen redet."

Nur elf Wochen benötigt Luther, um das Neue Testament zu übersetzen. Im Frühjahr 1522 geht es in einer ersten Auflage von 3000 Stück in Druck. Die Auflage ist in kürzester Zeit vergriffen, obwohl der Preis pro Exemplar eineinhalb Gulden beträgt. Das entspricht dem Wert von zwei geschlachteten Kälbern, sechs Pflügen oder dem Jahreslohn einer Magd. Ein Zeitgenosse berichtet über die unglaubliche Wirkung, die das Erscheinen der neutestamentlichen Botschaft in deutscher Sprache auslöst:

„Selbst Schneider und Schuster, ja sogar Weiber und andere Einfältige, alle, die auch nur etwas deutsch auf einem Lebkuchen lesen gelernt, haben das Lutherische Evangelium angenommen und lesen dasselbe gleich als einen Brunnen aller Wahrheit mit höchster Begierde. Etliche tragen das Buch mit sich am Busen herum und lernen es auswendig.“

Luther auf der Kanzel. Ausschnitt vom Reformationsaltar der Stadtpfarrkirche in Wittenberg.

Mit der Übersetzung des Alten Testaments geht es nicht so schnell voran, sie wird erst 1534 fertig. Dann erscheint auch die erste lutherische Vollbibel.

Nicht nur unter religiösen Aspekten, sondern auch hinsichtlich der Entwicklung einer Schriftsprache muß man Luthers Bibelübersetzung als bislang wichtigstes deutschsprachiges Buch bezeichnen.

Das Wort Gottes und seine Verkündigung in deutscher Sprache wird zum zentralen Bestandteil des protestantischen Gottesdienstes. Die neue Ordnung spiegelt sich auch in einem anderen Ausstattungsgegenstand, der erst mit der Reformation wirklichen Einzug in unsere Kirchen hält: die Kirchenbank.

Ihr Zweck ist offensichtlich. Ruhe soll einkehren in die Langschiffe der Gotteshäuser,

in denen die Besucher nicht mehr aufwendige Zeremonien durchstehen müssen, sondern sich mit – allerdings relativem – Sitzkomfort auf längere Predigten einlassen können.

Während Luthers Abwesenheit radikalisiert sich die Bewegung in Wittenberg. Die ersten Pfarrerehen werden geschlossen, scharenweise verlassen Mönche ihre Klöster, altgläubige Pfarrer werden aus ihren Kirchen vertrieben.

Aber der reformatorische Eifer richtet sich auch gegen die Objekte vergangener kultischer Verehrung. Ob Kruzifixe, Bilder oder Statuen, nichts ist vor dem Eifer der Bilderstürmer sicher. Sie wollen all das, was ihnen als kultischer Zauber gilt, zerstören. Beunruhigt durch diese Entwicklung und auf

Drängen seines Stellvertreters Melanchthon gibt Luther das Versteck in der Wartburg auf und kehrt nach Wittenberg zurück. Dort wirkt er mäßigend auf den Großteil seiner Anhänger ein. Er ist der Auffassung, daß mit einer äußerlichen Entfernung der Bilder gar nichts gewonnen ist, solange diese sich noch in den Herzen der Menschen befinden.

Zudem will er die Reformation unbedingt vom Geruch der Revolution und des Aufstands fernhalten. Schlimmstenfalls muß er ja mit dem Entzug der landesväterlichen Protektion rechnen. Luther läßt daher an der Loyalität gegenüber seiner Obrigkeit keinen Zweifel. Er versteht sich nicht als Revolutionär. Enttäuscht wenden sich die Anhänger einer radikalen gesellschaftlichen Reform von ihm ab. Sie verspotten ihn als „Vater Leisetritt" und „sanftlebend Fleisch zu Wittenberg". Einer von ihnen ist Thomas Müntzer. Er wird dann zur Symbolfigur eines sozialen Aufstandes, der 1525 große Teile des Reiches erschüttert – der Bauernkrieg.

Aus dem Südwesten rollt eine Welle bäuerlicher Aufstände durch Deutschland. Die Auseinandersetzung wird mit aller Härte geführt. Als die Unruhen seine Heimat erreichen, reist Luther in die thüringischen Aufstandsgebiete. Die Bauern empfangen ihn mit großer Sympathie. Für sie ist Luthers Aufstand gegen die römische Tyrannei gleichbedeutend mit ihrem Kampf gegen die Lehnsherrschaft.

Als Luther aber um Mäßigung bittet – schon vorher hat er die „Ermahnung zum Frieden auf die zwölf Artikel der Bauernschaft in Schwaben" verfaßt, die sich beschwichtigend an beide Seiten des Konflikts wendet, wird er von den Aufständischen als Verräter beschimpft und gnadenlos niedergebrüllt. Er muß sogar um seine körperliche Unversehrtheit bangen.

Es war wohl dieses Erlebnis, durch das sich der Reformator zu seinem verheerenden Aufruf „Wider die räuberischen und mörderischen Rotten der Bauern" hinreißen läßt. Darin fordert er die Fürsten zur blutigen Niederschlagung des Bauernaufstandes auf:

„Schlagt sie wie tollwütige Hunde, wo immer ihr ihrer habhaft werden könnt."

Als sich im Mai 1525 Bauernhaufen aus dem ganzen Reichsgebiet in der Nähe des am Kyffhäuser gelegenen thüringischen Dörfchens Frankenhausen sammeln, kommt es zur Konfrontation mit dem Bundesheer, die von vornherein nur einen Sieger kennen kann.

Ausschnitt aus dem Bauernkriegs-Panorama in Bad Frankenhausen.

Die rund 7000 Bauern, ohne militärische Ausbildung und Erfahrung und ohne jede Strategie, bilden eine einfache Wagenburg. So sind sie ein bequemes Ziel für die Kartätschen aus dem Lager des fürstlichen Landsknechtsheeres. Jede einzelne trifft ein Dutzend Aufständische auf einmal. Panik breitet sich aus. Die Eingeschlossenen lassen die Waffen fallen und fliehen in alle Richtungen. Was folgt, ist ein furchtbares Gemetzel, bei dem sechstausend Bauern niedergemacht werden. Der Kyffhäuser wird mit Blut getränkt.

Zehn Tage nach der Schlacht wird Thomas Müntzer enthauptet. Luther schätzt seine eigene Rolle bei der Niederschlagung des Aufstandes folgendermaßen ein:

„Ich, Martin Luther, habe im Aufruhr alle Bauern erschlagen, denn ich habe geheißen, sie totzuschlagen. All ihr Blut ist auf meinem Hals."

Mit diesem Bekenntnis hat er jedoch seinen Einfluß stark überschätzt. Denn die Fürsten waren auch ohne seine Schriften und ganz in ihrem eigenen Interesse zum Handeln bereit. Allerdings hat er durch seine beständigen Mahnungen der Reformation ihre Eigenständigkeit erhalten und sie so womöglich davor bewahrt, mit den Revolutionären unterzugehen.

Trotz seines parteilichen Eingreifens gegen die

Bauern steht Luther zwischen den Fronten. Etliche seiner Gegner machen ihn für die Entstehung des sozialen Aufruhrs verantwortlich. Er erhält Morddrohungen und rechnet täglich mit dem Schlimmsten. Inmitten dieser Gefahr überrascht der 42jährige Freund und Feind mit einer Trotzreaktion: Er heiratet die 25-jährige Katharina von Bora, eine entflohene Zisterziensernonne. Luther scheint Gefallen am Stand der Ehe zu finden. Freimütig bekennt er:

„Zu Tische sitze ich nun nicht mehr allein, und wenn ich morgens erwache, liegen ein paar Zöpfe neben mir."

Die Ehe ist glücklich und kinderreich. Katharina organisiert den Haushalt, der nie weniger als zwanzig Personen zu versorgen hat – Kinder, Verwandte, Studenten und Besucher. Aus ganz Europa kommen die Gäste. Die launigen oder tiefsinnigen Tischgespräche im Hause Luther prägen eine eigene literarische Gattung, und Luthers Stube wird zum Modell für das evangelische Pfarrhaus, das sich auch als gesellschaftlicher Treffpunkt versteht.

Die Reformation verbreitet und verfestigt sich, Gemeindeordnungen werden verfaßt, und es entsteht das erste Gesangbuch. Luther selbst steht zwar immer noch unter dem Bann, scheint aber im Schutz seines Landesherren ein normales Leben führen zu können. Er verteidigt sei-

Katharina von Bora.
Gemälde von Lucas Cranach, 1529.

**Luther im Kreise seiner Familie.
Gemälde von G. A. Spangenberg, 1866.**

ne Lehre gegen Einflüsse von außen und innen und will seinen Namen und die Reformation vor Mißbrauch schützen. So entwirft er zur Kennzeichnung authentischer und von ihm genehmigter Veröffentlichungen ein Siegel, die Lutherrose. Sie wird zu einem Bildsymbol seiner Theologie.

„Das erste soll ein Kreuz sein, schwarz in einem roten Herzen stehend, denn so man von Herzen an den Gekreuzigten glaubt, wird man gerecht. Solch Herz aber soll mitten in einer weißen Rose stehen, und anzeigen, daß der Glaube Freude, Trost und Friede gibt. Die weiße Rose hat die Farbe der Geister und aller Engel. Solche Rose steht im himmelfarbenen Feld, daß solche Freude im Geist und Glauben ein Anfang ist der himmlischen Freude zukünftig. Und um solch Feld einen goldenen Ring, daß solche Seligkeit im Himmel ewig währet und kein Ende hat."

Doch Kaiser Karl V. hat seinen Widersacher im entlegenen Wittenberg nicht vergessen. Zum Reichstag in Augsburg im Jahr 1530 legen die Lutherischen durch Philip Melanchthon eine umfangreiche Bekenntnisschrift vor, die „Confessio Augustana". Darin werden die wichtigsten Standpunkte der lutherischen Stände dargelegt, verbunden mit einer detaillierten Auslegung des überlieferten Glaubensbekenntnisses. Die Hoffnungen auf einen dauerhaften Kompromiß zerschlagen sich aber, der Reichstag entscheidet streng antireformatorisch. Die An-

kündigung militärischer Aktionen durch den Kaiser veranlaßt die reformierten Länder und Städte zur Gründung eines Verteidigungsbündnisses, des Schmalkaldischen Bundes. Noch aber muß die entscheidende Auseinandersetzung aufgeschoben werden. Erst braucht es eine gemeinsame Anstrengung aller Kräfte, um die türkischen Angriffe abzuwehren.

Im Jahr 1546, ein Vierteljahrhundert nach dem Reichstag zu Worms, hat Karl V. den vierten Sieg über den König von Frankreich errungen und endlich auch einen Waffenstillstand mit den Türken erreicht. Erst jetzt kommt der deutsche Kaiser dazu, sich dem inneren Feind der Reichseinheit entgegenzustellen – der Reformation. Er verbündet sich mit dem Papst, Bayern und dem Herzogtum Sachsen. Mit der Erklärung der Reichsacht gegen die Fürstenhäuser Kursachsens und Hessens beginnt Karl seinen Feldzug gegen die protestantischen Länder.

Am 24. März 1547 kommt es zur entscheidenden Schlacht an der Elbe bei Mühlberg. Die kaiserlichen Truppen sind bestens bewaffnet und in der Überzahl. Ihre weittragenden Geschütze reißen große Breschen in die Reihen der schmalkaldischen Infanterie. In einem verzehrenden Nahkampf werden die protestantischen Reitertruppen aufgerieben. Am Nachmittag ist die Schlacht zugunsten der kaiserlichen Truppen entschieden.

**Luther auf dem Totenbett.
Zeichnung von Lukas Furtenagel.**

Ist der Reformversuch der Kirche auf dem Schlachtfeld entschieden worden?

Luther erlebt diese militärische Niederlage nicht mehr. Er ist ein Jahr zuvor im Alter von 62 Jahren gestorben, als einfacher Mann mit einer großen und zugleich widersprüchlichen Wirkung. Er eignet sich zum Volkshelden ebenso wie zum Volksverräter. Seine Zeit kennt größere Denker, wie den brillanten Humanisten Erasmus von Rotterdam, es gibt konsequentere Reformatoren, wie Zwingli und Calvin, es gibt auch revolutionärere Ansätze, wie den Müntzers. Aber Luther bleibt derjenige, an dem die Reformation für alle Zeiten festgemacht wird. Dabei spielen die verschiedenen schon erwähnten äußeren Umstände genauso eine Rolle wie seine bildreiche Sprache und seine deutschsprachigen Schriften, die das Herz, Gemüt und Gewis-

sen seiner Zeitgenossen auf unvergleichliche Weise ansprechen. Vor allem anderen aber ist Luther bereit, für seine Überzeugung einzutreten: mit ganzer Kraft, mit aller Leidenschaft und auch mit seinem Leben.

Nach seinem Sieg in Mühlberg soll der deutsche Kaiser in Wittenberg eingezogen sein, um eine Begegnung mit dem Reformator zu suchen – das erste Mal seit Worms. In der Schloßkirche hat man das Grab Luthers bereits geöffnet. Aus den Reihen der kaiserlichen Begleiter wird die Forderung erhoben, Luthers Leichnam noch nachträglich der Ketzerstrafe zuzuführen und seine Gebeine zu verbrennen. Der Kaiser zollt seinem Widersacher jedoch Respekt und beläßt den Leichnam unangetastet.

Militärisch ist die lutherische Reform besiegt. Aber die Erwartungen, die sie geweckt, die Veränderungen, die sie erreicht hat, sind damit nicht aus der Welt geschafft. Rom wird die Spaltung nicht hinnehmen und wird versuchen, Luthers Geist aus der Kirchengeschichte zu vertreiben. Im Zeitalter der „Gegenreformation", das Mitte des 16. Jahrhunderts beginnt, versucht der Katholizismus, die Auswirkungen der Reformationsbewegung so weit wie möglich wieder zurückzudrängen.

Himmel
und Hölle

Die Folge der Reformation sind 100 Jahre Krieg.
Unter dem Vorwand konfessioneller Auseinandersetzung wird
die Landkarte Europas neu aufgeteilt. Der Gegenreformation
erwächst in Gestalt der Jesuiten eine vitale Kraft,
und mit den Jesuiten kommt der Barock.

Auf die Zeit der Reformation folgt eine der bedrückendsten und an Greueln reichsten Epochen der europäischen Geschichte – und gleichzeitig ein Zeitalter, das in Kunst und Architektur Werke von atemberaubender Schönheit hervorgebracht hat. Reinste Lebenslust und tiefster Weltfrust stehen oftmals ganz unvermittelt nebeneinander. Gerade dieser Gegensatz ist kennzeichnend für die Epoche des Barock.

Luthers Lehre hat sich unaufhaltsam verbreitet. Alle Versuche, die drohende Kirchenspaltung zu verhindern, sind fehlgeschlagen. Überall greifen die verfeindeten christlichen Parteien zu den Waffen. In Deutschland fallen protestantische und katholische Fürsten übereinander her. In Frankreich explodiert der Haß der Konfessionen in den blutigen Hugenottenkriegen (1562-1598), die im Massenmord der Bartholomäusnacht (23./24. August 1572) einen schrecklichen Höhepunkt haben. Schließlich stellt der Dreißigjährige Krieg (1618-1648) alles in den Schatten, was bis dahin an Katastrophen über Europa hereingebrochen war. Die apokalyptischen Reiter Krieg, Pest, Hungersnot und Tod haben den Kontinent über ein Jahrhundert lang fest im Griff.

„O Mensch, laß dir's gesagt sein, laß dir's geklagt sein, schrei es aus, alles, allen, allenthalben: es muß gestorben sein, nicht vielleicht, sondern gewiß! Wann sterben ist nicht gewiß; wie sterben ist nicht gewiß; wo sterben ist nicht gewiß, aber sterben ist gewiß."

So donnert es der Wiener Hofprediger Johann Ulrich

Im Rom des Barock ist der Petersdom das Symbol für die zentrale Macht. Der von Bernini gestaltete Petersplatz soll der Inbegriff einer nach der Reformation wieder triumphierenden Kirche werden. Bis heute bietet er eine beispiellose Bühne, hier für eine Messe während des 2. Vatikanischen Konzils.

Megerle, genannt Abraham a Santa Clara, im Jahr 1690 von seiner Kanzel. Drastisch hat das 17. Jahrhundert dem Menschen seine Zerbrechlichkeit vor Augen geführt. Der Tod ist allgegenwärtig. Der Ruf „Memento mori!", „Gedenke des Todes!", wird zum Motto eines ganzen Zeitalters.

Vor dem Dreißigjährigen Krieg zerfällt die Landschaft Mitteleuropas in unzählige Fürstentümer und Bistümer, und nur vage deuten sich jene Länder an, deren Grenzen wir heute kennen. Die Machtverhältnisse wechseln ständig.

Auch im kirchlichen Bereich ist, als Folge der Reformation, eine große Zersplitterung entstanden — eine gewaltige Herausforderung für die katholische Kirche. Die kirchliche Einheit des Abendlandes scheint auf immer verloren, ja, nicht einmal innerhalb des Protestantismus bleibt sie erhalten. Schnell entwickeln sich unterschiedliche Ausprägungen, so daß gegen Ende der Reformationszeit drei neue Kirchen neben der römisch-katholischen stehen: die reformiert-calvinistische, die lutherische und die anglikanische.

Am deutlichsten kommt der Gegensatz zum Katholizismus in der Lehre Calvins zum Ausdruck. Er vertritt unter anderem die doppelte Prädestination, glaubt also, daß Gott jeden Menschen schon von Ewigkeit her zum Guten oder zum Bösen vorbestimmt hat. Selbst der

Sündenfall Adams ist demnach von Gott selbst veranlaßt worden. Außerdem schafft Calvin die katholische Eucharistie völlig ab. Außer der Predigt gibt es im Gottesdienst nur Gebet und den Gesang alttestamentlicher Psalmen. Orgeln, Bilder, Kreuze, Kerzen und Altäre werden aus allen Kirchen verbannt.

So schroff grenzen sich die lutherischen Kirchen nicht ab. Hier wird die Predigt in eine „gereinigte Messe" eingefügt, das gemeinsame Abendmahl am Schluß jedes Gottesdienstes aber wird beibehalten. Die Auseinandersetzungen der Lutheraner mit Rom finden ja zum großen Teil auf dem Feld des Dogmas statt.

Die meisten Berührungspunkte mit dem Katholizismus sind bei der Anglikanischen Kirche zu finden, da ihre Abspaltung nicht durch unterschiedliche Auffassungen in der Lehre zustande kommt, sondern Ausdruck eines Machtkampfes zwischen geistlicher und weltlicher Führung ist. Als der englische König Heinrich VIII. von Papst Klemens VII. die Lösung seiner Ehe mit Katharina von Aragon verlangt, weil Katharina ihm keinen Sohn geboren hat, weigert sich dieser. Im Mai 1533, Heinrich hat schon im Januar seine Geliebte Anna Boleyn geheiratet, die er dann 1536 aufs Schafott schickt, schaltet sich das englische Parlament ein und erklärt die Ehe

Heinrich VIII. von Hans Holbein, 1536.

mit Katharina für nichtig. Daraufhin wird der König von Papst Klemens exkommuniziert. Heinrich hat mit einem solchen Schritt gerechnet. Schon ein Jahr später macht er sich mit der Suprematsakte selbst zum kirchlichen Oberhaupt und errichtet die Anglikanische Staatskirche. Zunächst ist die neue Kirche einfach eine Art papstloser Katholizismus, doch mit der Zeit dringen immer mehr calvinistische Gedanken in die Lehre ein.

Die katholische Kirche scheint zunächst wie gelähmt von ihrem plötzlichen Verlust an Einfluß und Macht. Doch Mitte des 16. Jahrhunderts streift sie ihre Erstarrung ab und versucht, das Ruder herumzureißen. Der Dom zu Trient wird zum Schauplatz eines der wichtigsten Konzilien in der Geschichte der Kirche. Zahlreiche Kardinäle, Bischöfe und Theologen versammeln sich in der norditalienischen Stadt. Das Konzil tagt, mit Unterbrechungen, von 1545 bis 1563 und wird zum Ausgangspunkt der sogenannten „Gegenreformation". Bestimmendes Thema der Zusammenkunft ist die drohende Kirchenspaltung. Kaiser Karl V. (1519-1556) und sein Nachfolger Ferdinand I. (1556-1564) möchten einen wirksamen Ausgleich zwischen den zerstrittenen Parteien erreichen, die Päpste sind jedoch zu keinem Entgegenkommen bereit. Der erhoffte Dialog mit den Protestanten kommt gar nicht erst zustande, da das

Ignatius von Loyola.
Gemälde von Jacopino del Conte, 1556.

Konzil nur wenig Gesprächsbereitschaft zeigt und sich in zumTeil schroffer Weise gegenüber den „Ketzern" abgrenzt. Gleichzeitig haben sich die protestantischen Gruppierungen innerlich schon so weit von der Papstkirche entfernt, daß eine Einigung kaum noch möglich wäre. Immerhin übt das Konzil eine erstaunliche Selbstkritik und faßt weitreichende Beschlüsse, um die „Reform an Haupt und Gliedern" voranzutreiben. Als wichtigste Ergebnisse sind eine Reform der Liturgie, eine verstärkte Missionstätigkeit, das Streben nach einer Anhebung des Bildungsniveaus der Geistlichen, der Kampf gegen die Verweltlichung der Klöster, die Reorganisation der Pfarreien und die sogenannte Residenzpflicht – alle Bischöfe müssen von nun an ständig in ihrem Bistum anwesend sein – zu nennen. Auch ergreift man strikte Maßnahmen gegen Vetternwirtschaft, Korruption und die Verweltlichung der Geistlichen.

Die treibende Kraft hinter der nun einsetzenden Restauration des Katholizismus ist ein neugegründeter Orden, der zum Sinnbild für das wiedererstarkte Selbstbewußtsein des Katholizismus und die „Gegenreformation" wird: die Gesellschaft Jesu, oder kurz die „Jesuiten". Ihren Sitz nehmen sie in Rom, der Heiligen Stadt. Dort entsteht zwischen 1568 und 1584 auch die Zentralkirche des Ordens, die Chiesa Il Gesù, die bis

Altar des Heiligen Ignatius von Loyola in der Chiesa Il Gesù.

heute als prägendes Beispiel für barocke Kirchenarchitektur gilt. Die Kuppelbasilika mit ihrer äußerst prunkvollen Innenausstattung und dem langen, hallenartigen Innenschiff wird bald zum Vorbild für zahlreiche Predigerkirchen in ganz Europa. Die reichen Verzierungen aus Silber, Bronze, Marmor und Lapislazuli machen gewaltigen Eindruck auf die Zeitgenossen. Man lobt die „geniale Süße" und den weltlichen Reichtum der üppigen Inszenierung, deren Höhepunkt das Deckengemälde „Triumph des Namens Jesu" bildet. Die Farbenpracht und Wärme des Bildes wirkt allerdings nur auf den ersten Blick einladend. Die Strahlen, die von dem Namen Jesu ausgehen, tauchen nicht nur die Seligen ins Licht, sondern bedrängen gleichzeitig die Verdammten. Hinter der jubelnden Leichtigkeit verbirgt sich eine massive Drohung. Wieder wird sie spürbar, die unterschwellige Düsternis der Welt, die Zerbrechlichkeit der Existenz, die Allgegenwart des Todes. „Memento mori!"

Daß sich die Zentrale des Jesuitenordens in Rom befindet, sozusagen in Rufweite des Vatikan, ist kein Zufall. Die Jesuiten sind ausschließlich dem Papst unterstellt. Auch steht an der Spitze des Ordens nicht etwa ein Abt, sondern ein „General". Die hochgebildeten und straff organisierten „Soldaten der Gesellschaft Jesu" werden schnell zum Inbegriff eines kämpferischen Katholizismus und zur effizienten Elitetruppe der Gegenreformation. Konsequent bedienen sich die „Soldaten Gottes" der drei bedeutendsten Machtmittel der Zeit: der Kanzel, des Beichtstuhls und der Schule. Als Inspirationsquelle und Ordensbibel dienen ihnen die „Exerzitien" ihres Gründers und Ordensgenerals Ignatius von Loyola. Wer ist dieser ehemalige Soldat, der sein Leben radikal verändert, um mit einem neuen Orden die schlagkräftigste Waffe der Gegenreformation zu schmieden? In jungen Jahren macht der 1491 geborene Baske als Raufbold und Frauenheld von sich reden. Er liest leidenschaftlich gerne Ritterromane und zögert auch nicht, seinen Helden in jeder Hinsicht nachzueifern. Aber

„Der Glaube stürzt die Abgotterei". Marmorgruppe von Jean Baptiste Theodon in der Chiesa Il Gesù.

nach seiner Beteiligung an der Verteidigung der Festung von Pamplona gegen französische Angriffe im Jahr 1521 verändert sich sein Leben. Sein Bein wird im Kampf zertrümmert und die Brüche wachsen falsch zusammen. Die Behandlungen sind mit unbeschreiblichen Qualen verbunden. Während der Rekonvaleszenz liest Ignatius immer häufiger in frommen Schriften und Heiligenlegenden und entwickelt geistliche Meditationsübungen, die er systematisch ausbaut und vertieft.

Schließlich begibt sich Ignatius auf eine Pilgerfahrt zur berühmten Wallfahrtskapelle im Kloster Montserrat. Er reiht sich ein in den Strom der Pilger, um das Bild der Schwarzen Madonna zu berühren, dem man wundertätige Kräfte nachsagt. Vielleicht verspricht er sich von diesem Besuch die Hei-

lung seines verkrüppelten Beines — wir wissen es nicht. Sicher ist, daß der Aufenthalt den Wendepunkt seines Lebens markiert. Noch in der Kapelle weiht er seine Waffen Maria und gelobt ihr seine lebenslangen Dienste als geistlicher Ritter. Von nun an stellt er sein Leben ganz in den Dienst Gottes und der Kirche.

Er plant eine Pilgerreise nach Jerusalem und will im heiligen Land missionieren. Weil er aber über keinerlei Weihen oder sonstige Autorisierung verfügt, kann er sich gegen den Widerstand der dort ansässigen Franziskaner nicht durchsetzen. Also kehrt er nach Europa zurück, um zu studieren. Vor allem lernt er Sprachen. Bisher kann er nur Spanisch — zu wenig, um seine Vision in die Tat umzusetzen.

Während des Studiums der Philosophie und Theologie an etlichen spanischen und französischen Universitäten beteiligen sich zahlreiche Gesinnungsgenossen an seinen geistlichen Übungen, den „Exerzitien", die auch heute noch praktiziert werden. Im Morgengrauen des 15. August 1534 dann legen Ignatius von Loyola und seine Weggefährten ein Gelübde ab, mit dem sie sich kompromißlos in den Dienst der Kirche und des Papstes stellen.

„Jeder, der in unserer Gemeinschaft, die wir mit dem Namen Jesu auszeichnen wollen, ... dienen will, muß sich nach dem feierlichen Gelübde ewiger Keuschheit vor Augen halten, daß er Teil jener Gesellschaft ist, die vor allem dazu gegründet wurde, daß sie sich um den Fortschritt der Seelen im christlichen Leben und christlicher Lehre und um die Ausbreitung des Glaubens durch öffentliche Predigten und Dienst am Worte Gottes,

geistliche Übungen und Werke der Liebe sowie vor allem durch christliche Unterweisung von Kindern und Ungebildeten und geistliche Tröstung der Gläubigen im Beichthören bemüht. ... Sodann sollen alle Genossen wissen und nicht nur am Beginn ihres gelobten Wandels, sondern Zeit ihres Lebens täglich im Herzen bewegen, daß diese Gesellschaft als ganze ... für Gott Kriegsdienste leistet im treuen Gehorsam gegenüber unserem Heiligsten Herrn, dem Papst."

Im Jahr 1540 erkennt Papst Paul III. (1534-1549) ihre „Gesellschaft Jesu" als Orden an. Für ihn kommt dieser tatkräftige Soldat Gottes genau im richtigen Moment, denn die „Gesellschaft Jesu" konzentriert all ihre Kraft nur auf ein einziges Ziel: die Wiederherstellung der Alleinherrschaft der katholischen Kirche durch die Bekehrung der „Ketzer und Heiden".

Der kräftige Aufschwung, der die katholische Kirche im Zuge der Gegenreformation erfaßt, zeigt sich auch in der Entwicklung von Kunst und Architektur, die von der Kirche mit großem Engagement gefördert werden. Nie wieder wird ein derartiger Aufwand bei der Ausstattung der Kirchen getrieben wie in dieser Zeit: goldene Engel, ausufernde Deckengemälde, überladene Dekors – alles schwelgt im neuerstarkten Selbstbewußtsein. Wie geblendet soll der Gläubige die Herrlichkeit Gottes wahrnehmen. Die römischkatholische Kirche präsentiert sich als der Ort auf Erden, der dem Himmel am nächsten ist. So werden Bischöfe zu ehrgeizigen Bauherren, und auch in den Klöstern entfaltet sich die barocke Pracht.

Hervorgegangen aus der Renaissance, wirkt die Epoche des Barock, ganz nach der Be-

deutung des portugiesischen Wortes „barocco", uneinheitlich und widersprüchlich. Einerseits ist dem Barockmenschen die dunkle Seite des Lebens sehr bewußt. Der Glanz der Welt ist nur Schein, nichts hat Bestand, die einzig verläßliche Wirklichkeit liegt im Jenseits. Gerade diesen Gegensatz versucht das Barock anschaulich zu machen, in der Malerei ebenso wie im Drama oder in der Baukunst. Immer dann, wenn das Dunkel übermächtig zu werden scheint, wird es durchbrochen, zeigt sich der Himmel doch noch gewogen.

In dieser Spannung zwischen Weltflucht und Weltlust entstehen Kunstwerke von einzigartiger Schönheit und Pracht. Die Gemälde eines Peter Paul Rubens (1577-1640) oder eines Rembrandt (1606-1669) gehören ebenso dazu wie die zahlreichen allegorischen Deckenfresken in italienischen Kirchen oder

Die drei Grazien von Peter Paul Rubens, um 1638/40.

die Plastiken von Giovanni Lorenzo Bernini (1598-1680). Sie alle eint – im Gegensatz zur Darstellungsweise der Renaissance, die von einem rationalen Wirklichkeitsbegriff durchdrungen ist – das Ineinander der natürlichen und der übernatürlichen Welt. Die Mahnung des „Memento mori" begleitet alle Kunstentfaltung und verleiht dem Spielerischen einen tiefen Ernst. Ist es vielleicht gerade die Angst vor dem Tod, die solche Schönheit und Tiefe hervorbringt? Oder doch eher die Hoffnung auf Erlösung?

Politisch ist die Zeit des Barock durch ein Wiedererstarken des Absolutismus gekennzeichnet. Der Individualismus und die Selbständigkeit, die für die Renaissance kennzeichnend waren, werden wieder zurückgedrängt.

Eine unerschütterliche Bastion des katholischen Glaubens ist schon damals Spanien. Hier regiert Philipp II. (1556-1598). Als Spanier, Habsburger und Katholik fühlt er sich verpflichtet, die Gegenreformation mit allen Mitteln zu unterstützen. Der rück-

Spanien kommt der Religion zu Hilfe. Gemälde von Tizian, 1566-75.

sichtslose Einsatz der Inquisition und die Verfolgung von „Ketzern" gehören ebenso dazu wie ein straffer Absolutismus. Symbol seines Machtwillens und der engen Verknüpfung von Staat und Kirche ist Philipps Residenz, der „Escorial" auf der kastilischen Hochebene. Das gewaltige Bauwerk ist Regierungssitz, Kloster und Grablege der spanischen Könige in einem. Am 23. April 1563 beginnen die Bauarbeiten, die über zwanzig Jahre lang andauern. Zum Schluß werden dann die Gebeine der spanisch-habsburgischen Dynastie in die Krypta gebracht.

Nie wieder wird das spanische Imperium eine größere Ausdehnung haben als jetzt, wo neben den Kolonien auch die Niederlande unter Philipps Herrschaft stehen. Doch der Untergang der „unbesiegbaren" spanischen Armada vor England im Jahr 1588 markiert eine Wende in der spanischen Geschichte. Die Schätze aus den überseeischen Gebieten

Inquisitionsgericht. Gemälde von Francisco de Goya.

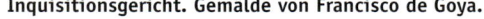

Englischer Seesieg über die spanische Armada, Juli 1588. Gemälde von Hendrik Cornelisz Vroom, um 1600.

bleiben zwar eine Erinnerung an das „Goldene Zeitalter" und die einstige Machtposition Spaniens. Im übrigen Europa aber kündigen sich grundlegende Veränderungen an. Im Gegensatz zum barocken Pomp und der Prachtentfaltung an der Spitze der katholischen Kirchenhierarchie bildet der Protestantismus eine Art „Kirche von unten".

Durch deutschsprachige Predigten und Liturgie kommt das Evangelium direkt zu den Menschen, auch zu den ungebildeten. Das „sola fide" („allein der Glaube") Luthers, das die Rettung des Menschen allein aufgrund seines Glaubens an den Erlöser meint, ist ja gerade gegen das Selbstverständnis der katholischen Kirche als Mittlerin zwischen Gott und den Menschen gerichtet. Die Reformatoren lehnen jede Bindung der göttlichen Gnade an menschliche Institutionen wie das Papsttum oder den Priesterstand ab. Luther drückt dies in zwei Gebeten so aus:

„Gebet eines Predigers:

Lieber Himmlischer Vater, rede Du, ich will gerne ein Schüler und Kind sein und schweigen; denn sollte ich die Kirche regieren aus meinem eigenen Witz, aus meiner Weisheit und Vernunft führen, so steckte der Karren längst im Dreck und wäre das Schiff schon lange zu Trümmern gegangen. Darum, lieber Gott,

regiere und führe Du es selbst, ich will mir gerne meine Augen ausstechen, die Vernunft zutun und Dich allein durch Dein Wort regieren lassen.

Gebet eines Zuhörers:

Ich glaube nicht an meinen Pfarrer, sondern er sagt mir von einem anderen Herrn, der heißt Jesus Christus, den zeigt er mir; auf seinen Mund will ich sehen, sofern er mich zu diesem rechten Meister und Präceptor, Gottes Sohn, führt."

Ein weiteres zentrales Element der protestantischen Frömmigkeit ist die Mißbilligung aller weltlichen Prachtentfaltung. So wie katholische Kirchen eine Manifestation der Gegenwart Gottes sein sollen, ein Ort, wo seine Herrlichkeit sinnlich erfahren werden kann, so sind die protestantischen Kirchen in ihrer Schlichtheit und Kargheit Manifestationen des reformatorischen „sola fide". Nichts Unnötiges soll vom Evangelium ablenken, hier soll der Mensch nur dem reinen Wort Gottes begegnen.

Auch in England, wo die anglikanische Staatskirche dem Katholizismus immer noch sehr

151

Der erste Thanksgiving Day zur Erinnerung an die erste Ernte der Pilgerväter. Gemälde von George Henry Boughton, 1867.

unter Elisabeth I. (1558-1603) kommt es zu Spannungen, die von der Königin durch harten Druck auf die Puritaner verstärkt werden. Als dann mit Jakob I. (1603-1625) auch noch ein Angehöriger des katholischen Hauses Stuart

nahe steht, gibt es bald eine starke Bewegung für eine grundlegende Kirchenreform. Besonders lautstark erhebt eine calvinistische Gruppierung ihre Stimme. Sie strebt die Reinigung der Kirche von allen überflüssigen Elementen an und erhält schnell den Beinamen „Puritaner" – das englische Wort „pure" bedeutet „rein". Ihre Hauptkennzeichen sind ein konsequenter Biblizismus, also ein wortwörtliches Verständnis der Heiligen Schrift, sowie ein strenger Moralkodex, der zum Beispiel die unbedingte Einhaltung der Sonntagsruhe verlangt und jede Form von Theater oder Kunst ablehnt.

Die Kritik gilt jedoch nicht nur der Lehre, sondern auch der hierarchischen Kirchenverfassung der Staatskirche. Im Gegensatz dazu wollen die Puritaner unter Thomas Cartwright (1535-1603) eine dezentrale, presbyterianische Kirche, die jeder einzelnen Gemeinde größtmögliche Entscheidungsfreiheit in allen Fragen zubilligt. Schnell wird diese innerkirchliche Auseinandersetzung auch zu einem politischen Kampf zwischen dem absolutistischen Königtum und den Verfechtern eines freien Parlaments. Schon

den Königsthron besteigt, werden die Auseinandersetzungen für viele unerträglich.

So besteigen im September 1620 achtzehn Familien im englischen Plymouth ein Schiff namens „Mayflower" und segeln in eine Welt, von der schon Kolumbus Sagenhaftes berichtet hatte. Den mutigen Auswanderern steht eine lange und entbehrungsreiche Schiffspassage bevor. Sie nennen sich „Pilgrim Fathers", „Pilgerväter". Da sie in England keine Perspektive für ihre religiösen Ideale sehen, wollen sie in Amerika einen Neuanfang wagen. Die Strapazen der langen Überfahrt sind schnell vergessen, aus den Dokumenten der Siedler spricht Euphorie: *„Man war in die Wildnis geflogen. Gott hatte die Herzen zum Fliegen gebracht".*

Die ersten Siedlungen an der nordamerikanischen Küste sind äußerst primitiv, die Landschaft ist wild und wirkt auf die Siedler bedrohlich. Und auch die anfänglich friedliche Koexistenz mit den amerikanischen Ureinwohnern wird schnell zu einem Kampf ums Überleben – für die Siedler ebenso wie für die „Indianer". Schon 1640 setzt eine beispiellose Einwanderungswelle nach Neu-England ein, und die neuen Siedlungen dehnen sich nach Westen aus. Dadurch kommt es zu heftigen Konflikten mit den Ureinwohnern, die zum Teil in grauenhafte Massaker münden. Letztendlich überleben nur wenige Indianer die Invasion. Mit der Eroberung des Westens werden die meisten Völker ausgerottet, und die wenigen überlebenden werden in Reservate abgedrängt. Auch dieses Unrecht ist zumindest zum Teil auf die konfessionellen Auseinandersetzungen in Europa zurückzuführen.

Obwohl sie sich weitab der Alten Welt befinden, bewahren und pflegen die Siedler ihre eigenen Traditionen und ihren Glauben. In großen Scharen kommen Angehörige der unterschiedlichsten religiösen Minderheiten nach Amerika. Viele wähnen sich auserwählt, ähnlich den Israeliten, die aus der ägyptischen Knechtschaft fliehen konnten.

In der Neuen Welt herrschen der Geist des Aufbruchs und die Freiheit des „Alles ist möglich!". Zusammen mit einem puritanischen Moralkodex, in dem Fleiß und Disziplin eine herausragende Rolle spielen, bildet sie eine wichtige Voraussetzung für das Überleben und den wirtschaftlichen Erfolg der Siedler.

In der Alten Welt hingegen bleiben die alten Konflikte bestehen. Beginnende Aufklärung konkurriert mit mittelalterlicher Tradition, Protestantismus mit Katholi-

Friedrich von Spee.

zismus, Wissenschaft mit Aberglauben. Vor allem für die Menschen auf dem Land vermischt sich der christliche Glaube immer noch stark mit Elementen des Aberglaubens. Hier ist die Natur beseelt von übernatürlichen Kräften, denen man hilflos ausgeliefert ist. Der Teufel, so glaubt man vielerorts, steckt hinter Plagen und Seuchen und vernichtet ganze Landstriche. Schon bei Paulus — im Brief an die Epheser — werden verschiedene Luftdämonen erwähnt, die für Pestilenz, Hungersnöte und Krankheiten verantwortlich sind. Und auch die rätselhafte Apokalypse des Johannes wird jetzt — in der spürbaren Krise — wieder aktuell. Glaube und Aberglaube vermischen sich zusehends. Besonders das Schwein gilt als Orakeltier und wird oft mit dem Teufel identifiziert. Viele Bauern fürchten das Tier, obwohl es sie ernährt.

„Schweine von rechts, bedeuten schlechts, Schweine zur Linken, s'wird Freude dir winken".

Immer ist man den Kräften des Bösen ausgeliefert. Selbst das Kreuz als zentrales Symbol des christlichen Glaubens besitzt magische Kräfte. An Wegkreuzungen stehend oder in Wein getaucht gilt es als Heilmittel gegen lebensbedrohliches Fieber. Auch der mittelalterliche Hexenglaube flackert noch einmal auf — Ergebnis einer desorientierten Religiosität, die sich mit dem Wunderglauben der Zeit vermischt.

Selbst bei den Jesuiten ist man in der Hexenfrage geteilter Meinung. Eine rege Diskussion entbrennt vor allem um ein Buch: die 1631 anonym erscheinende „Cautio Criminalis". Darin wendet sich der Autor gegen den allgemeinen Hexenwahn. Er sucht angebliche Hexen im Kerker auf, ist bei Verhören anwesend und kritisiert die Brutalität der sadistischen Henkersknechte.

Nostradamus. Museumsinszenierung.

Der Verfasser spricht sich in kirchlichen Kreisen jedoch schnell herum. Es ist der Jesuit Friedrich von Spee (1591-1635), der als Anonymus geschickt die Ordenszensur umgangen hat. Allerdings wagt er es nicht, die Existenz von Hexen zu leugnen, er hätte sonst selbst verfolgt werden können. Aber er wendet sich gegen die Möglichkeit einer „Hexenbuhlschaft", also einer sexuellen Verbindung der „Hexe" mit dem Teufel, und auch an Besessenheit glaubt er nicht.

„Die Nächstenliebe verzehrt mich und brennt wie Feuer in meinem Herzen; sie treibt mich an, mich mit vollem Eifer dafür ins Mittel zu legen".

Für Friedrich von Spee zählt nur „die helle Vernunft", die er als wertvolle Gottesgabe betrachtet. Er ist einer der Menschen des Barockzeitalters, die ihren Glauben in Übereinstimmung mit ihrem Denken zu bringen suchen, ein Voraufklärer, in dessen Werk sich eine neue Ära andeutet. In seiner Person wird ein Charakteristikum der Barockepoche augenfällig: die Mischung althergebrachter

Traditionen mit revolutionär neuem Gedankengut. Das halb aufgeklärte, halb magische Barockzeitalter sammelt sich freilich in einer Gestalt, deren Name zum Synonym für die Katastrophe schlechthin geworden ist: Nostradamus (1503-1566). In dieser geheimnisvollen Figur findet die Verwirrung ihren gültigen Ausdruck. Mitte des 16. Jahrhunderts verfaßt der südfranzösische Mathematiker und Astrologe ein epochemachendes Buch: die „Prophezeiungen", Weltuntergangsphantasien, in denen sich die herrschende Stimmung eine Stimme verschafft. In der französischen Königin Katharina von Medici, die für ihren unmündigen Sohn Karl IX. (1560-1574) regiert, findet Nostradamus eine Anhängerin, die in ihrer Ratlosigkeit politische Entscheidungen von seinen Weissagungen abhängig macht. Zudem verstrickt sie sich immer mehr in den Konflikt zwischen Katholiken und Hugenotten. Diese französische Ausprägung des protestantischen Calvinismus hat erst 1559 auf einer Nationalsynode in Paris ihre Bekenntnisschrift, die „Confessio Gallicana", verabschiedet. Vor allem beim Hochadel finden die Hugenotten Unterstützung, und so ist ihr Kampf um Anerkennung auch ein Kampf um politische und gesellschaftliche Macht. Der Konflikt zerreißt das Land und treibt es schließlich in einen schrecklichen Bürgerkrieg. Die sogenannten „Huge-

**Bartholomäusnacht.
Gemälde von Francois Dubois.**

nottenkriege" finden ihren blutigen Höhepunkt in der „Bartholomäusnacht" (23./24. August 1572).

Auf Befehl Katharina von Medicis werden in Paris Tausende von französischen Protestanten ermordet. Am Ende dieses Pogroms flüchten die Réfugés nach Holland oder in den deutschen Norden, wo man ihnen die Religionsfreiheit garantiert. Erst 1598 werden die Hugenotten durch das Edikt von Nantes auch in Frankreich zumindest beschränkt geduldet. Vor allem die Niederlande haben sich nach der Befreiung von ihren spanischen Besatzern im Jahr 1581 zu einem toleranten Zufluchtsort der Verfolgten entwickelt. Das Haus Oranien gehört dem protestantischen Bündnis an und macht den Calvinismus zur Staatsreligion. Dennoch werden auch andere Konfessionen geduldet. Die friedliche Koexistenz von Calvinisten, Katholiken, antichristlichen Rationalisten und weiteren Minderheiten wird Holland bald zu einem Refugium unkonventioneller Denker und großer Geister machen.

Doch noch steht die endgültige Katastrophe dieser Epoche bevor, die Explosion der schwelenden Konflikte zwischen den Konfessionen, aber auch zwischen den Staaten Europas: der Dreißigjährige Krieg.

Alle Versuche, eine Kirchenspaltung zu verhindern, sind fehlgeschlagen. Der Protestantismus hat sich unaufhaltsam verbreitet – trotz aller Bemühungen der Gegenreformation. Und so greifen die verfeindeten christlichen Parteien ab 1618 zu den Waffen.

Der Krieg zeitigt verheerende Ergebnisse: Die unterbezahlte Soldateska beraubt ganze Landstriche ihrer Lebensgrundlage. Hunger und Seuchen sind die Folge. Als das große Schlachten um Land, Macht und Glauben im Jahr 1648 mit dem Westfälischen Frieden endet, ist ihm ein Drittel der deutschen Bevölkerung zum Opfer gefallen. Rund sieben Millionen Todesopfer sind zu beklagen.

Daß der Kampf um die Durchsetzung des wahren Glaubens oft nur vordergründig eine Rolle spielt, zeigt der Blick in einen Brief Kaiser Ferdinands an seinen Feldherrn Wallenstein:

„Es wird seiner Liebden beflissen, durch sanfte politische Mittel die Gemüter zu gewinnen. ... Vornehmlich daß er den Vorwand der Religion, dessen sich unsere Feinde am allermeisten zur Verdeckung ihrer rebellischen Anschläge und Interessen meisterlich bedient haben, soviel wie möglich benehmen möge."

Mit dem Westfälischen Frieden ist Europa konfessionell gespalten. Während die Mittelmeerländer und Frankreich katholisch bleiben, bekennt sich ganz Nordeuropa zum Protestantismus. Die Demarkationslinie zwischen den Konfessionen verläuft mitten durch das Deutsche Reich. Von einigen Ausnahmen abgesehen, bleibt der Süden katholisch, der Norden und Osten sind weiterhin protestantisch. Nach über einem Jahrhundert voller Streitereien und voller Blutvergießen haben die Kirchen der Reformation ihre Existenz endgültig gesichert. Dennoch kann von Religionsfreiheit im modernen Sinn keine Rede sein. Nach wie vor gilt die Regelung aus dem Augsburger Religionsfrieden von 1555, wonach die jeweiligen Landesfürsten die Religionszugehörigkeit ihrer Untertanen bestimmen: „Cuius regio, eius religio" („wessen Land, dessen Religion"). Und falls der Landesherr den Glauben wechselt, müssen die Untertanen mitziehen. Wer sich nicht fügt, muß das Fürstentum verlassen. Für religiöse Toleranz ist die Zeit noch nicht reif.

Der Staatsphilosoph Samuel Freiherr von Pufendorf kommentiert diese Entwicklung: *„Es bleibt also nichts anderes übrig, als Deutschland ... einen unregelmäßigen und einem Monstrum ähnlichen Staatskörper zu nennen, der sich im Laufe der Zeit durch die träge Nachgiebigkeit der Kaiser, durch den Ehrgeiz der Fürsten und die Ruhelosigkeit der Pfaffen aus einer Monarchie zu einer so ungeschickten Staatsform umgestaltet hat."*

Paul Gerhardt.

Dennoch entstehen überall dort Inseln der Toleranz, wo bereits der neue Geist der Aufklärung zu wehen beginnt. So finden auf Einladung des Großen Kurfürsten Friedrich Wilhelm von Brandenburg (1640-1688) 20000 Hugenotten Zuflucht in seinem Kurfürstentum.

Er initiiert auch das Berliner Religionsgespräch, das der Verständigung zwischen Lutheranern und Reformierten dienen soll, und verbietet 1664 die Kanzelpolemik gegen die jeweils andere Konfession. Daraufhin kommt es zu heftigen Protesten vor allem von lutherischer Seite. Zahlreiche Pfarrer wollen sich dem Dekret nicht fügen und werden abgesetzt. Unter ihnen ist auch Paul Gerhardt (1607-1676), einer der bedeutendsten Dichter von Kirchenliedern im evangelischen Bereich. Die Pflege der Kirchenmusik ist im Protestantismus sehr stark ausgeprägt, und gerade im 17. Jahrhundert entstehen zahlreiche Stücke, die bis heute gesungen werden.

Kirchenlieder sind zu dieser Zeit, in der sich die Streitigkeiten zwischen Lutheranern und Reformierten zu einem regelrechten Kirchenkampf ausweiten, von größter Bedeutung für die Menschen. Sie sind wichtige Quellen der Religiosität, übertragen theologische Lehrsätze in den Horizont der Gläubigen und spielen nicht nur im Gottesdienst, sondern auch im häuslichen Alltag eine wichtige Rolle. Viele dieser Lieder stammen aus der Feder Paul Gerhardts. Als Dichter und

Die Schloßanlage von Versailles. Gemälde von Pierre Patel, 1668.

**Unten:
Ludwig XIV.
Gemälde von Pierre Mignard,
um 1662.**

„Mann Gottes" – so sieht er sich selbst – schreibt er Verse, die tiefe religiöse Gefühle ausdrücken:

„Befiehl du deine Wege und was dein Herz kränkt, der allertreuesten Pflege des, der den Himmel lenkt.

Der Wolken, Luft und Winden gibt Wege, Lauf und Bahn, der wird auch Wege finden, da dein Fuß gehen kann."

Paul Gerhardt hat nicht alle seine Lieder selbst vertont. Einige Melodien stammen zum Beispiel aus der Feder von Johann Sebastian Bach (1685-1750). Auch er ist vom pietistischen Luthertum geprägt und verschafft seinem Glauben mit Hilfe der Musik auf gewaltige Weise Ausdruck. Seine bedeutendsten Werke – Bach schreibt fast ausschließlich geistliche Musik – entstehen ab 1723, wo er Kantor an der Leipziger Thomaskirche wird. Bachs Arbeiten sind anspruchsvoll, verlangen musikalische Bildung und entsprechen nicht dem vorherrschenden Stil der Zeit.

Daher finden die Zeitgenossen an seinen Kompositionen weit weniger Gefallen als an seinem virtuosen Orgelspiel und seiner Improvisationskunst. Doch seit seiner Wiederentdeckung gegen Ende des 18. Jahrhunderts gilt Bach als größter Komponist seines Zeitalters.

Die architektonische Krönung dieser Ära und zugleich das Sinnbild für das Barockzeitalter schlechthin steht jedoch in Frankreich, vor den Toren von Paris: das Schloß Versailles, erbaut unter dem französischen Sonnenkönig Ludwig XIV. (1661-1715). Es gibt kein anschaulicheres Beispiel für das Wiedererstarken des Absolutismus und die Übersteigerung alles Sinnlichen zu jener Zeit. Wenn Ludwig des Morgens erwacht, dann ist der ganze Hofstaat gefordert. Er hat den gesamten Adel politisch ausgeschaltet, bietet den Vertretern der Aristokratie aber komfortable Wohnstätte auf seinem Schloß und kurzweilige Betätigung in der Komparserie für das Hofzeremoniell zu seinen Ehren. Die eindrucksvollsten Sit-

Liselotte von der Pfalz. Gemälde um 1680.

tengemälde vom Hof haben wir der Schwägerin des Sonnenkönigs, Liselotte von der Pfalz, zu verdanken. Sie schickt rund 60000 Briefe aus Versailles in alle Welt, von denen etwa 10000 noch erhalten sind. Sie informiert uns bestens über die Abendgestaltung: *„Alle Montag, Mittwoch und Freitag ist Jour d'Apartement. Da versammeln sich alle Mannsleute vom Hof in des Königs Antichambre und alle Weiber um sechs Uhr in der Königin Kammer. Hernach gehen alle in den Salon, wo die Violons sind für diejenigen, die tanzen wollen. Von da geht man in ein Zimmer, wo des Königs Thron ist. Da findet man allerhand Musik, Konzerte und Stimmen. Von da geht man in ein Zimmer, wo mehr als zwanzig Tische stehen mit grünen Samtteppichen, um allerhand Spiele zu spielen, von da in ein anderes Zimmer, wo vier lange Tische sind mit allerhand Sachen, Obstkuchen, Konfitüren. Das sieht aus wie am Christkinderabend."*

Nichts spiegelt das barocke Lebensgefühl des Adels besser wider als die scheinbare Leichtigkeit des Lebens. Das höfische Leben von Versailles findet begeisterte Nachahmer.

Doch allmählich erschöpft sich die barocke Pracht an den Höfen der Fürsten und Bischöfe. Am Horizont des 17. Jahrhunderts taucht langsam die Sonne auf, das Symbol der Aufklärung. Neue Entdeckungen in Wissenschaft und Geographie verändern die Welt, während ein neuer Stand entsteht: der aufgeklärte Bürger, der später als Citoyen eine gewaltige Revolution auslösen wird.

Noch haben die alten Ordnungen Bestand, doch sie werden immer heftiger in Frage gestellt. Das Zeitalter des Absolutismus neigt sich seinem Ende entgegen.

Auch die reichhaltigen Formen der Natur sind Gottes Werk. Kupferstich nach Maria Sibylla Merian, 1705.

Neue
Welten

Sie suchen den Seeweg nach Indien und finden einen neuen Kontinent. Sie könnten das Licht des Glaubens bringen, doch bevor sie das Evangelium verkünden, morden, rauben, plündern und zerstören sie die Kulturen der Menschen, die sie Indianer nennen.

Das Zeitalter der Renaissance läutet das Ende des Mittelalters ein und gibt gleichzeitig das Startsignal für einen gewaltigen Aufbruch, der sämtliche gesellschaftlichen Bereiche erfassen wird. Eine neue Zeit bricht an, und sie bringt grundlegende Veränderungen mit sich. Alte Weltbilder vergehen, neue entstehen. Die klassische Auffassung des Ptolemäus von der Scheibengestalt der Erde, für Jahrhunderte Grundlage des antiken und christlichen Weltbildes, ist schon seit dem Spätmittelalter durch die Vorstellung von der Kugelform der Erde abgelöst. Die Welt wird mit neuen Augen gesehen und mit verbesserten Instrumenten erkundet.

Der Infant von Portugal, Heinrich der Seefahrer (1394-1460), gründet auf dem Cabo

Windrose. Bodenkreis aus Steinen auf der Festung Sarges in Portugal, vermutlich 15. Jahrhundert.

de São Vicente, an der äußersten Westspitze des europäischen Kontinents, seine legendäre Seefahrerschule. Hier versammelt er Kapitäne, Techniker und Kartographen, Schiffbauer, Nautiker und Astronomen aus der ganzen damals bekannten Welt. Hier werden die technischen und navigatorischen Kenntnisse der Zeit gesammelt und erweitert. Das Astrolabium, ein astronomisches Meß- und Beobachtungsgerät, wird ebenso verbessert wie der Quadrant – unabdingbare Voraussetzungen für die Entdeckungsfahrten des 15. und 16. Jahrhunderts.

Der Mathematiker und Philosoph Pedro Nunes (1502-1578) setzt den Seefahrern, Baumeistern und Gelehrten um Henrique mit folgenden Worten ein literarisches Denkmal:

„Sie machten die Meere so bekannt, daß es heutzutage niemand wagen kann, zu sagen, er habe ein Eiland, eine Sandbank oder selbst einen Felsen gefunden, die nicht zuvor schon von unseren Seefahrern entdeckt worden wären."

Eine Generation von wagemutigen Männern schickt sich an, den festgefügten Raum der Alten Welt zu verlassen. Ermöglicht werden ihre spektakulären Entdeckungsfahrten auch durch neue Entwicklungen im Schiffsbau. Die hochseetüchtige Karavelle entsteht: ein besonders segeltüchtiger und stabiler Schiffs-

Die Santa Maria, das Schiff des Kolumbus bei stürmischer See, Farbholzstich 1904.

typ. Ihre Rahen sind nicht mehr rechtwinklig, sondern schräg zur Schiffsachse aufgehängt. Dieser kleine Kniff ermöglicht es, auch gegen den Wind zu segeln. Mit einem solchen Schiff stechen im Jahr 1492 Kolumbus und seine Mannschaft in See, nicht ahnend, daß sie einen bis dahin unbekannten Kontinent entdecken würden. Welche Motive treiben die Entdecker in das Wagnis einer Reise mit ungewissem Ausgang?

Die überlieferten Aufzeichnungen und Tagebücher geben nachhaltig Auskunft über die Beweggründe der spanischen und portugiesischen Seefahrer, die dem Westkurs des Kolumbus folgen: Ruhm, Reichtümer und Abenteuer. Innerhalb von nur vier Jahrzehnten entdecken und erobern sie Mittel- und Südamerika – ein Gebiet, das dreimal so groß ist wie die Landfläche Europas.

Welche Rolle aber spielt die Kirche bei der beginnenden Einverleibung der neuen Länder?

Zunächst einmal sieht sie ihre wichtigste Aufgabe in der Missionierung der riesigen Gebiete. Der neue Kontinent soll zum christlichen Glauben bekehrt werden. Die Eroberung, Befriedung und Verwaltung der neuen Länder überläßt sie den Konquistadoren, getreu dem Grundsatz: „Die Seelen für Gott, das Land dem König"!

Wir schreiben das Jahr 1493. Christoph Kolumbus ist von seiner Entdeckungsfahrt zurückgekehrt, und er bringt einige Eingeborene aus der Neuen Welt mit nach Spanien. Da er immer noch glaubt, daß er den westlichen Seeweg nach Indien gefunden hat, nennt er sie Indianer. Sechs Bewohner der Insel Hispaniola haben mit ihm das Schiff bestiegen, aber zwei von ihnen sind bereits auf der Überfahrt gestorben. Bei den Übriggebliebenen löst die erste hautnahe Begegnung mit der Alten Welt Staunen und Erschrecken zugleich aus.

Umgekehrt wirken die Botschafter der Neuen Welt exotisch und faszinierend auf die Spanier. Einer der ersten, die mit den indianischen Eingeborenen in Berührung kommen, ist der junge Bartolomé de Las Casas, dessen Vater zur Mannschaft des Kolumbus gehört. Er wird einen Großteil seines weiteren Lebens dem Einsatz für die Rechte der Ureinwohner des amerikanischen Kontinents widmen.

Schon im Jahr der Rückkehr des Kolumbus legt Papst Alexander VI. fest, wie die Neue

Christoph Kolumbus.
Gemälde von Sebastiano del Piombo, 1519.

Fast die gesamt Westküste Südamerikas wird im 14. Jahrhundert von den Inka beherrscht. Ihre Kultur zeichnet sich besonders durch eine überlegene Infrastruktur aus. Prozessionswege, Straßensysteme mit einer Gesamtlänge von über 40000 Kilometern, Hängebrücken sowie eine ausgeklügelte Bewässerungsarchitektur schaffen die Voraussetzungen für ein funktionierendes, straff organisiertes Staatswesen, an dessen Spitze der Sapa Inka steht, ein Herrscher, dem gottähnliche Eigenschaften zugeschrieben werden.

Aber auch auf kulturellem und wissenschaftlichem Gebiet zeigen sich die Inka außerordentlich kundig und erfindungsreich. So haben sie eine ausgefeilte Bildersprache entwickelt und sich weitreichende astronomische Kenntnisse angeeignet. Die ideographische Gedächtnisschrift der Inka, die Knotenschnüre der sogenannten Quipus, hat Zahlenbedeutung und dient der Erfassung von Waren- und Gütermengen sowie anderen statistischen Berechnungen. Bestimmendes Element der Inkagesellschaft aber ist die Verehrung der Götter und ihrer Repräsentanten auf Erden. Die zentralistische Staatsstruktur ordnet das Leben und die Arbeit aller dem Sapa Inka unter.

Das kultische Zentrum dieses Reiches liegt in der Stadt Machu Picchu. Die eindrucksvolle, terrassenförmige Anlage ist der imposante Ausdruck einer eigenständigen und geistig

Welt aufgeteilt werden soll. Ein ungeheurer Vorgang: Aus seinem Selbstverständnis als Stellvertreter Christi auf Erden leitet der Papst das Recht ab, auch über die neuentdeckten Länder zu verfügen. Alexander ist gebürtiger Spanier und folgt mit seinen Regelungen den Vorschlägen der iberischen Lobby am Vatikan: die Lehensrechte am neuen Kontinent werden zwischen Spanien und Portugal aufgeteilt. Damit haben die Konquistadoren freie Hand. Nach europäischem Recht gehört ihnen Amerika bereits. Was aber sagen die etwa zehn Millionen Ureinwohner Mittelamerikas zu den Eigentumsansprüchen der Europäer?

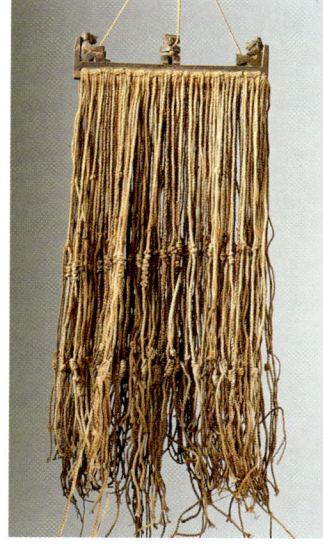

Indianische Knotenschnüre.

**Ruinen der Stadt
Machu Picchu in Peru.**

hochstehenden Kultur. Sie liegt auf einer schmalen, 650 Meter hohen Felsterrasse und bleibt so zunächst vor den Blicken der Europäer verborgen. Erst im Jahr 1912 entdecken weiße Forscher die Granitruinen.

Als an Ostern 1519 elf spanische Schiffe unter Führung des Konquistadors Hernan Cortéz an der Küste landen, wird der Osten des Kontinents seit fast dreitausend Jahren von den Atzteken regiert. Etwa fünfhundert Soldaten setzen ihre Füße auf das neue Land. Auch eine junge Indianerprinzessin, die seit ihrer Taufe den Namen Marina trägt, ist dabei. Sie dient den Eroberern als Dolmetscherin und dem Anführer Cortéz als Geliebte.

Aus zeitgenössischen Berichten kennen wir Einzelheiten der Bewaffnung der Eroberer: Sechzehn Pferde, zehn Kanonen, vier Feldschlangen, dreizehn Gewehre, etwa hundert Armbrüste, dazu Schwerter, Spieße und Dolche; nicht gerade ein Hinweis auf friedliche Absichten der Spanier.

Cortéz und seine Mannschaft werden von den Eingeborenen freundlich empfangen und erhalten wertvolle Geschenke aus Gold, die großes Staunen und Faszination hervorrufen. Die Geschenke der Eroberer — einfache Glaswaren und Hemden aus grobem Tuch — erscheinen den Indianern fremdartig und kostbar zugleich.

Die Männer um Cortéz bleiben vier Monate lang an der Küste und beginnen mit der Errichtung der schachbrettartig konstruierten Stadt Vera Cruz, der ersten Kolonialsiedlung am Golf von Mexiko. Immer wieder hören die Spanier Berichte von dem ungeheuren Reichtum und der Pracht der Hauptstadt Tenochtitlán. Sie geben dem uralten Traum von der Existenz des legendären Goldlandes El Dorado neue Nahrung.

Die Nachrichten von großen Mengen an Goldkörnern und Goldklumpen sowie üppigem Goldschmuck in der Neuen Welt gelangen schnell nach Europa und lösen einen wahren Ansturm von Abenteurern, Glückssuchern und Goldgräbern aus. El Dorado heißt der Wunschtraum der Entdecker, die auf phantastische Schätze und schnellen Reichtum hoffen.

Zunächst wird das Gold im Tauschhandel von den Indios erworben, später raubt man es ihnen und tötet sie. Unzählige heilige

Hernan Cortéz betritt Zempuala.
Malerei auf Holz, 16. Jahrhundert.

kommt es zu einer hemmungslosen Suche und Sucht nach Gold.

Die Muisca, ein Indianerstamm im Norden des heutigen Kolumbien, pflegen eine Opferform, die die Konquistadoren aufs äußerste provoziert und ihren Goldhunger nur noch mehr anstachelt: Der Häuptling wird von den Angehörigen seines Stammes unter Gesängen mit Harz gesalbt, dann bläst man ihm durch feine Röhrchen Goldstaub auf den Körper. Er wird auf einen See hinausgerudert, steigt ins Wasser und badet, so daß sich das Gold von seinem Körper löst. Mit diesem rituellen Bad huldigt der Stammeschef der Göttin des Sees.

Doch die Eroberer können die religiöse Dimension dieses Aktes nicht erkennen, und so nehmen sie sich, was ihnen nicht freiwillig gegeben wird.

Rund sechshundert Kilometer Fußmarsch sind es von der Küste bis nach Tenochtitlán, der Hauptstadt des Aztekenreiches. Die Männer unter Führung von Hernan Cortéz sind einem Wechselbad von Hitze, Kälte, Regen und Hagelschauern ausgesetzt – eine große Strapaze für die an das vergleichsweise milde europäische Klima gewöhnten Spanier. Am Ende des Jahres 1519 erreichen die Spanier Tenochtitlán. Ein ebenso verwegenes wie verbrecherisches Unternehmen! Die Männer, zwar mit Rüstungen, Pferden, Gewehren und Kanonen ausgerüstet, finden sich einem Heer von hunderttausend Indianern gegenüber. Ein Augenzeuge, Hauptmann Diaz del Castillo, berichtet:

„Wir zogen weiter über große Brücken, bis sich schließlich vor uns die Hauptstadt ausbreitete, in all ihrer

Kunstwerke der Ureinwohner werden eingeschmolzen und in klingende Münze verwandelt. Der Hunger nach Gold und die Gier nach Ruhm kennen keine Grenzen, jede moralische Hemmschwelle scheint zu fallen.

Das Gold hat für die Europäer – im Unterschied zu den Indios – keine mystisch-religiöse Bedeutung; für sie ist es der Schlüssel zu Macht und Reichtum und wird so zum Objekt der materiellen Begierde. Begünstigt durch die wirtschaftliche Depression des 14. Jahrhunderts und den Expansionsdrang und steigenden Geldbedarf des 15. Jahrhunderts,

Pracht. Unser kleiner Haufen von vierhundertfünfzig Mann zog mitten durch die dichten Menschenmassen, den Kopf voll von den Warnungen unserer vielen indianischen Freunde... Hat es je Männer gegeben, die ein derart kühnes Wagnis auf sich genommen haben?"

Ein entscheidender Faktor für den unglaublichen militärischen Erfolg der spanischen Eroberer ist die merkwürdige Ehrfurcht, die ihnen die Indianer entgegenbringen. Warum überwältigen sie die Weißen nicht einfach? Der Grund ist in der Religion der Azteken zu finden. Ihr Gott der Fruchtbarkeit, des Wassers und des Himmels heißt Quetzalcoatl. Er hat vor langer Zeit die Erde verlassen, soll aber nach den Worten einer Prophezeiung eines Tages zurückkehren. Die Priester der Azteken haben das Jahr 1519 als eines der wahrscheinlichsten Daten für die Rückkehr Quetzalcoatls errechnet. Zudem haben in diesem Jahr schon wilde Stürme gewütet, so daß der Kaiser und sein Volk auf weitere ungewöhnliche Ereignisse vorbereitet sind. Als Cortéz an der Küste des Golfs von Mexiko landet, wird dem Aztekenherrscher

Plan der Stadt Tenochtitlán. Holzschnitt von 1524.

Montezuma die Nachricht von der Ankunft der bärtigen Bleichgesichter überbracht. Montezuma vermutet, daß es sich um den Gott und seine himmlischen Boten handelt und gewährt ihnen erwartungsvoll Zugang zu seiner Stadt. Eine tragische Verwechslung, ohne die der militärische Erfolg der Konquista nicht zu erklären wäre.

Und noch ein zentraler Bestandteil der aztekischen Religion begünstigt Cortéz' Coup: die grausamen Menschenopfer. Sie sind für Huitzilopochtli, den Sonnengott, bestimmt. Er fordert nicht allein Gebete, Enthaltsamkeit und gewöhnliche Opfergaben, sondern auch menschliches Blut und menschliche Herzen. Zu Hunderttausenden werden Kriegsgefangene, Sklaven und Kinder hingerichtet, um den Gott gnädig zu stimmen. Zur Beschaffung der benötigten menschlichen Opfergaben begeben sich die Herrscher von Tenochtitlán immer wieder auf Kriegszüge gegen die eigentlich verbündeten Nachbarstaaten Tlaxcala und Huexotzinco.

Kopf eines Gottes am Quetzalcoatl-Tempel.

**Menschenopfer auf einem Sonnenaltar.
Nach einer altmexikanischen Malerei.**

Der Marsch auf die Hauptstadt führt Cortéz und seine Leute durch das Gebiet von Tlaxcala, wo ein Großteil der Eingeborenen ihre Ankunft begrüßt. In der Hoffnung auf ein Ende des Menschenraubes zu Opferzwecken schließen sich Tausende indianischer Krieger dem Zug an.

Bei der Ankunft in Tenochtitlán nehmen die Spanier fassungslos den Blutgestank in den Straßen und die blutverschmierte Kleidung der Priester wahr. Das furchterregende Ritual des Menschenopfers löst bei den Eroberern Entsetzen und Empörung aus. Gleichzeitig dient es ihnen dazu, ihr ebenfalls äußerst brutales Vorgehen bei der Unterwerfung zu rechtfertigen.

In einem Handstreich wird der Aztekenherrscher Montezuma gefangengesetzt. Marina, Cortéz' indianische Geliebte, ist bei der Überrumpelungsaktion behilflich. Die nächsten Monate lebt Montezuma in einem goldenen Käfig; umgeben von seinem Hofstaat und seinen Frauen – ein Herrscher ohne Reich. Im Sommer 1520 schließlich wird die Haupt-

stadt vollständig militärisch erobert und Cortéz läßt Montezuma töten.

Im Gefolge der militärischen Unterwerfung beginnt die Missionierung der eingeborenen Bevölkerung. Die Mönche, die sich in der Begleitung der Soldaten befinden, versuchen die Indianer für den christlichen Glauben zu gewinnen. Ein schier unüberwindliches Problem dabei sind die fremden Sprachen. Die Missionare müssen sich etwas einfallen lassen.

Zu Anfang kann die Evangelisierung nur mit Hilfe von Zeichensprache vonstatten gehen. Später werden dann auch Abbildungen eingesetzt. So besitzt beispielsweise der Katechismus des Pedro de Gante, der uns bis heute erhalten geblieben ist, zahlreiche Bilder, die demonstrieren, wie die christliche Lehre mimisch dargestellt werden kann. Seine Umsetzung erfordert allerdings einige schauspielerische Fertigkeiten, und nicht immer

Montezuma in Tenochtitlán. Kupferstich von 1673.

Ausbeutung der Arbeitskraft der Indianer. Kupferstich von 1594.

dürfte der Ernst der Botschaft die staunenden Zuschauer erreicht haben.

Doch schon bald studieren die Mönche die Idiome der Indianer, und die eigentliche Arbeit der Evangelisierung beginnt. Durch das Erlernen der Sprache entsteht die erste Brücke zwischen den so unterschiedlichen Kulturen. Schon in den ersten Jahrzehnten der Eroberung und Missionierung bekehren sich Millionen von Indianern zum christlichen Glauben.

Die Missionsarbeit der Bettelorden, der Franziskaner und Dominikaner, wird allerdings durch die materiellen Interessen der Eroberer stark behindert. Sie betrachten die Indios lediglich als billiges Arbeitsmaterial und als Menschen zweiter Klasse. Übergriffe und Grausamkeiten sind an der Tagesordnung. Immer häufiger prallen die Vorstellungen der christlichen Missionare und die der Konquistadoren aufeinander. Wird die Kirche sich der Auseinandersetzung stellen?

Schon im Jahr 1511 prangert der Dominikaner Antonio de Montesinos in der Kirche von Santo Domingo die Goldgier der spanischen Besatzer und ihre Politik der Unterdrückung an:

„Ihr seid alle in Todsünde und lebt und sterbt in ihr, wegen der Grausamkeit und Tyrannis, die ihr gegen diese unschuldigen Menschen gebraucht. Sagt, mit welchem Recht und mit welcher Gerechtigkeit haltet ihr jene Indianer in einer so grausamen und schrecklichen Dienstbarkeit? Wie bedrückt und plagt ihr sie, ohne ihnen Essen zu geben, noch sie in ihren Krankheiten zu pflegen, die sie sich durch die übermäßigen Arbeiten zuziehen, die ihr ihnen auferlegt, und die sterben, besser gesagt, die ihr tötet, um jeden Tag mehr Gold zu erraffen.“

Montesinos bittet um eine Audienz bei König Ferdinand und schildert ihm die Mißstände in der Neuen Welt. Allerdings hat er mit diesem Versuch nur wenig Erfolg. Ferdinand erläßt zwar eine Verfügung, in der festgehalten wird, daß die Indianer freie Menschen seien, allerdings kann der König ihnen jederzeit Arbeit auferlegen, sofern diese nicht die Unterweisung in der christlichen Lehre behindere. Das System der Ausbeutung indianischer Arbeitskraft bleibt im wesentlichen unangetastet, und so kommt es zwangsläufig zu ungezählten weiteren Härten und Grausamkeiten.

Ein anderer Vorkämpfer für Verantwortung und Gerechtigkeit ist der schon oben erwähnte Bartolomé de Las Casas (1474-1566). Im Jahr 1502, zehn Jahre nach Kolumbus erster Entdeckungsfahrt, kommt er in die Neue Welt.

Seine Biographie ist nicht ohne Brüche. Anfangs ist er unmittelbar an den „Schrecken der Verwüstung", wie er selbst es später formuliert, beteiligt. Er erhält eine bestimmte Anzahl von Indianern zugeteilt, damit er seine Bergwerks- und Plantagenwirtschaft betreiben kann, und beteiligt sich so an der systematischen Ausbeutung von Land und Menschen. Etwa zehn Jahre lang verhält er sich nicht wesentlich anders als die anderen Plantagenbesitzer. Doch angesichts der gewaltsamen Verheerungen und der schrankenlosen Brutalität der Eroberer ändern sich sein Leben und seine Ansichten radikal; er wird zum Vorkämpfer für die Rechte der Indianer.

Las Casas wird Dominikaner und 1510 zum Priester geweiht. Bei der Bibellektüre zur Vorbereitung seiner Pfingstpredigt im Jahr 1514 stößt er auf eine Stelle im Buch Jesus Sirach:

„Kärgliches Brot ist der Lebensunterhalt der Armen, wer es ihnen vorenthält, ist ein Blutsauger."   Jesus Sirach 34,25

Das Bibelwort läßt ihn seine Berufung erkennen:

Bartolomé de Las Casas. Gemälde 17. Jh.

„Ich bedachte die Not und die Sklaverei, in der das einheimische Volk hier lebt. Je mehr ich darüber nachdachte, desto mehr wurde ich davon überzeugt, daß alles, was wir den Indianern bisher widerfahren ließen, nichts ist als Tyrannei und Ungerechtigkeit."

In seinem „Kurzgefaßten Bericht von der Verwüstung" schildert Las Casas die grausamen Realitäten und die unsagbaren Leiden der Ureinwohner unter den spanischen Besatzern:

„Die Insel Hispaniola war es, wo die Christen zuerst landeten. Hier fing das Metzeln und Würgen an. Sie war die erste, welche verheert und entvölkert wurden. Die Christen fingen damit an, daß sie den Indianern ihre Weiber und Kinder entrissen, sich ihrer bedienten und sie mißhandelten. Sodann fraßen sie alle ihre Lebensmittel auf, die sie mit viel Arbeit und Mühe sich angeschafft hatten... Da sie nun außerdem noch manche Grausamkeiten, Bedrückungen und Gewalttätigkeiten gegen die Indianer verübten, so sahen diese nach und nach ein, dergleichen Menschen könnten unmöglich vom Himmel kommen... Sie griffen demnach zu den Waffen, die aber sehr schwach sind... Die Spanier richteten ein greuliches Gemetzel und Blutbad unter ihnen an. Sie machten auch breite Galgen, hingen zur Verherrlichung des Erlösers und der zwölf Apostel je dreizehn und dreizehn Indianer an jedem derselben auf, legten dann Holz und Feuer darunter und verbrannten sie alle lebendig."

Pferde und große Hunde kennen die Indianer bislang nicht, und sie jagen ihnen maßlose Furcht ein. Die

**Indianer werden
den Hunden zum Fraß
vorgeworfen.
Buchillustration, 1594.**

Spanier machen sich diese Tatsache zunutze und setzen die Tiere als Waffe gegen die Indianer ein. Voller Abscheu berichtet Las Casas von regelrechten Treibjagden auf Indianer, die damit enden, daß die Bluthunde die Verfolgten in Stücke reißen und auffressen. Die Eingeborenen werden von den Konquistadoren nicht wie Menschen behandelt, sondern als bloße Objekte, die im Extremfall auch als Sklaven ausgebeutet und verkauft werden können. Es ist als hätte das Evangelium niemals die gleiche Würde und das gleiche Recht aller Menschen grundgelegt. Christliche Nächstenliebe spielt bei der Eroberung des neuen Kontinents schon lange keine Rolle mehr. Und selbst die Anordnungen des spanischen Königs, des eigentlichen Landesherrn, werden ignoriert, wenn sie den Eroberern nicht ins Konzept passen. Spanien ist weit, und hier herrscht das Gesetz der Willkür. So mündet die schrankenlose Freiheit der Konquistadoren schließlich in brutaler Tyrannei.

Im Jahr 1520 erwirkt Bartholomé de Las Casas eine Audienz bei dem jungen spanischen König Karl I. (1516-1556, seit 1519 als Karl V. deutscher Kaiser) und schildert ihm die skandalösen Vorgänge in der Neuen Welt, über die der Kaiser gar nicht oder nur unzureichend informiert ist. Auch etliche Mit-

glieder des Hofstaates und des Indienrats sind am Gespräch beteiligt. Es kommt zu heftigen Auseinandersetzungen. Der Kaiser ist entsetzt über die Schilderungen des engagierten Missionars und läßt ein Schriftstück aufsetzen, in dem das bisherige Verhalten der Eroberer für ungesetzlich erklärt wird. Außerdem beauftragt er den Indienrat damit, einen Plan auszuarbeiten, wie die Besitzungen künftig in Frieden regiert werden können. Bartholomé de Las Casas wird königlicher Hofkaplan und „Defensor universal de los Indios"; sein Kampf für die Rechte der amerikanischen Ureinwohner erhält die ausdrückliche Zustimmung des Kaisers.

In der Zwischenzeit wird die Unterdrückung in Lateinamerika systematisch ausgeweitet. Die Konquistadoren entwickeln ein System zur effektiveren Ausbeutung der Schätze, die die Neue Welt zu bieten hat: Gold und Silber vor allem, aber auch Früchte, Kartoffeln, Zucker, Reis und Tabak. Jeder Konquistador erhält zwischen 100 und 800 Indianer zuge-

teilt, die gegen Verpflegung und ein geringes Entgelt sämtliche Arbeiten verrichten müssen, die ihnen auferlegt werden.

Dieses System der Zwangsarbeit, „encomienda" genannt, soll eigentlich Arbeit und Missionierung der Indianer miteinander verbinden. Allerdings tritt der Gedanke der Unterweisung in der christlichen Lehre sehr schnell in den Hintergrund – Ausbeutung und Willkürakte sind an der Tagesordnung. Erst im Jahr 1542, 22 Jahre nach dem ersten Besuch Bartholomé de Las Casas bei Kaiser Karl V., treten Reformgesetze in Kraft, die auf die gravierenden Fehlentwicklungen in der Neuen Welt reagieren. Diese „Leyes Nuevas" entstehen auf Initiative kirchlicher Kreise und wären ohne die Berichte und Schriften de Las Casas wohl gar nicht zustandegekommen. Aber auch andere Missionare protestieren verstärkt gegen die unmenschliche Behandlung der Indianer. Die Rückbesin-

nung auf das eigentliche Ziel christlicher Mission, das nicht in der Überwältigung, sondern in der Überzeugung der Nichtchristen liegt, soll wieder im Vordergrund stehen.

Die „Neuen Gesetze" verbieten die Versklavung von Indianern und ordnen die allmähliche Auflösung der „encomiendas" an. Es werden keine neuen Rechte zur Beschäftigung von Zwangsarbeitern mehr vergeben. Beim Tod eines Besitzers geht sein Eigentum in den Besitz der Krone über, ebenso die damit verbundene Verfügungsgewalt über die Indianer.

Wie nicht anders zu erwarten, lösen die Gesetze großen Unmut und Widerstand aus, und bereits 1545 wird ein Großteil davon widerrufen.

Immer wieder berufen sich die Encomenderos auf eine päpstliche Vollmacht aus dem Jahr 1508, wonach den spanischen Heerführern und ihren Missionaren weitgehend freie Hand bei der Kolonialisierung gewährt wird. Ausgestattet mit diesem päpstlichen Freibrief und mit massiver Unterstützung des spanischen Königs, erlassen die spanischen Vizekönige Gesetze und Verordnungen in kirchlichen Fragen und setzen auch Geistliche und Bischöfe in ihre Ämter ein. So scheint eine weitgehend von Rom autonome

Kirche zu entstehen. Das Papsttum trägt also durch die unbedachte Vergabe von Vollmachten eine Teilschuld daran, daß sich die Situation in Lateinamerika überhaupt so dramatisch zuspitzen kann.

Nach Jahrzehnten der Passivität entschließt sich die Kirche, endlich energischer auf die Entwicklungen in Amerika Einfluß zu nehmen. Auf päpstliche Weisung hin wird 1568 die „Kongregation zur Bekehrung der Ungläubigen" gegründet, der auch die Mission in Amerika unterstellt werden soll. Doch der spanische König widersetzt sich diesem Vorhaben, und so bleiben Kirche und Mission in Amerika weiterhin der staatlichen Autorität Spaniens unterstellt.

So muß man gegen Ende des 16. Jahrhunderts eingestehen, daß es weder den „Neuen Gesetzen" Karls V., noch der päpstlichen Kongregation gelungen ist, die Situation der Indianer entscheidend zu verbessern. Doch schon zeichnet sich eine andere, erfolgversprechendere Initiative ab. Sie hat ihren Ausgangspunkt in dem jüngst entstandenen Jesuitenorden und seinem Gründer, Ignatius von Loyola.

Der Papst erkennt den neuen Orden im Jahr 1540 an. Seine Mitglieder verpflichten sich nicht nur zur Einhaltung der drei Hauptpflichten des Mönchtums – Armut, Keuschheit und Gehorsam –, sondern darüber hinaus auch zum unbedingten Gehorsam gegenüber dem römischen Bischof. Neben der christlichen Mission widmet sich der neugeschaffene Orden karitativen Werken und einer ausgeprägten Schul- und Lehrtätigkeit. So entwickeln die Jesuitenmissio-

nare, die ab 1566 auch auf dem amerikanischen Kontinent tätig sind, einen ganz eigenen Missionsstil. Bald schon sind sie eine Hauptstütze der lateinamerikanischen Mission.

Dabei bemühen sie sich vor allem darum, die Eingeborenen vor Gewalt und Ausnutzung zu schützen und ihnen die christliche Lehre durch tätige, helfende Liebe vorzuleben.

Die Jesuiten streben danach, die kläglichen Lebensumstände der Indianer zu verbessern. Schwerpunkt ihrer Mission sind die Erziehung und der Unterricht. Kinder und Jugendliche lernen Lesen und Schreiben, die Erwachsenen werden in der Landwirtschaft und im Hausbau angeleitet.

Durch die Berichte von Franziskanern und Dominikanern über die Unterdrückung der Indianer sind die Jesuitenmissionare über die Zustände hinreichend informiert. Das einfache, meist friedliche Leben der im Osten Lateinamerikas beheimateten Indios ist durch die Raubzüge der Eroberer stark bedroht. Die Konquistadoren bringen nicht die Frohe Botschaft, sondern verbreiten Angst und Schrecken in einer unschuldigen, fast paradiesisch anmutenden Welt.

Durch die Einrichtung von sogenannten „Reduktionen" versuchen die Jesuiten, Unterdrückung und Ausbeutung schon im Ansatz zu verhindern. Die Reduktionen sind geschlossene Schutzgebiete, zu denen nur die Indianer und Jesuiten Zutritt haben. Im Mittelpunkt einer solchen Siedlung steht die Kirche, umgeben von Schule, Werkstätten, Lagerräumen und Friedhof. Jede Familie besitzt ein kleines Haus. Grund und Boden sind allgemeiner oder auch Privatbesitz der Indianer, das erwirtschaftete Produkt kommt allen zugute; nur ein geringer Teil muß als Steuer an die spanische Krone abgetreten werden. Die Indianer erhalten zudem Unterweisung in der christlichen Lehre.

Um das wirtschaftliche Überleben der Reduktionen zu sichern, werden die Indianer zum regelmäßigen Arbeiten angehalten. Dabei stoßen die Jesuiten allerdings auf wenig Gegenliebe. Den Indios ist jegliches Gewinnstreben fremd; es wird nur soviel produziert, wie zum Leben von der Hand in den Mund benötigt wird. Mit großer Mühe erreichen die Missionare, daß die Indianer zwei bis drei Tage wöchentlich arbeiten.

Bei ihren Bemühungen setzen sie nicht auf Zwangsmaßnahmen, sondern auf erzieherische Beispiele. Der deutsche Jesuit Florian Paucke beispielsweise berichtet in seinen Erinnerungen davon, wie er Indianer in die Herstellung von Ziegelsteinen einführt. Absichtlich formt er einige Steine schlecht und fragt die zuschauenden Dorfbewohner, ob sie es nicht besser machen könnten.

Einer antwortet ihm, daß das keine Kunst sei und verfertigt innerhalb kürzester Zeit ein weit besseres Stück. So versucht Paucke, die Indios spielerisch an eine europäisch geprägte Arbeitsauffassung heranzuführen.

Um seinen Schützlingen das Pflügen nahezubringen, führt Pater Paucke sie auf ein Feld und fängt mit der Arbeit an. Wiederum zeigt er sich ungeschickt und erregt große Heiterkeit bei den Eingeborenen. Allerdings haben sie wenig Interesse, es besser zu machen. Auf seine Bitte hin, es doch auch zu versuchen,

erhält er nur die Antwort: „Vater, arbeite nur weiter, du machst es recht gut!"

Doch die Patres geben nicht auf. Geistliche Belehrung und regelmäßige Arbeit werden nach einem straffen, beinahe militärisch exakten Plan durchgeführt. Frühmorgens ruft die Glocke zunächst die Mädchen zum Religionsunterricht, danach werden ihnen handwerkliche Tätigkeiten – Nähen, Weben und Spinnen – beigebracht. Ebenso erhalten die Jungen Religionsunterricht, außerdem noch Unterricht in Lesen und Schreiben. Anschließend erlernen sie neue Jagdtechniken. Nachmittags werden auch die Erwachsenen zum Religionsunterricht gerufen.

Durch dieses Modell der Missionierung, das sich in erster Linie an den Interessen und Bedürfnissen der Indios orientiert, gewinnt das Christentum neue Glaubwürdigkeit und Anhänger. Im Jahr 1602 gründen die Jesuiten mit Genehmigung der spanischen Krone den sogenannten „Jesuitenstaat von Paraguay". Auf seinem Höhepunkt zählt dieses Staatswesen zwischen 200000 und 300000 indianische Angehörige. Zahllose neue Modelldörfer, wo Indianer und Missionare in friedlicher Arbeit vereint sind, entstehen, vor allem in Paraguay und Brasilien. Die „Vision im Urwald" nimmt Gestalt an.

Doch das paradiesische Leben ist nicht von Dauer. Bald werden portugiesische Sklavenjäger auf die Siedlungen aufmerksam. Die Indianer in den Reduktionen sind als Handelsware besonders beliebt, da sie zivilisiert und an regelmäßiges Arbeiten gewöhnt sind. Obwohl sich viele Dörfer mit einer eigenen Miliz gegen Überfälle schützen, werden in

**Indianer im Goldbergwerk.
Kupferstich, 1596.**

der ersten Hälfte des 17. Jahrhunderts etwa 100000 Indianer verschleppt und auf brasilianischen Sklavenmärkten verkauft. Die versklavten Indianer werden wie Tiere gehalten. Missionare und Indianer stehen den portugiesischen Banditen hilflos gegenüber. Die Jesuiten erkennen die Gefahr und ziehen sich aus den besonders gefährdeten Gebieten zurück. Über 10000 Indianer und Missionare fahren auf Flößen und Booten den Fluß Parana abwärts, bis sie die Wasserfälle von Iguazu erreichen. In der argentinischen Provinz Misiones gründen sie neue Siedlungen wie zum Beispiel San Ignacio Mini. Viele Indianer überleben die entbehrungsreiche und gefährliche Flucht jedoch nicht. Sie sterben an Entkräftung, Fieber oder werden auf der Flucht von umherziehenden Sklavenjägern gefangengenommen.

Der Jesuitenstaat in Paraguay existiert 150 Jahre lang. Auch im Norden von Bolivien, im Nordwesten Mexikos und an etlichen anderen Orten werden ähnliche Gemeinschaften gegründet. Die wirtschaftlichen Erfolge der Reduktionen sowie das erwachende Selbstbewußtsein der Indianer erregen immer wieder auch den Neid und Haß der seßhaft gewordenen Eroberer.

Im Jahr 1750 tritt Spanien die Gebiete östlich des Flusses Uruguay an Portugal ab. Das Klima zwischen der Staatsmacht und den Bewohnern der Reduktionen wird rauher. Indianer und Jesuiten setzen sich gegen die neuen Herren und ihren Machtanspruch zur Wehr und werden niedergekämpft. Nun kommt es auch zu Konflikten mit den spanischen Kolonialherren westlich des Uruguay, und schließlich werden die Jesuiten 1767 ganz aus Lateinamerika vertrieben – das „heilige Experiment" ist beendet.

Doch kehren wir noch einmal in die Zeit vor dem Jesuitenstaat zurück, in die Mitte des 16. Jahrhunderts. Der riesige Kontinent ist zum Ziel zahlreicher Einwanderer aus Europa geworden, und es herrscht ein steigender Bedarf an billigen Arbeitskräften. Anfänglich leben die Spanier noch zu einem guten Teil von Weizenlieferungen aus dem Mutterland. Doch im Lauf der Jahrzehnte wird die Nahrungsmittelbeschaffung ein immer dringenderes Problem. Die Zwangsverpflichtung von Indios für den Feldbau ist durch die Initiative von Bartholomé de Las Casas und die daraus entstandenen „Leyes Nuevas" ge-

stoppt worden, die Versklavung von Indianern verboten.

Um die Indios aber dauerhaft vor dem Zugriff der Weißen zu schützen, macht ausge-
rechnet Las Casas einen folgenschweren Vor-
schlag: Afrikaner sollen die Indianer in den
Gruben und Plantagen ersetzen. So wird der
Vorkämpfer gegen die Versklavung der Indios zum Initiator des Sklavenhandels zwischen Afrika und Südamerika. In seiner
„Historia general des las Indias" schreibt Las
Casas in der distanzierten Form der dritten
Person von seinem verhängnisvollen Fehler:
*„Der Priester Las Casas hat als erster dazu geraten,
daß man Afrikaner nach Westindien einführe. Er wußte nicht, was er tat. Als er vernahm, daß die Portugie-
sen wider alle Rechtlichkeit in Afrika Menschen fingen
und sie zu Sklaven machten, bereute er bitter seine Worte. Das Recht der Schwarzen ist dem Recht der Indianer gleich."*

Diese reuigen Worte können jedoch
nicht verhindern, daß in den nächsten dreihundert Jahren etwa neun
Millionen Afrikaner nach Südamerika verschleppt und als Sklaven verkauft und ausgebeutet werden.

Die Versklavung von Indianern ist
in den spanischen Gebieten seit
1542 verboten, die portugiesischen
Territorien ziehen 1570 nach. In
beiden Fällen hat sich die Kirche
entscheidend für das Verbot eingesetzt.

1639 erklärt Papst Urban VIII. jede Form der Sklaverei für unchrist-
lich. Allerdings gibt es genug Kräfte, die dafür sorgen, daß man diese

**Plan zur Raum-
nutzung eines
Sklavenschiffs.**

Bestimmung nicht auf die afrikanischen
Sklaven anwendet; sie bleiben weiterhin in
Unfreiheit. Und Jesuitenmissionare, die sich
für deren Befreiung einsetzen, bekommen
den geballten Zorn der Sklavenhalter und
-händler zu spüren.

Die Sklaverei hat sich zu einem lukrativen
Geschäftszweig für arabische und europäische Händler entwickelt. An den Küsten
Westafrikas stehen große Befestigungsanla-
gen, wo die Schwarzen vor der Verschiffung
nach Übersee untergebracht werden, ehe die
lange und zermürbende Fahrt in die Neue
Welt beginnt. Zwischen zehn und zwanzig
Prozent der menschlichen Fracht sterben
schon unterwegs an Fieber und Entkräftung.
Neueren Schätzungen zufolge werden im
16. Jahrhundert etwa 1800, im 17. Jahrhundert bereits 13400 Schwarze jährlich nach
Amerika und in die Sklaverei verschleppt.

Als der Jesuitenorden eine Papst-
bulle erwirkt, in der die Versklavung von Indianern und Schwarzen
mit der Exkommunikation geächtet
wird, wollen portugiesische Sklavenjäger in Brasilien, die Jesuiten
mit Gewalt aus dem Land vertreiben. Sie stürmen das Jesuitenkolleg
von Rio de Janeiro in der Absicht,
die Bewohner zu lynchen, werden
aber schließlich vom Gouverneur
zum Rückzug genötigt.

Inzwischen ist auch Bartholomé de
Las Casas nach Europa zurückgekehrt und widmet sich während
der restlichen zwanzig Jahre seines

Lebens dem Schreiben. Unermüdlich tritt er weiterhin für die Rechte der Indianer ein, wird deswegen stark angefeindet und vereinsamt immer mehr. Eine Rückkehr in die Neue Welt wird ihm verboten. Seine letzte Schrift trägt den Titel „Die sechzehn Heilmittel wider die Pest, welche die Indianer ausgerottet hat". Darin heißt es:

„Ich hege die größte Hoffnung, der Kaiser und König von Spanien, Don Carlos der Fünfte, werde hierdurch erfahren, wie boshaft und pflichtvergessen mit seinen eingeborenen Untertanen und indianischen Ländern verfahren wird und darauf bedacht sein, jenen Übeln abzuhelfen, und dieser Neuen Welt, welche Gott ihm anvertraute, Hilfe und Beistand zu leisten. Amen."

Als er 1566 bei Madrid stirbt, verstoßen und unter Hausarrest, weiß er, daß der Kampf um Gerechtigkeit gerade erst begonnen hat.

In den Kolonien erwacht ganz langsam ein neues Selbstbewußtsein. Die lateinamerikanische Kirche gewinnt allmählich ein eigenständiges Profil. Das Konzil von Trient (1545-1563) legt fest, daß alle drei Jahre in den überseeischen Gebieten Provinzialkonzile abzuhalten seien.

In den folgenden Jahren wird auf Konzilen in Mexiko und Lima Partei für die Menschenrechte der Eingeborenen ergriffen. Diese Beschlüsse werden zwar vom Papst gebilligt, aber erst vierzig Jahre später von der spanischen Krone bestätigt.

Sklaven werden zum Markt getrieben. Kupferstich von 1780.

Auch während des 17. und 18. Jahrhunderts wird die Machtfrage auf dem lateinamerikanischen Kontinent nicht eindeutig beantwortet. Die spanische Krone sieht sich als eine Art Staatskirche, die zwar dem Kirchenrecht unterworfen, bei der Gestaltung des Kirchenwesens allerdings weitgehend selbständig ist. Leidtragende dieses Konflikts sind die Indios, deren Rechte so nie eindeutig formuliert werden.

Erst sehr viel später, nämlich in den sechziger Jahren des 20. Jahrhunderts, wird sich zumindest ein Teil der Kirche kompromißlos auf die Seite der Armen und Unterdrückten in Lateinamerika stellen – ganz im Geiste des Bartholomé de Las Casas. Die Ideen für die neu entstehende „Befreiungstheologie" reifen in vielen Basisgemeinden heran. Ihr Nährboden ist das Bewußtsein, daß Massenelend und Ausbeutung „eine zynische Beleidigung Gottes" darstellen. Einer der prominentesten Fürsprecher der Befreiungstheologie ist Dom Helder Camara, bis 1985 Erzbischof von Recife:

„Ich bin glücklich, wenn ich bei uns den neuen Missionaren, den Priestern, den Nonnen, den Laien begegne, die im Lichte des Heiligen Geistes begriffen haben, daß ihre wichtigste Arbeit nicht ist, schöne Kirchen, große Kollegien und Hospitäler zu bauen, nicht ist, Lösungen anzustreben, ja nicht einmal darin besteht, für das Volk zu arbeiten, sondern mit dem Volk zu sein. Sie

Dom Helder Camara.   **Leonardo Boff.**

sind da. Sie wohnen mit den Armen. Heutzutage wissen die Missionare, daß der Herr vor ihnen da war." Ziele der Befreiungstheologie sind die Deutung des christlichen Glaubens aus der Sicht der Armen und Benachteiligten sowie eine neue Praxis des Christentums, die den befreienden Charakter des Evangeliums betont. Der Vatikan begleitet die neuen theologischen Ansätze zunächst wohlwollend, später aber zunehmend kritisch. Dort fürchtet man, daß die Befreiungstheologie eine einseitige Politisierung der Kirche bewirken und daß in ihrem Gefolge marxistische Tendenzen die eigentlichen Anliegen des Christentums verfälschen könnten. Die päpstliche Instruktion von 1986 anerkennt allerdings das grundsätzlich Positive der Befreiungstheologie und erklärt sogar, daß „im Extremfall" der bewaffnete Kampf gegen Tyrannei und Ausbeutung gerechtfertigt sei.

Besonders heftig entzündet sich der Konflikt an dem brasilianischen Franziskaner Leonardo Boff, einem der Wortführer der Be-

freiungstheologie. Ihm wird vom Vatikan wegen seiner von der Lehrmeinung abweichenden Ansichten zunächst ein Publikationsverbot auferlegt, dann folgt ein zweijähriges Bußschweigen, ehe Boff 1992 alle seine kirchlichen Ämter niederlegt und heiratet. Am prekären Umgang der Kirche mit Leonardo Boff wird auch deutlich, wie schwer man sich tut im Umgang mit der politischen Sprengkraft des Evangeliums.

Der militante Kampf indianischer Extremisten in der mexikanischen Stadt Chiapas – dem ehemaligen Bischofssitz von Bartholomé de Las Casas – gegen die Bevormundung und Ausbeutung ihres Volkes scheint die Bedenken des Vatikans zu bestätigen. Aber gleichgültig, wie man die zum Teil grausamen Aktionen der zapatistischen Rebellen beurteilen mag, ihre Forderung nach Arbeit, Land, Selbstbestimmung und einem besseren Gesundheits- und Bildungswesen für Indios wurzelt in der jahrhundertealten Mißachtung ihrer elementaren Menschenrechte. Weitgehend unabhängig von den kirchenpolitischen Auseinandersetzungen haben sich die Anliegen der Befreiungstheologie in den unzähligen Gemeinden vor Ort auf ganz praktische Weise durchgesetzt. Hunderttausende von Männern und Frauen teilen ihr Leben mit den Armen und ergreifen Partei für sie und ihre dringendsten Bedürfnisse.

Altar
der Vernunft

Zwischen Aufklärung und Revolution wird ein Christentum zerrieben, das seine kritische Würze verloren hat und dessen Vertreter sich mit den Mächtigen arrangiert haben. Priester und Ordensleute werden zum Schafott geführt, das Volk soll die Vernunft anbeten.

„Es war im September 1792. Als ich das Blutgerüst erblickte, erschauderte ich. Es waren an die fünfzig Menschen, die mit dem Rücken zum Schafott standen. Ich sah den Henkermeister mit seinen Knechten.... Die Opferung sollte beginnen... Jetzt war es der Abbé Bertaux, der zur Schlachtbank geführt wurde. Die laute Freude, die abscheulichen Witze der Zuschauer, verdoppelten und verstärkten die Qual der Todesstrafe, die an und für sich schmerzlos ist, aber grausam durch den Anblick soviel vergossenen Blutes."

Der Autor dieser Zeilen heißt Emmanuel Joseph Sieyès. Als Zeuge des Geschehens ist er 44 Jahre alt und hat bereits mehr erlebt als die meisten Menschen in ihrem ganzen Leben. Und es sollte noch längst nicht alles gewesen sein. Sieyès ist der Sohn eines armen, kleinen Steuerbeamten, eines Abgabeneintreibers. Er wird am 13. Mai 1748 in Fréjus-en-Provence geboren. Wie es in kinderreichen Familien üblich ist, versucht man die Nachkommen, die keine Aussicht auf Erbschaft haben, in der Kirche unterzubringen. Insofern ist das Geschick des jungen Mannes zu Beginn durchaus typisch für seine Zeit.

„Le rouge ou le noire", Soldatenrock oder Sou-

E. J. Sieyès bei den Jesuiten. Filmszene.

tane, Armee oder Kirche, das ist die Alternative für einen Bürgerlichen ohne Geld. Der schwächliche Sieyès hat nicht einmal diese Wahl, ihm bleibt nur die Soutane. Seine geistliche Erziehung beschreibt er als ein ... „unmenschliches System, in dem die Erzieher der übelsten Sorte sich befleißigten, ihre Schüler körperlich und moralisch zu foltern, sie abzurichten und zu gestalten nach irgendwelchen wahnhaften Vorbildern."

Als der siebzehnjährige Sieyès mit Hilfe eines Stipendiums ins Priesterseminar einzieht, hat man gerade die Jesuiten aus dem Land gejagt. Der Orden hatte in den letzten zwei Jahrhunderten das geistige und geistliche Leben nicht nur in Frankreich, sondern in vielen Teilen der katholischen Welt bestimmt.

Doch nun, im letzten Drittel des 18. Jahrhunderts, ist das gesamte Wertesystem, dessen Grundzüge sich seit dem Mittelalter kaum verändert haben, im Umbruch. Sieyès liest heimlich Montesquieu, Voltaire, Rousseau und Locke – heftige Kritiker der christlichen Kirche. Montesquieu beispielsweise ist der Überzeugung, daß der Mensch sein Glück

Zwei Kritiker der christlichen Kirche. Links: Jean-Jacques Rousseau. Gemälde von Allan Ramsey, 1766.

Daneben: John Locke. Gemälde von Godfrey Kneller, 1697.

Zwei Kritiker der christlichen Kirche. Links: Jean-Jacques Rousseau. Gemälde von Allan Ramsey, 1766.

Daneben: John Locke. Gemälde von Godfrey Kneller, 1697.

aus eigener Kraft erreichen kann und dazu kein Gebet und keinen Gott benötigt. Alles, was dazu nötig ist, sind bessere Gesetze.

In den Köpfen dieser Aufklärer kündigt sich schon das Denken einer neuen Zeit an, während die Kirchen- und Staatsverwaltungen noch ganz von der mittelalterlichen Gedankenwelt beherrscht werden. Die neuen Gedanken der Aufklärung ergreifen bald immer breitere Bevölkerungsschichten und lassen sich nicht mehr zurückdrängen. Die aus dem Mittelalter übernommene feudalistische Ordnung gerät ins Wanken. Alte Herrschaftsstrukturen gehen zu Bruch, und an ihre Stelle treten das individuelle Bewußtsein für die geschichtliche Erfahrung sowie die Entdeckung des einzelnen Menschen als politisch handelndes Subjekt. Der Drang nach selbständiger Erkenntnis wird immer größer und ersetzt – zumindest in der Theorie – den blinden Autoritätsglauben. Nichts soll mehr gelten, was sich nicht durch Vernunft rechtfertigen läßt.

Die naturwissenschaftlichen Fortschritte, wie zum Beispiel die Erfindung der Dampfmaschine, vermitteln dem Menschen das Gefühl, die Natur beherrschen zu können. Das alte Weltbild wird zerschlagen, die Natur entzaubert, und der politische Herrscher bezieht seine Legitimation nicht mehr von Gott, sondern vom Volk.

Ihren Ausgangspunkt nimmt die Aufklärung in Holland, wo René Descartes (1596-1650) mit seinem „cogito ergo sum" („Ich denke, also bin ich") einen neuen Grund in der Philosophie legt. In England setzen sich nach dem Ende der Stuart-Dynastie im Jahr 1688 die aufklärerischen Gedanken von Thomas Hobbes, John Locke und David Hume durch. In Deutschland, wo die Aufklärung ihren Höhepunkt erst in der Mitte des 18. Jahrhunderts erreicht, heißen die bedeutendsten Denker Leibniz, Lessing und Kant. Letzterer veröffentlicht im Jahr 1784 eine kleine Schrift mit dem Titel „Was ist Aufklärung?" Darin heißt es:

scher Erschütterungen. Auf diesem Hintergrund suchen gläubige Menschen nach radikaler geistlicher Erneuerung. Der angelsächsische Puritanismus ist ebenso Teil dieser Bewegung wie das Quäkertum oder der niederländische Präzisismus.

Die bedeutendste Frömmigkeits- und Erweckungsbewegung im lutherisch dominierten Deutschland des 17. und 18. Jahrhunderts ist der Pietismus. Seine Eigenarten liegen vor allem in der Betonung einer tiefen innerlichen „Herzensfrömmigkeit", einer gewissen Skepsis gegenüber der Amtskirche sowie der Betonung der „praxis pietatis", also des tätigen Glaubens. So sind hier die Ursprünge der modernen Diakonie zu suchen. Paradebeispiel dafür sind die noch heute existierenden diakonischen Anstalten in Halle, die August Hermann Francke (1663-1727) ins Leben gerufen hat.

In Frankreich ist der Protestantismus seit dem grausamen Gemetzel in der Bartholomäusnacht und der Vertreibung der Hugenotten praktisch ausgestorben. Nun entsteht mit dem Jansenismus, benannt nach dem 1638 verstorbenen Theologen Cornelius Jansen, eine neue, innerkatholische Reformbewegung. Der Jansenismus, dem auch der französische Philosoph Blaise Pascal (1623-1662) zuzurechnen ist, ist gekennzeichnet durch eine starke Nähe zur Mystik und eine rigorose Moral. Die Bewe-

Saint-Sulpice in Paris. War hier die Kaderschmiede der Revolution? Aus diesem Priesterseminar sind Emmanuel Joseph Sieyès und Charles Maurice de Talleyrand hervorgegangen.

„Aufklärung ist der Ausgang des Menschen aus seiner selbstverschuldeten Unmündigkeit. Unmündigkeit ist das Unvermögen, sich seines Verstandes ohne Leitung eines anderen zu bedienen."

Parallel zur Aufklärung herrscht auch in Teilen der Kirche — quer durch Europa und quer durch alle Konfessionen — Aufbruchstimmung. Die römische Kirche hat sich im gegenreformatorischen Gestus erschöpft, ist innerlich erstarrt. Das 17. Jahrhundert ist ein Jahrhundert politi-

Blaise Pascal.

gung bezieht sich, besonders in der Betonung der Gnade, sehr stark auf die Lehren Augustins. Außerdem greift er die Theologie der mächtigen Jesuiten und ihre laxen Moralvorstellungen an und betont die Eigenständigkeit der Bischöfe gegenüber Rom.

Die Sehnsucht nach einer neuen Frömmigkeit treibt aber auch sehr eigenartige Blüten. So wird der Friedhof der Kirchengemeinde Saint-Médard in Paris zum Zentrum eines fanatischen Wunderglaubens. Der Diakon François de Pâris hat nach seiner Bekehrung sein Vermögen den Armen vermacht und sein Leben in asketischer Entsagung verbracht. Nach seinem Tod 1727 wächst sein Ruf, bald ist er ein Heiliger, der über den Tod hinaus wirkt. Kranke lassen sich auf seinem Grabstein nieder, und seiner Graberde werden Heilkräfte zugesprochen. Ein Devotionalienmarkt entsteht. Eine seit zwanzig Jahren Gelähmte kann plötzlich wieder gehen. Ein Wunderfieber bringt die Befallenen dazu, sich in Krämpfen auf dem Grab zu winden. So bekommen seine Anhänger den Beinamen „convulsionaires". Als die ekstatische Verehrung des François de Pâris bei einigen jungen Frauen in grausame Selbstverstümmelungen mündet, sieht die Regierung die öffentliche Ordnung gefährdet. Der Friedhof, „Brutplatz für Libertinage und Kri-

minalität", wird auf königlichen Befehl geschlossen, abgeriegelt und bewacht.

Wenig später ist am Friedhofstor der ironische Kommentar zu diesem Erlaß zu lesen: *„De par le roi, deffence à Dieu De faire miracle en ce lieu."* (Im Namen des Königs verbieten wir Gott, Wunder zu wirken an diesem Ort.)

Die Konsequenz des Verbots heißt: Organisation im Untergrund. Doch auf die Dauer ist die Gruppe der permanenten staatlichen Verfolgung nicht gewachsen und verkümmert.

Doch die Konvulsionäre von Saint Médard repräsentieren nur einen kleinen Teil derjenigen Zeitgenossen, die sich aus den alten, verkrusteten Macht- und Denkstrukturen befreien wollen. Und der von ihnen gewählte Weg in die mystisch-ekstatische Fröm-

Am Fenster der Zelle Pascals im Kloster Port Royal des Champs sind seine Jansenius-Bibel und sein jansenistisches Kreuz zu sehen.

migkeit ist beileibe nicht die einzige sich bietende Möglichkeit.

In einer Zeit konfessioneller Auseinandersetzungen, steigender wissenschaftlicher Bildung und zunehmendem Handelsverkehr mit anderen Völkern und Kontinenten gewinnt der Gedanke einer weltumspannenden „Naturreligion" immer mehr Sympathisanten. So entsteht der Deismus, gewis-

Voltaire. Gemälde von Nicolas de Largilliere.

Rede von Gott oder von der Unsterblichkeit, ist bloße Spekulation. Die Religion ist nichts weiter als eine Illusion.

Kehren wir zurück nach Frankreich, wo zur Mitte des 18. Jahrhunderts rund 25 Millionen Menschen leben. Es ist damit die bevölkerungsreichste und zugleich auch die wohlhabendste Nation Europas. Doch das Land ist voller Unruhe. Ein einseitiges

sermaßen die Religionsphilosophie der Aufklärung. Er ist der Versuch, die Religion, die bisher widerspruchslos aus der Tradition übernommen worden ist, so umzugestalten, daß auch ein „fortschrittlich denkender Mensch" sich darin wiederfinden kann. Grundlage des deistischen Systems ist die „natürliche Vernunftreligion", die bestimmte ethische Grundsätze, aber auch metaphysische „Tatsachen" wie die Existenz Gottes und die Unsterblichkeit der Seele, zum Inhalt hat. Kirchliche Dogmen wie die Dreieinigkeit Gottes oder die Gottessohnschaft Jesu jedoch werden als „widervernünftig" abgelehnt. Jesus gilt den Deisten lediglich als menschlicher Prophet der natürlichen Religion.

Bei David Hume (1711-1776) entwickelt sich der Deismus dann weiter zum Positivismus, der nur noch das anerkennt, was tatsächlich sinnlich wahrgenommen werden kann. Alles, was darüber hinausgeht, also auch die

Steuersystem, das die Reichen bevorzugt und die Armen benachteiligt, Mißernten und eine ungerechte Landverteilung nähren das revolutionäre Potential. Dazu kommt die Unzufriedenheit des sogenannten „Dritten Standes". Er repräsentiert den wirtschaftlich erfolgreichsten Teil der Bevölkerung, das Bürgertum, dem aber jede politische Mitwirkung im absolutistischen Staatsgebilde versagt bleibt. Die Anspannung wächst, und es wird nicht mehr lange dauern, bis sie sich in Gewalt entlädt.

Abbé Sieyès bekleidet inzwischen als Generalvikar der Diözese Chartres ein zwar sicheres, jedoch eher untergeordnetes Kirchenamt. Für ihn als Nichtadligen ist mit diesem Posten das Ende der Karriereleiter erreicht. Auch seine Unzufriedenheit mit den gesellschaftlichen Realitäten, die er am eigenen Leib spürt, wird größer:

„Kaum haben die jungen Privilegierten die Kindheit verlassen, haben sie schon eine Stelle und Bezüge. Und

man bedauert sie sogar wegen ihrer Bescheidenheit. Schauen wir uns doch einmal die Nichtprivilegierten desselben Alters an, die sich um Berufe bemühen, für die Talent und Studium nötig sind. Schauen Sie, ob es nur einen einzigen gibt, der seinen Beruf ernsthaft ausübt. Es kostet die Eltern viel Geld, bevor ihre Zöglinge eine Chance haben, die Früchte dieser langen, mühevollen Arbeit zu genießen."

Sieyès stößt an die engen Grenzen, die seinem Stand gesetzt sind, und entschließt sich, dagegen anzugehen – zunächst mit und in der Kirche, später gegen sie. Als Vertreter des Klerus sitzt er in der Provinzialversammlung von Orléans und hat erstmals ein politisches Amt inne. Aber noch deutet nichts darauf hin, daß er einer der Wegbereiter der Großen Revolution werden würde. Erst zwei Jahre später, 1789, tritt er mit einer historisch gewordenen Frage ins Bewußtsein seiner Zeitgenossen. „Qu' est-ce que le Tiers état?" lautet der Titel seiner berühmten Flugschrift, „Was ist der Dritte Stand?" Und die Antwort „Alles!" ist nichts anderes als der revolutionäre Ruf nach einer neuen Zeit. Sieyès fragt weiter:

„Was ist er bisher in der staatlichen Ordnung gewesen? Nichts! Was will er? Etwas darin werden!"

Innerhalb weniger Tage werden 30000 Flugblätter verkauft, für damalige Verhältnisse eine Sensation. Die Streitschrift ist erfolgreicher als Thomas Paines „Common sense" oder das „Kommunistische Manifest". Sieyès fordert darin die Abschaffung der Privilegien der oberen Stände (Adel und Klerus) sowie die Gleichberechtigung für den Dritten Stand. Und er spricht von einem Glück, das nicht mehr vom Himmel abhängig ist, sondern auf Erden verwirklicht werden kann, das sich nicht in fernen Utopien verliert, sondern eine tatsächliche Möglichkeit wird. Er predigt der Menschheit ein Glück, das jeden Tag aufs Neue verwirklicht werden kann.

Die Suche nach dem Glück ist gegen Ende des 18. Jahrhunderts in der Tat eine tägliche Herausforderung. Die Teuerung frißt Löhne und Ersparnisse auf. Im reichsten Land Europas wird gehungert. Der Staat steht vor dem finanziellen Ruin. Weil der drohende

Der Ballhausschwur am 20. Juni 1789 in Versailles. Gemälde von Jacques-Louis David.

Der Sturm auf die Bastille am 14. Juli 1789. Zeitgenössisches Gemälde.

ris, die er bis zu seinem schmählichen Ende, sechs Jahre später, beherrschen wird. Und nun ruft der bis dahin unbekannte junge Mann dem Erzbischof zu:

„Gehen Sie und sagen Sie Ihren Amtsbrüdern, sie sollten sich zu den Freunden des Volkes gesellen, verzichten Sie als Diener der Religion auf den Überfluß, auf die Pracht, die die Armut verletzt, kehren Sie zur Bescheidenheit Ihrer Herkunft zurück, verwandeln Sie Ihren verächtlichen Luxus in Nahrung für die Armen."

Deutliche Worte! Schon lange ist die Kirche, genau wie die Gesellschaft, zerrissen: Während die hohe Geistlichkeit Teil des Herrschaftssystems ist, leben die niederen kirchlichen Amtsträger in einer Art kulturellem Ghetto.

Bankrott das alte Herrschaftssystem des ancien régime bedroht, sieht sich König Ludwig XVI. gezwungen, die Generalstände für den 5. Mai 1789 zu einer Versammlung nach Versailles einzuberufen. Der Erzbischof von Aix hält eine flammende Rede über die unglückliche Lage des Volkes und das Elend auf dem Land. Er spricht mit seinen Worten auch dem ebenfalls anwesenden Sieyès aus der Seele. Aber der nächste Redner hinterläßt noch mehr Eindruck, bei Sieyès ebenso wie bei der ganzen Versammlung. Sein Name ist Robespierre. An diesem Tag betritt er die politische Bühne von Pa-

Die phrygische Mütze ersetzt Dreispitz und Perücke. Gouache, um 1790.

Die Versammlung der Generalstände tagt sechs Wochen lang, ohne Einigkeit erzielen zu können. Da reißt bei vielen Anwesenden der Geduldsfaden. Am 17. Juni erklärt sich der Dritte Stand Frankreichs und mit ihm die unteren Schichten der Geistlichkeit zur National- versammlung. Als der Kö- nig dies mit Gewalt verhin- dern will, verpflichten sich die Anwesenden am 20. Juni, erst nach der Verab- schiedung einer Verfassung auseinanderzugehen − ein Vorgang, der als „Ballhaus- schwur" in die Geschichts- bücher eingegangen ist.

Kaum vier Wochen später, am 14. Juli, findet der Sturm auf die Bastille statt. Das alte Gefängnis ist zwar kaum noch belegt, aber es verkörpert wie kein zweites

Maximilien de Robespierre. Gemälde von Adelaide Labille-Guiard, 1791.

Symbol die verhaßte Willkürherrschaft des ancien régime, das mit der Schleifung der al- ten Trutzburg ein für allemal überwunden scheint.

Für Sieyès geht ein Traum in Erfüllung. Er wird von nun an seine ganze Kraft für das Gelingen der Revolution einsetzen. Doch selbst in diesem Moment weiß Sieyès, daß es bis zur Verwirklichung von Freiheit, Gleich- heit und Brüderlichkeit noch ein sehr weiter Weg sein würde. Noch hat er Hoffnung, den Adel und die höheren Ränge der Geistlich- keit zum gemeinsamen Handeln mit dem Dritten Stand bewegen zu können. Aber die- ser Traum einer einigen Bewegung, die auch die oberen Gesellschaftsschichten erfaßt, ist nur von kurzer Dauer.

Zu Anfang ist der niedere Klerus den Revo- lutionären als Mitstreiter willkommen und

beteiligt sich aktiv. Man fordert die Priesterehe, Man will den Gottesdienst nicht mehr in lateinischer Sprache, sondern in der Sprache des Volkes abhal- ten. Auch die Abschaffung des kirchlichen Gewandes wird gefordert − zivil wie die Bürgerlichen soll der Priester vor die Gemeinde treten. Doch es dauert nicht lange, bis sich andere Töne in die Auseinander- setzung mischen: das Chri- stentum wird generell als antisozial, als Religion der Sklaverei, betrachtet, die Geistlichkeit als Büttel des Adels gesehen. Antiklerikale Schriften kursieren.

Schon im Frühjahr 1790 verbietet die Kom- mune das Tragen geistlicher Kleidung in der Öffentlichkeit. Alle religiösen Orden werden aufgehoben.

Der radikale Impuls von außen löst inner- kirchlich unterschiedliche Reaktionen aus. Im März 1791 lehnt der Papst die Forde- rungen des französischen Klerus nach durch- greifenden Reformen ab. Talleyrand, der Bi- schof, wird exkommuniziert. Die Priester- schaft spaltet sich. Der größere Teil bekennt sich zur Revolution und schwört den Eid aufs Vaterland, eine bedeutende Minderheit (die „Eidverweigerer") jedoch widersteht dem Druck.

Einen Monat später kommt es zu einem öffentlichen Schauprozeß, in dem der Papst angeklagt und verurteilt wird. Eine Strohpuppe im Gewand von Pius VI. wird im Palais Royal verbrannt. Es wird nicht lange dauern, bis die Papsttreuen verfolgt werden. Die Lage verschärft sich zusehends. Im Jahr 1792 verkündet Jean Paul Marat, der Einpeitscher der Revolution, den nächsten Schritt:

„In Anbetracht der dem Vaterland drohenden Gefahr und der teuflischen Machenschaften der Priester wird beschlossen, daß alle Priester, die sich in den Gefängnissen befinden, den Tod erleiden sollen."

Mehr als 25 000 Priester flüchten ins Ausland. Im Karmeliterkloster du Luxembourg verweigern 173 Geistliche den Eid auf die neue, vom Staat verordnete Kirchenverfassung und fallen daraufhin einem Massaker zum Opfer. Ein Massenmord im Namen der Vernunft und der Aufklärung.

Doch den Köpfen der Revolution wird schnell klar, daß es mit der Abschaffung der christlichen Kirche nicht getan ist. Wer übernimmt jetzt die Taufe und Eheschließung, wer begleitet die Menschen beim Sterben, wer beerdigt sie? Das Volk jedenfalls ist nicht bereit, auf diese Rituale zu verzichten, und so entsteht schnell eine Kluft zwischen der Frömmigkeit des Volkes und dem Säkularismus des Staates. Robespierre und seine Weggefährten kommen zu der Überzeugung, daß der Mensch für den Frie-

den seiner Seele eine Form des religiösen Glaubens braucht. Danton meint:

„Der einfache Mann auf dem Lande bestärkt diese Auffassung, weil er in seiner Jugend, als Erwachsener wie als Greis, seine wenigen glücklichen Augenblicke dem Priester verdankt. Laßt ihm seine Illusionen. Belehrt ihn, wenn ihr wollt, doch laßt die Armen nicht davor zittern, sie könnten das einzige verlieren, das sie an das Leben bindet."

So entsteht der Plan, aus der Aufopferung für die junge Republik eine neue Volksreligion zu schaffen. „La loi est la Religion de l'Etat", „das Gesetz ist die Religion des Staates". Das Volk soll das Gesetz nicht mehr nur befolgen, es soll das Gesetz anbeten. Die neue Dreieinigkeit aus Freiheit, Gleichheit und Brüderlichkeit wird zum obersten Ziel der neuen Gesellschaft und zum Prüfstein für die sittliche Gesinnung des Einzelnen und der Gemeinschaft erklärt. Der Ort der „Assemblée", der Nationalversammlung, ist von nun an der Tempel der Verfassung. „La Loi est mon Dieu, je n'en connais point d'autre" — „das Gesetz ist mein Gott, ich kenne keinen anderen neben ihm", so lautet das erste Gebot des neuen, des „wahren" Glaubens. Ein Gesetz vom 26. Juni 1792 verlangt von allen Kommunen des Reiches, Altäre zu errichten und sie mit folgender Inschrift zu versehen:

Georges Danton.
Gemälde von Constance Charpentier, um 1790.

„Der Bürger wird geboren, lebt und stirbt fürs Vaterland".

Auf dem Altar des Vaterlandes werden die Kinder nun bürgerlich getauft. Die Zivilehe ersetzt die kirchliche Trauung, und die Scheidung wird legalisiert.

In der Kirche Notre Dame feiert man das „Tedeum der Vernunft", und die Kirche Sainte Geneviève, in Form eines römischen Tempels erbaut, wird als Pantheon zur Grabstätte

Jean Paul Marat am Rednerpult.
Nach einem Gemälde von Simon Petit.

derjenigen, die die Revolution für würdig erachtet: Voltaire zum Beispiel und Rousseau. Im Jahr 1793 kommt auch ein Revolutionär dazu.

Was der neuen Religion jetzt noch fehlt, ist ein sichtbares Zeichen für ihre Gleichwertigkeit mit dem — oder noch besser: ihre Überlegenheit über den — alten, abgelegten Glauben. Eine Reliquie vielleicht oder ein Heiliger, eine greifbare Identifikationsfigur jedenfalls. Die bekommt sie durch den Tod von Jean Paul Marat. Am 13. Juli 1793 nimmt der wortgewaltige Revolutionär in seiner Wohnung in Paris ein Bad. Dichter Wasserdampf füllt den Raum, vernebelt den Blick und dämpft die Geräusche. So kann Charlotte Corday d'Armont — eine überzeugte Republikanerin, die ein Zeichen gegen den blutigen Terror der Revolutionäre setzen will — leise die Tür aufschieben, sich von hinten an ihn heranschleichen und Ma-

rat rücklings einen Dolch in den Leib stoßen.

Die Revolution hat ihren Märtyrer und die Religion ihren Heiligen. Man öffnet den Körper des Toten, nimmt das Herz heraus, balsamiert es ein und bestattet es in einer Urne, getrennt vom Körper. Der Reliquienkult hat die Väter der Revolution erfaßt. Leichenprozession und Grablegung werden zu einem riesigen, theatralisch inszenierten Ereignis. Weißgekleidete Mädchen und Knaben führen die Prozession an. Der Körper liegt offen da, die Wunde entblößt. Zwölf Männer tragen den Leichnam. Hinter dem Toten werden seine Schreibutensilien präsentiert, danach kommt die Badewanne, in der er ermordet wurde. Ein Nachruf zieht direkte Parallelen zwischen Marat und Jesus: *„Oh coeur de Jesus, oh coeur de Marat! Vous avez les mêmes droits à nos hommages..."*
(*„Oh Herz Jesu, oh Herz des Marat, ihr habt das gleiche Recht auf unsere Verehrung!"*)
Bei der Enthüllung einer der zahlreichen Marat-Büsten, die im ganzen Land aufgestellt werden, zieht der Bürgermeister von Dijon folgenden Vergleich:
„Jesus lehrte in Jerusalem, Marat in Paris, Jesus lehrte in den Wüsten und Marat in den Wohnquartieren der Städte, beide liebten sie das Volk, beide haßten sie die Tyrannei, beide wollten sie die Gleichheit, beide wurden sie Opfer ihres Kampfes."

Abriß der Kirche
St. Jean en Greve.
Gemälde von
Pierre Antoine Demachy.

versammlung gar ein Fest zu Ehren der Tiere vorschlägt, da beginnt es aus allen Reihen zu miauen und zu bellen, zu wiehern und zu muhen. Beschämt und blamiert zieht er sich zurück.

Sieyès hat sich mittlerweile ganz der Revolution verschrieben. Aus dem kirchlichen Dienst ist er ausgeschieden, um seine ganze Kraft dem Aufbau einer neuen Gesellschaft zu widmen. Und trotz aller Rückschläge, trotz der täglichen Greueltaten und trotz gelegentlicher persönlicher Rückschläge glaubt er noch immer daran, daß die Revolution auf dem richtigen Weg ist.

Die neue Zeit bringt auch eine neue Zeitrechnung mit sich. Das Jahr 1793 wird zum Jahr Null der Revolution. Und auch die Monate bekommen neue Namen: der warme Sommermonat von Mitte Juli bis Mitte August heißt Thermidor, Fructidor der Erntemonat im Herbst. Den Sonntag gibt es nicht mehr, die Sieben-Tage-Woche wird durch Dekaden ersetzt.

Vieles, was in der Revolution begonnen wird, kann sich nicht lange halten. Zeitrechnung, Festkalender oder Staatsreligion sind schon wenige Jahre nach ihrer Einführung nur noch Fußnoten der Geschichte. Eine technische Errungenschaft hat jedoch überlebt:

Viele Kinder erhalten nun den Namen des Revolutionärs, heißen Marie-Marat oder Jean-Marat, und insgesamt 29 Städte werden nach ihm umbenannt. Und der berühmte Mont-Martre in Paris heißt fortan Mont-Marat.

Nach der Ermordung Marats wird der Terror noch heftiger – die Tat wird den eher gemäßigten Girondisten angelastet, die nun massenweise auf die Guillotine geschleppt werden.

Erst danach sucht die junge, von Gewalt zerfressene Republik nach einer Friedenspause. Am 10. August feiert sie das Fest der Einigkeit und Unteilbarkeit.

Öffentliche Feste dienen, dieser Überzeugung ist auch Emmanuel Joseph Sieyès, der Erziehung des Volkes. Zudem fördern sie den Wettstreit des Geistes, die Entwicklung der Künste und die Erweiterung des Wissens. Es soll ein Fest der Alten und eines der Jungen, ein Fest des Handwerks und ein Fest der Druckerei geben. Als Sieyès in der National-

„Diese wahrhaft menschliche Hinrichtungsweise verursacht kaum Beschwerden, ganz im Gegenteil wird der Delinquent eine leichte Frische auf dem Hals verspüren. Mit dieser Maschine will ich in einem Augenblick Ihnen das Haupt von den Schultern herabtanzen lassen, ohne daß Sie auch nur das geringste verspüren."

So preist der Arzt und Abgeordnete Dr. Guillotin den Vorzug seiner Maschine vor der Nationalversammlung. Sie wird auf der Place de la Concorde aufgebaut. Am 21. Januar 1793 wird König Ludwig der XVI. unter dem Jubel der Menge auf die fortschrittliche Hinrichtungsmaschine Schafott geführt. Die Königin Marie Antoinette folgt im Oktober. Der Abbé Sieyès steht auf der Seite der Henker. Er trifft viele, die er aus seinem Vorleben kennt, aber auch Weggefährten der Revolution. Die Guillotine kommt nicht zur Ruhe. Die Revolutionäre sind tief zerstritten und bekämpfen sich bis aufs Blut. Aber immer noch konzentriert sich die Macht bei Robespierre. Nach Marats Tod schickt er Danton aufs Schafott, der ihm in außenpolitischen Fragen zu kompromißbereit geworden ist. Dieser ruft seinen Henkern zu:

„Vergeßt nicht, meinen Kopf dem Volk zu zeigen; solche Köpfe bekommt es nicht alle Tage zu sehen."

Nun nimmt der organisierte Terror noch einmal zu. Außerdem tritt ein neues Gesetz in Kraft, das Verdächtigen jeden Rechtsbeistand versagt und auch Mitglieder der Nationalversammlung dem Revolutionstribunal schutzlos ausliefert. In den nächsten sechs Wochen steht die Guillotine kaum mehr still, insgesamt werden hier 1285 Todesurteile vollzogen.

Inmitten des beständig anwachsenden Chaos dreht sich die Spirale der Gewalt immer weiter. Die Methoden der Revolution lösen immer mehr Widerstände im Volk aus. Robespierre erkennt, daß dieser Weg in den Untergang führt. Und so startet er einen letzten verzweifelten Versuch, die Zustimmung des Volkes zurückzugewinnen. Ihm ist klar: Gott muß wieder in sein Amt eingesetzt werden. Und weil er kein Mann der Kompromisse ist, sondern immer nach der Maxime

**Hinrichtung Ludwigs XVI.
Gemälde von
Pierre Antoine de Machy.**

189

„Ganz oder gar nicht" handelt, macht er sich selbst, gestützt auf die Vorschläge von Sieyès, zum Oberpriester. Am 7. März 1794 wird vom Konvent ein Dekret beschlossen, in dem es heißt:

„Das französische Volk erkennt die Existenz Gottes und die Unsterblichkeit der Seele an. Es erkennt, daß die des Höchsten Wesens würdige Art des Kultes in der Erfüllung der Pflichten des Menschen besteht."

Am 8. Juni 1794 lädt der Konvent zum „Fest des Höchsten Wesens" ein. Mit Blumen und Weizenähren in den Händen schreitet Robespierre an der Spitze eines Zuges, milchweiße Ochsen ziehen Wagen mit goldgelben Korngarben, dahinter Schäferinnen und Schäfer als Vertreter der Natur und als Symbol und Stimmen Gottes. Untermalt wird der Umzug mit Musik und Chorgesängen.

Der Maler Jacques-Louis David hat ein Bildnis des Atheismus geschaffen, das von Robespierre als Verkörperung der Tugend öffentlich verbrannt wird. Das Spektakel verfehlt jedoch seine Wirkung. Nur wenige Wochen später, am 27. Juli 1794, wird Robespierre selbst Opfer eines Komplotts und unter Anklage gestellt. Einen Tag später zerrt man ihn, mit zerschossenem Kiefer und halb wahnsinnig vor Schmerzen, aufs Schafott. Zusammen mit 21 Anhängern wird er geköpft. Trotz des Todes der Symbolfigur des Terrors ist ein Ende der Gewalt nicht in Sicht. Der Krieg im Land geht weiter.

Während all dem bleibt Sieyès vorsichtig im Hintergrund. Von Talleyrand, dem ehemaligen Bischof, ist uns folgende Charakterisierung des mittlerweile 47jährigen überliefert:

„Sieyès ist von äußerst kraftvollem Geist, sein Herz ist kalt und seine Seele kleinlich, im Kopf ist er unbeweglich. Er kann unmenschlich sein, weil sein Stolz ihn daran hindert, nachzugeben und die Angst ihn Verbrechen begehen läßt. Er verkündet die Gleichheit nicht aus Menschenfreundlichkeit, sondern aus heftigem Haß gegen die anderen. Man kann nicht sagen, daß die Ausübung der Macht zu ihm paßt, denn nie würde er sich an der Spitze einer Regierung wohlfühlen."

Als ahnte er den bevorstehenden Niedergang der Revolution, zieht sich Sieyès aus der vordersten Linie zurück. Seinen Hals will er nicht riskieren. Jahre später, nachdem viele der Revolutionäre selbst dem blutigen Terror zum Opfer gefallen sind, sagt er ironisch: „J'ai vécu", „Ich habe überlebt".

Die anfängliche Einheitsfront der Revolutionäre ist längst zerbrochen. Zu Anfang waren die Jakobiner die alles dominierende Gruppierung, doch haben die gemäßigteren Girondisten als Vertreter des national gesinnten, wohlhabenden Bürgertums mittlerweile ein Übergewicht erlangt. Und auch die Feuillants als Sammelbecken des liberalen Adels und des Großbürgertums bilden eine wichtige Kraft. Neben den schweren und teilweise blutigen Konflikten zwischen den verschiedenen Revolutionsparteien liegt Frankreich außerdem mit halb Europa im Krieg. Und zu allem Überfluß entbrennt im Frühjahr 1793 auch noch ein royalistischer Aufstand in der westfranzösischen Vendée.

Hier widersetzen sich die Priester den Kräften der Revolution, tatkräftig unterstützt von zahlreichen Bauern, die unter Fahnen, die mit religiösen Enblemen, etwa dem Herzen Jesu, bestickt sind, in den Heiligen Krieg ziehen.

Zwei Jahre währt das Morden in der Region, bis am 15. Februar 1795 ein Friedensvertrag geschlossen wird, der den Aufständischen die Freiheit des Gottesdienstes garantiert.

Als ein halbes Jahr später auch alle übrigen Aufstände im Land erstickt sind, wird die Direktorialverfassung verabschiedet, die unter anderem die Trennung von Kirche und Staat anordnet. Von diesem Tag an herrscht in Frankreich Religionsfreiheit – bis heute Bestandteil jeder freiheitlichen Gesellschaftsordnung. Damit ist auch die mittelalterliche, reformunwillige und -unfähige katholische Kirche als nationale Staatskirche gescheitert. Sie hat ihren weltlichen Einfluß und ihre absolute geistliche Stellung verloren.

Die Situation in Frankreich ist verzweifelt, geprägt von Hungersnöten, Arbeitslosigkeit und militärischen Niederlagen im Ersten Koalitionskrieg gegen Österreich und Preußen. Nur aus Ägypten kommen Erfolgsmeldungen, von einem jungen General namens Napoleon Bonaparte. Nachdem er 1798 Kairo erobert hat, schlägt seine Stunde, und damit auch die Stunde einiger grauer Eminenzen, die alle Wirren der Revolution überstanden haben.

Im gleichen Jahr wird Emmanuel Joseph Sieyès Botschafter am preußischen Hof in Berlin. Dort aber hat man für den „Königsmörder" und „Adligenhasser" nicht viel übrig. Schon im nächsten Jahr wird er nach Paris zurückgerufen, gerade rechtzeitig, um in das fünfköpfige Direktorium eingesetzt zu werden. Sieyès ist nun von Mai bis November 1799 Miglied des höchsten staatlichen Organs in Frankreich. Doch ihm bleibt

Napoleon I. Bonaparte.
Gemälde von Jacques-Louis David, 1800.

keine Zeit, diesen Aufstieg zu genießen. Zu schwierig ist die Lage seines Landes.

Zusammen mit Polizeiminister Fouché und Außenminister Talleyrand – alle drei sind frühere Kleriker! – sieht er nur einen Ausweg: einen Staatsstreich mit dem Ziel, Napoleon an die Spitze des Staates zu stellen. Der Putsch gelingt, Napoleon bildet eine provisorische Regierung und wird als Retter in der Not bejubelt. Die Revolution wird für beendet erklärt: Sie sei, so Napoleon, „an ihrem Ziel angelangt".

Kein anderer als der Abbé Sieyès, nach zehn Jahren Revolutionspolitik noch immer nicht müde, ist der Königsmacher. Er ist auch Napoleons erster Außenminister und arbeitet die Konsularverfassung aus, die dem Napoleonischen Staat die Grundordnung gibt. Noch im selben Jahr wird die Verfassung in einer Volksabstimmung angenommen und Napoleon zum Ersten Konsul gewählt. Doch dies ist Sieyès' letzter Auftritt im Rampenlicht. In den nächsten dreieinhalb Jahrzehnten wird er die Geschicke seines Landes nur noch beobachten. Er stirbt 1836, im Alter von 88 Jahren, in Paris.

Seit 1792 tobt der Krieg zwischen Frankreich und wechselnden Koalitionen der übrigen europäischen Staaten. Er dauert – mit Unterbrechungen – über 20 Jahre, bis die verbündeten Armeen im Jahr 1814 vor Paris stehen und der unterdessen zum Kaiser gekrönte, nun geschlagene Napoleon abdankt. Die gewaltigen Umwälzungen des 18. Jahrhunderts haben das Gesicht Europas grundlegend verändert. Unzählige Kriege haben die Grenzen immer wieder verschoben, haben Staaten ausgelöscht und andere entstehen lassen und dabei Hunderttausende das Leben gekostet. Allein in der Völkerschlacht, die im Jahr 1813 bei Leipzig stattfindet, sind über 100000 Tote und Verwundete zu beklagen. Die Französische Revolution ist der spektakuläre Versuch, die Ideen der Aufklärung in staatlich-gesellschaftliche Formen zu gießen. Sie schafft neue Mythen und schöpft doch aus den alten: Aus Moses Gesetzestafeln werden die Menschenrechte, aus der Gemeinschaft der Heiligen die Gemeinschaft unter der Verfassung, aus Jesus Christus, Sohn Gottes wird Jean Paul Marat, Sohn der Republik, und an die Stelle der Erlösung im Jenseits tritt das Streben nach Glück im Diesseits.

Letztendlich ist die Revolution an ihrer eigenen Radikalität zugrunde gegangen, und doch hat sie so vielfältig und mächtig nachgewirkt, daß man von einem Scheitern nicht

sprechen kann. Und die Kirche? Besonders der römische Katholizismus hat vieles verloren in dieser Zeit: seine politische Macht, seinen Reichtum und zahlreiche Privilegien. Das Ordenswesen verfällt, sogar die Jesuiten sind den Angriffen durch die Aufklärung nicht gewachsen und müssen 1773 ihre Auflösung durch Papst Klemens XIV. hinnehmen. Und schließlich verfügt der Reichsdeputationshauptschluß von 1803 die Säkularisierung sämtlicher geistlicher Gebiete rechts des Rheins. Dies ist das Ende der geistlichen Fürstentümer in Deutschland.

Der Protestantismus hat bei weitem nicht so viel zu verlieren und steht in manchem, so zum Beispiel in der Betonung des Individuums, der neuen Zeit näher. So kann die protestantische Theologie viele Gedanken und Anregungen der Aufklärung aufnehmen, etwa die Anwendung der historisch-kritischen Methode zum besseren Verständnis biblischer Texte oder die Unterscheidung zwischen der Theologie als Wissenschaft und der Religion als individuellem Glauben durch den Hallenser Professor Johann Salomo Semler. Auch auf die kirchliche Praxis wirkt sich das neue Denken aus. Wandmalereien werden übertüncht, alte Kirchenlieder verworfen, und die Predigten sind weniger dogmatisch sondern eher praktisch-moralisch orientiert. Es herrscht Aufbruchstimmung. Mit dem Anbruch des 19. Jahrhunderts und dem Wiener Kongress, in dem die europäischen Staaten die friedliche Neuordnung des Kontinents in Angriff nehmen, wird ein neues Kapitel aufgeschlagen, auch für die Christenheit.

Maschinen und Menschen

*D*ie technische Revolution bringt Gas, Strom und Dampfkraft, zugleich aber auch Massenverelendung, Landflucht und Kinderarbeit. Weil die Kirchen nur trösten statt auch zu kämpfen, verlieren sie die Arbeiter.

Im Jahr 1785 meldet der Schotte James Watt das Patent mit der Nummer 1306 an: die „Universale Kraftmaschine". Sie trägt ihren Namen zurecht. In Ihrem Inneren setzt heißer Wasserdampf einen Kolben in Bewegung, mit dessen Kraft sich Pumpen ebenso betreiben lassen wie Schmiedehämmer oder Schwungräder. Schließlich wird sie gar auf vier Räder gesetzt, um als fauchendes Schienenroß die Kontinente zu erobern. Der Rhythmus der Dampfmaschine wird zum Herzschlag der Industriellen Revolution, zum stampfenden Puls der Veränderung. Er begleitet die ungeahnten technischen Fort-

Dampfmaschine mit Planetengetriebe, entwickelt von James Watt. Von 1788 bis 1858 in Betrieb.

schritte des 19. Jahrhunderts ebenso wie die gleichzeitig einsetzende Massenarmut.

Es wird ein Jahrhundert des Kampfes zwischen Fortschritt und Tradition. Und es wird die Geburtsstunde einer neuen gesellschaftlichen Klasse: der Schar der Industriearbeiter, des sogenannten Vierten Standes. Das enorme Anwachsen dieser Bevölkerungsschicht wird das Jahrhundert ebenso prägen wie ihre gleichzeitige Verelendung. Welche Rolle werden die Kirchen während der Industrialisierung spielen? Bringt das Kreuz den Arbeitern Trost und Hilfe oder vermehrt es ihre Last?

Zu Beginn des 19. Jahrhunderts tobt die Säkularisation durch Deutschland. Napoleon hat das ganze Gebiet westlich des Rheins erobert. Um den deutschen Fürsten den Verlust ihrer Ländereien wenigstens teilweise zu ersetzen, läßt er kurzerhand sämtliche kirchlichen Ländereien östlich des Rheins enteignen. 25 Fürstbistümer, 44 Reichsabteien und fast alle freien Reichsstädte – alles in allem rund 10000 Quadratkilometer Land mit drei Millionen Bewohnern – werden den deutschen Fürstentümern zugeschlagen. Diese versuchen mit allen Mitteln, ihre Verluste so gering wie möglich zu halten, und schrecken dabei vor nichts zurück. So heißt es in einem Zeitzeugenbericht:

Die Krönung Napoleons in der Kathedrale Notre-Dame in Gegenwart des Papstes Pius VII. Gemälde von Jacques-Louis David, 1806/7.

„Sie durchwühlten die Särge, durchstöberten die morschen Gebeine der ehrwürdigen Leichname mit eisernen Stangen, und nachdem die Goldmünzen und andere Kostbarkeiten gestohlen waren, ließ man die durch und durch verwirrten Gebeine im Wirrwarr liegen und schloß darüber die Gruft.“

Zahlreiche Besitztümer werden geplündert, liturgisches Gerät wird eingeschmolzen und zu Münzen gepreßt. Wertvolle Handschriften werden geraubt, vernichtet oder versteigert. So darf der Papiermüller Kaut im Februar 1804 95 Zentner Bücher aus der Klosterbibliothek von Rottenbuch abtransportieren – zum Preis von fünfzig Kreuzern pro Zentner. Acht Vierspänner sind für das Unternehmen nötig. Viele Klöster und Kirchen werden aufgelöst, verkauft, abgerissen oder zweckentfremdet als Werkstätten oder Theaterräume verwendet. In Hamburg lassen die französischen Besatzer sämtliche großen Kathedralen zu Pferdeställen umfunktionieren.

Die Kirche ist schwer angeschlagen und so sehr zur Statisterie degradiert, daß Napoleon bei seiner Kaiserkrönung am 2. Dezember 1804 dem hilflos zusehenden Papst Pius VII. (1800-1823) den goldenen Lorbeerkranz aus der Hand nimmt und sich kurzerhand selbst krönt. Die Kirche braucht er dazu nicht mehr. Später wird der Papst

sogar zum Gefangenen Napoleons, während französische Truppen den Kirchenstaat besetzen.

Erst Jahre später, nach Napoleons Sturz im April 1814, kann Pius unter stürmischem Jubel der Bevölkerung wieder in Rom einziehen. Der italienische Kirchenstaat wird nun wiederhergestellt, aber die übrigen Gebiete, die die Kirche während der Säkularisation verloren hat, bleiben bei ihren neuen Herrschern.

Dennoch beginnt gerade jetzt und für viele unverhofft eine Wiederbelebung des römischen Katholizismus, der sich innerhalb weniger Jahrzehnte wieder eine bedeutende Machtposition in Europa sichern kann. Ein entscheidender Faktor dafür ist die Wiederherstellung des Jesuitenordens am 7. August 1814. Sehr schnell erobert sich die unmittelbar dem Papst unterstellte „Gesellschaft Jesu“ wieder entscheidende kirchliche Schlüsselpositionen und wird so der bestimmende Orden des 19. Jahrhunderts. Doch es sind nicht nur die Jesuiten, sondern etwa auch

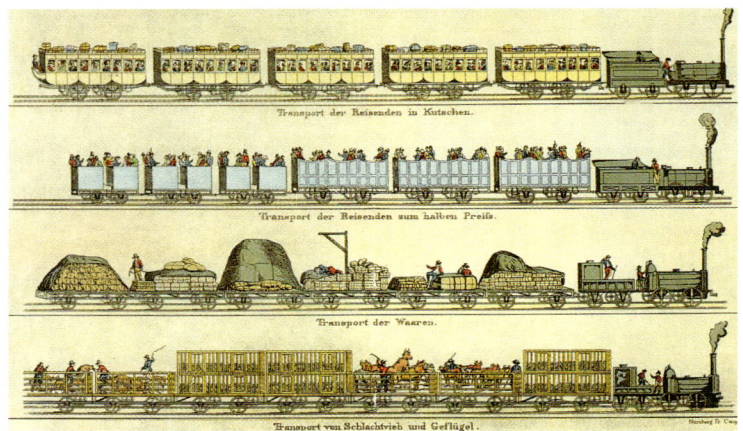

Personen-, Waren- und Vieh-
transport mit der Lokomotive
von George Stephenson auf der
Strecke Manchester-Liverpool.
Zeitgenössische Radierung.

Die Dampfkraft sorgt für eine schnell voranschreitende Mechanisierung der Arbeit und für eine verbesserte Mobilität. Allein die Eisenbahn verschlingt Unmengen an Kohle und Stahl und fördert so den weltweiten Handel. 1830 wird in England die erste Bahnstrecke der Welt eingeweiht. Sie verbindet die Baumwollstadt Manchester mit dem größten englischen Handelshafen Liverpool. Fünf Jahre später entstehen auch die ersten Verbindungen auf dem Kontinent, unter anderem zwischen Nürnberg und Fürth. Man verbindet überall große Hoffnungen mit dem neuen Transportmittel. Ein zeitgenössisches Zitat bezeichnet die Eisenbahn gar als den „*... Leichenwagen , mit dem der Absolutismus und Feudalismus zu Grabe getragen werden*".

Überall herrscht Aufbruchsstimmung. Der Schritt von der Agrar- zur Industriegesellschaft scheint zunächst vielen zu nützen. Die Massenarmut in Europa geht zurück,

Literaten aus dem Umfeld der Romantik und Denker, die den Katholizismus als geistige Macht wiederbeleben und etablieren.

Auf der politischen Ebene erfolgt nach Napoleons Niederlage die Neuordnung Europas auf dem Wiener Kongreß (1814/15), wo es auch zur Aussöhnung des Adels mit der Kirche kommt. Die feudalen Machtansprüche der Aristokratie sind gefährdeter als je zuvor, und so erhofft sie sich von der Kirche die göttliche Legitimation für ihre Forderung nach einer Führungsrolle im Staat. Doch die Zeit läßt sich nicht zurückdrehen. Im Gefolge der Aufklärung machen demokratische, nationale und atheistische Strömungen der jahrhundertealten Allianz von Kirche und Adel ihren Alleinvertretungsanspruch streitig.

Darüberhinaus kommt es zu einer rasanten industriellen Entwicklung, die seit dem Ende des 19. Jahrhunderts völlig zurecht als „Industrielle Revolution" bezeichnet wird.

Knabe mit
Lore in einem
Stollen.
Holzstich
von 1844.

das Pro-Kopf-Einkommen steigt. Der anfangs noch euphorische Fortschrittsglaube weicht jedoch bald einer grausamen Ernüchterung. Der Wegfall der Zölle und die grenzüberschreitende Mobilität führen zu einem erhöhten Konkurrenz- und Preisdruck. Die Fabrikarbeit entwurzelt die Menschen zunehmend, und die massive Abwanderung in die Industriestädte sowie die Bevölkerungsexplosion führen erneut zu einer Verelendungswelle. Der Fabrikbesitzer ist nicht nur Arbeitgeber, er wird zum Herrn über Leben und Tod.

Bedrückend sind auch die Zustände in den Bergwerken. Das Angebot an willigen Arbeitskräften ist übergroß, und die Arbeitsbedingungen werden immer härter. Man spart bei Sicherheitsvorkehrungen, dafür beträgt die Arbeitszeit oft sechzehn Stunden und mehr. Kinder müssen die schweren Kohlewägen durch die Transportschächte ziehen, die manchmal nur fünfzig Zentimeter hoch sind. Die durchschnittliche Lebenserwartung eines Bergwerksarbeiters im englischen Leeds liegt bei neunzehn Jahren. So sagt ein Zeitzeuge:

„Mein Vater war schon fünf Monate vor meiner Geburt gestorben und hinterließ außer mir noch sechs Kinder. Die Not grinste aus allen Ecken. Mit elf Jahren begann ich, auf der Zeche zu arbeiten. Blühte mir

Nachtschicht, so ging ich morgens in die Maschinenstube. Kamen um vier Uhr die alten Hauer zur Schicht, so nahm jeder als erstes ein Gesangbuch aus dem Schrank. Nun wurde gesungen, vom Steiger gebetet, und Anordnung gegeben. Nachdem auch die Lampen in Ordnung gebracht waren, stieg einer nach dem anderen die steile Fahrt hinunter. Wie oft habe ich dort gestanden und den Lichtern nachgeschaut, bis sie allmählich in der Tiefe verschwanden. Dann und wann brachte man einige Tote heraus, die der Steinfall getötet hatte oder die im dämpfenden Wetter erstickt waren. Man legte sie in der Belegschaftsstube auf einen Tisch. Dann kamen ihre Frauen und Kinder, deren Wehklagen herzzerreißend war.“

In den Großstädten breiten sich Slums aus, ohne Wasserversorgung, ohne Kanalisation. Ringsum verändert die Industrie die Landschaft. Arbeitslose, Obdachlose und Bettler bestimmen das Bild in den trostlosen Straßen. Familienverbände werden durch Frauen- und Kinderarbeit zerstört, viele Menschen sind entwurzelt, verzweifelt. Mißernten verschlechtern die katastrophalen Verhältnisse zusätzlich und treiben die Menschen scharenweise zur Auswanderung.

Einwanderer in USA im Castle Garden, New York. Gemälde von Hubert von Herkomer, 1884.

„Gebt mir den elenden Auswurf eures überquellenden Landes. (...) Ich halte die Fackel hoch am goldenen Tor." So wird es später auf dem Sockel der Freiheitsstatue, dem Symbol für die unbegrenzten Möglichkeiten des amerikanischen Kontinents, geschrieben stehen. Amerika beherrscht die Träume der Elenden und Gescheiterten. Es verkörpert Freiheit, Platz im Überfluß – und eine neue Chance. Das Heer der Armen schifft sich ein, um dem Hunger und der Verelendung zu entgehen.

In Europa dringt die Größe des Problems nur langsam zu den Herrschenden durch. Bettina von Arnim verfaßt 1843 mit ihrem fiktiven Gesprächsreport „Dies Buch gehört dem König" so etwas wie einen ersten Sozialreport:

„Kreuzweis' wird durch die Stube ein Seil gespannt, in jeder Ecke haust eine Familie, wo sich die Seile kreuzen, steht ein Bett für den noch Ärmeren, den sie gemeinschaftlich pflegen.... Es scheint gleichgültig zu sein, daß die Ärmsten in eine große Gesellschaft zusammengedrängt werden, sich immer mehr abgrenzen gegen die übrige Bevölkerung und zu einem furchtbaren Gegengewichte heranwachsen..."

Die offiziellen Kirchen scheinen die wachsende Not nicht zur Kenntnis zu nehmen. Keine Stellungnahme, kein Programm, kein Eingreifen. Die Kirche steckt aus Angst vor neuen Unruhen und davor, die Allianz mit den Fürsten zu gefährden, den Kopf in den Sand, und manche Kirchenmänner entwickeln einen bemerkenswerten Zynismus:

„Die Armut ist im Grund ein Vergnügen. Mäßiges Leben ist an sich schon ein Vergnügen. Diese Freude geht zum Beispiel dem, der im Überfluß lebt, verloren. Alles, was der Arme seinem Kinde geben muß, ist Eifer und Unschuld. Mit diesen Qualitäten, auch ohne einen einzigen Schilling, geht das Kind der Armen in die Welt, bereit, ein nützlicher, tugendhafter und glücklicher Mensch zu werden."

Die Lethargie der Amtskirche ist gleichzeitig der Nährboden für die Entwicklung praktischer Nächstenliebe. Der evangelische Theologe und Sonntagsschullehrer Johann Hinrich Wichern (1808-1881) lernt in den Hamburger Slums und den berüchtigten Gängevierteln am Hafen die Verwahrlosung der Großstadtjugend kennen. Zu Tausenden ziehen die Jugendlichen ohne Bleibe und Arbeit durch die Stadt – ausgeschlossen von der Gesellschaft und ohne Hoffnung. Wichern lebt mit ihnen, er macht die Straße zu seiner Kanzel und beginnt, im eigenen Land zu missionieren – mit einer sehr praktisch orientierten Zielrichtung. 1833 gründet er das „Rauhe Haus", um den härtesten Fällen ein Zuhause, eine Erziehung und eine Ersatzfa-

Knabenarbeitssaal im Rauhen Hause. Holzstich, um 1855.

milie zu bieten. Es sollte der Grundstein einer Reihe von diakonischen Einrichtungen werden, die auch heute noch bestehen.

All dies begreift Wichern als direkte und selbstverständliche Folge des Glaubens. Grundlage seines Handelns ist die Liebe:

John Wesley.
Gemälde von Nathanael Hone, 1766.

„Es tut Eines not, daß die evangelische Kirche in ihrer Gesamtheit anerkenne: Die Arbeit der Inneren Mission ist mein. Die Liebe gehört mir wie der Glaube. Die Liebe muß in der Kirche als die helle Gottesfackel flammen, die kund macht, daß Christus eine Gestalt in seinem Volk gewonnen hat. Wird in diesem Sinne das Wort der Inneren Mission aufgenommen, so bricht in unsrer Kirche jener Tag ihrer neuen Zukunft an."

Große Anerkennung erlangt seine Arbeit aber erst auf dem Wittenberger Kirchentag von 1848. Eine flammende Rede Wicherns sichert ihm hier eine enorme Resonanz und vielfältige Unterstützung. Ein Jahr später richtet die evangelische Kirche den „Kongreß für die Innere Mission" ein, der das ganze Werk koordinieren soll. Eine grundlegende Veränderung der gesellschaftlichen Verhältnisse gehört allerdings nicht zu Wicherns Zielen. Jeder klassenkämpferische Ansatz ist ihm ein Graus, sozialreformerische Gedanken sucht man bei ihm vergeblich:

„Haltet ein, Staat, Familie und die Kirche sind doch drei göttliche, lebendige Einrichtungen, die wir erhalten müssen."

In einer Zeit zunehmender Verunsicherung erhalten auch die verschiedenen Freikirchen und Religionsgemeinschaften, die unter dem Einfluß von Erweckungsbewegung und Pietismus entstehen, regen Zulauf. So gelangt zeitgleich mit den Hochöfen der eisen- und stahlerzeugenden Industrie in Mittelengland auch der Methodismus zur Blüte. An der Spitze dieser anglikanischen Erweckungskirche, die nur ganz allmählich aus der Staatskirche herauswächst, stehen John Wesley und George Whitefield. Beide sind sie begnadete Prediger. Ihre klare Sprache, ihre drastischen Ausmalungen der Höllenqualen für die Verdammten und ihre eindringlichen Ermahnungen zu sofortiger Bekehrung sprechen die Menschen unmittelbar an. Die festgefügte Gemeinschaft und ein streng geordneter Alltag innerhalb der Kirche bieten vielen Entwurzelten und Verunsicherten Halt und Orientierung.

Die methodistischen Laienprediger reisen durchs Land und verkünden das Wort Gottes, auf freiem Feld, oft vor Tausenden von Zuhörern. Nicht selten kommt es dabei zu massenhaften religiösen Verzückungsausbrüchen.

Auch in den neugegründeten Missionsgesellschaften entsteht unter dem Einfluß der Erweckungsbewegung ein neues apostolisches Sendungsbewußtsein. Oft folgt die Mission der Kolonisation, die den europäischen Industrienationen überall auf dem Erdball Rohstoffe und Absatzmärkte sichert. Das Verhältnis ist aber nicht immer span-

**Gasse in
Londons Armenviertel
Whitechapel.**

nungsfrei, und der große Idealismus und die Sprachkenntnis der Missionare werden mit Argwohn beobachtet.

Angesichts der Lage in der Heimat gibt es aber auch kritische Stimmen zum Aufblühen der äußeren Mission. Ein Geistlicher im Londoner Armenviertel Whitechapel meint: *„Die Kirche weiß sicher mehr darüber, wie die Neger in Afrika leben, als über die erbärmlichen Zustände der Menschen hier."*

Karl Marx und Friedrich Engels auf einem Kongreß des Bundes der Kommunisten. Gemälde von H. Mocznay.

Viele in Europa haben sich an das tägliche Elend gewöhnt, und der aufgeklärte, neureiche Bildungsbürgerstand macht es sich gemütlich in seiner Realität. Doch die Ruhe hält nicht lange an. Im Jahr 1842 betritt Friedrich Engels, geboren 1820 als Sohn eines pietistischen Textilfabrikanten, die Außenstelle der väterlichen Fabrik in Manchester. Zwei Jahre lang studiert der gelernte Kaufmann hier die Bedingungen der Arbeiterschaft in England. Was er sieht, erschüttert ihn tief:

„Morgen geht dieser Junge zum ersten Mal in die Fabrik, und zwölf lange Stunden lang rasseln ihm Hunderte von Maschinenrädern mit ihrem Getöse um die Ohren. Er hört nichts anderes, er sieht nichts anderes. Nach einem Jahr singt er sein letztes Lied, und das Rot schwindet von den Wangen. Noch ein Jahr, dann säuft er schon, und bald wird er stumm, entsetzlich still, gleichgültig und gleichförmig, weniger einem Menschen ähnlich als der Maschine, an der er die Zeit seiner Jugend verbrachte. Er kann weder lesen noch schreiben und in seinem Schädel ist es dunkel und still, da ist die Sonne längst untergegangen."

1844 begegnet Engels in Paris Karl Marx, mit dem ihn von nun an eine lebenslange Freundschaft verbindet. Gemeinsam verfassen sie zahlreiche Schriften, unter anderem das Kommunistische Manifest von 1848.

**Weberzug.
Radierung von Käthe Kollwitz,
1897.**

Es ist die erste schriftliche Zusammenfassung der marxistischen Theorie, die die Antwort auf alle aktuellen Probleme im radikalen Bruch mit dem bisherigen Herrschaftssystem sieht:

„Nur der gewaltsame Umsturz aller bisherigen Gesellschaftsordnung bringt uns zum Ziel. Wir Kommunisten verschmähen es, unsere Absichten zu verheimlichen. Mögen die herrschenden Klassen vor einer Revolution zittern, die Proletarier haben nichts zu verlieren."

Aber auch andere Intellektuelle prangern die überall spürbaren gesellschaftlichen Mißstände an. Zu ihnen gehört auch der Schriftsteller Georg Büchner:

„Ja, ja, der Schweiß der Arbeiter ist das Salz auf dem Tisch der Reichen. Aber große Knüppel wirken mehr als fromme Sprüche".

Auch einige wenige Geistliche, wie der französische Pater Montlouis, erkennen das Problem und beziehen Stellung:

„Wir wollen eure Freiheit, wir wollen es nicht mehr zulassen, daß Menschen andere Menschen ausbeuten. Kein Kapitalist soll mehr von eurem Schweiße fett werden."

Der Schneidergeselle Wilhelm Weitling, einer der ersten religiösen Sozialisten überhaupt, kämpft schon ab 1837 für eine egalitäre Gesellschaft. Dabei versucht er auch, seine christlichen Vorstellungen zu verwirklichen:

„Christus war ein Sozialrevolutionär. Die Christen haben Rom gestürzt und Luther hat die mittelalterlichen Säcke in den Arsch getreten. Ja, Jesus ist für uns. Er hat immer die Gesellschaft der Armen und der Verachteten gesucht. Mit ihnen wollte er sein Reich gründen. Er war kein Finsterling, kein Mucker. Nein, Jesus war ein Mann voller Gefühl. Er wohnte den Festmahlen der Sünder bei. Viel zu sündigen, heißt viel zu verzeihen und viel zu lieben. Trinken wir auf die Liebe, trinken wir auf Jesus, den Vater des Sozialismus."

Andere jedoch, wie zum Beispiel Karl Marx, lehnen jede Art der Religion ab:

„Der Mensch macht doch die Religion, nicht umgekehrt. Sie ist der Seufzer der bedrängten Kreatur, das Opium des Volkes."

Diejenigen jedoch, um die es bei all diesen gelehrten Diskussionen geht, die Arbeiter nämlich, sitzen in gewisser Weise zwischen den Stühlen. Einerseits sind sie noch tief verwurzelt in einem Glauben, den sie äußerlich schon längst abgelegt haben, andererseits werden sie getrieben von einer unerträglichen Not, deren Ausmaß für uns heute nur noch schwer nachzuempfinden ist.

Besonders die Weber in den Werkstätten Schlesiens werden von der Mechanisierung ihrer Arbeitswelt und der Öffnung der

Märkte in Europa hart getroffen. Heinrich Heine hat versucht, ihrem Lebensgefühl im folgenden Gedicht Ausdruck zu verleihen.

*„Ein Fluch dem Gott, zu dem wir gebeten
in Winterskälte und Hungersnöten,
wir haben vergebens gehofft und geharrt,
er hat uns geäfft und gefoppt und genarrt —
wir weben, wir weben.*

*Ein Fluch dem König, dem König der Reichen,
den unser Elend nicht konnte erweichen,
der den letzten Groschen von uns erpreßt
und uns wie Hunde erschießen läßt —
wir weben, wir weben.*

*Das Schiffchen fliegt, der Webstuhl kracht,
wir weben emsig Tag und Nacht —
Deutschland, wir weben dein Leichentuch,
wir weben hinein den dreifachen Fluch,
wir weben, wir weben."*

Angesichts solcher Trostlosigkeit ist es nicht verwunderlich, daß es Anfang Juni 1844 in Peterswaldau und Langenbielau zum schlesischen Weberaufstand kommt. Erstmals in der deutschen Geschichte entlädt sich die ganze Verzweiflung und Hilflosigkeit der Arbeiter angesichts der dramatischen Verschlechterung ihrer Lebens- und Arbeitsbedingungen in einem gewaltsamen Aufruhr. An die 3000 Aufständische zerstören Maschinen und Fabriken, bevor die Erhebung von preußischen Truppen niedergeschlagen wird. Das blutige Ende der Hungerrevolte schildert der folgende Zeitungsbericht:
Breslau, 8.Juni 1844:
„Nachdem ein Haufen Weber aus Peterswaldau die Gebäude und Vorräthe des Fabricanten Zwanziger zerstört hat, sind auf der hiesigen Eisenbahn eine Partie Mili-
tairs abgegangen, um die Unruhen in den Fabrikdörfern zu unterdrücken. In dem Zusammentreffen mit den Truppen haben sich die Arbeiter mit furchtbarer Erbitterung geschlagen, Weiber und Kinder haben ihnen die Steine herzugetragen. Bei dieser Gelegenheit ereignete sich der schreckliche Zufall, daß ein Soldat seinen eigenen Bruder unter den fallenden Arbeitern erkannte und, seine Flinte wegwerfend, sich über diese That verfluchte. Wie groß die Anzahl der Getödeten von beiden Seiten ist, weiß man nicht; dem Major, welcher zuerst Feuer commandirte, wurde durch die Heugabel eines Arbeiters der Kopf zerschmettert. Die Geistlichen der empörten Ortschaften, die zur Ruhe und Frieden mahnten, wurden gemißhandelt. Man gibt die Zahl der Insurgenten mit 6000 an, doch soll dieselbe beständig zunehmen."

Der Weberaufstand hat Symbolwirkung. Auch die Beschwichtigungs- und Einschüchterungsversuche der Kirchen, die sich auf die Seite des Staates stellen, können nicht verhindern, daß es schon kurze Zeit später erneut zu gewaltsamen Ausbrüchen kommt. Überall in Europa brodelt es, und im Jahr 1848 werden mit Ausnahme von England und Rußland alle großen Staaten des Kontinents von den Unruhen erfaßt. Revoltierende Bürger und Arbeiter setzen Schlösser in Brand und türmen Barrikaden auf die Straßen. Oft ist die nackte Not der Armen Auslöser solcher Aktionen, doch speziell in Deutschland wird die Revolution weitgehend vom Bürgerstand getragen, für den Ziele wie soziale Gerechtigkeit oder die Verbesserung der Arbeits- und Lebensbedingungen des Vierten Standes eine untergeordnete Rolle spielen. Ihn verlangt es nach wirtschaftlicher Freiheit und politischer Mitsprache.

Erste Sitzung der Nationalversammlung in der Frankfurter Paulskirche. Holzstich, um 1890.

Nachdem sich verschiedene süddeutsche Landtage für die Einberufung eines deutschen Parlaments eingesetzt haben, kommt es am 18. Mai zur Eröffnung der Verfassunggebenden Nationalversammlung in der Frankfurter Paulskirche. Das „Professorenparlament" – unter den 586 Abgeordneten befinden sich 223 Juristen, 106 Professoren, 46 Fabrikanten, vier Handwerker und kein einziger Bauer – berät und beschließt die Grundrechte, die bis heute das Vorbild für alle demokratischen deutschen Verfassungen bilden. Dazu gehören unter anderem auch Glaubens- und Religionsfreiheit sowie die Trennung von Staat und Kirche:

„Artikel V, § 144:

Jeder Deutsche hat volle Glaubens- und Gewissensfreiheit.

Artikel V, § 147:

Keine Religionsgesellschaft genießt vor anderen Vorrechte durch den Staat; es besteht fernerhin keine Staatskirche."

Die Idee der religiösen Toleranz ist kennzeichnend für das Bildungsbürgertum jener Zeit, und die Gewährung der Glaubensfreiheit in fast allen europäischen Ländern gehört mit Sicherheit zu den positiven Errungenschaften dieses Jahrhunderts. Doch trotz anfänglicher Erfolge endet die europäische Revolution von 1848 im Fiasko. Die Furcht des Bürgertums vor revolutionärem Radikalismus und sein Mangel an politischer Erfahrung stärken die Reaktion. Zudem ist das Militär auf die alten Machthaber eingeschworen.

Zug um Zug erstarkt die Reaktion. Die Bürger kümmern sich bald wieder hauptsächlich um ihre Geschäfte, soziale Reformen bleiben auf der Strecke. Und die Fürsten erkennen, daß wirtschaftliche Freiheit das Interesse des Bürgertums an der Einmischung in die Politik doch erheblich dämpft. Die eigentlichen Verlierer dieser Revolution sind die Arbeiter, an deren Situation sich nichts Entscheidendes verbessert hat. Und die Kirchen stehen einmal mehr auf Seiten der Mächtigen.

Preußen wächst zur Industrienation und Weltmacht heran. Die evangelische Kirche segnet die Soldaten in den Kriegen ihres Königs und billigt das Verbot der Sozialistischen Partei. Der Kaiser spendet ihr – und sich selbst – für diese gute Zusammenarbeit später die Kaiser-Wilhelm-Gedächtniskirche in Berlin.

Der Kaplan Johannes Ronge, der sich immer wieder mit seiner katholischen Amtskirche anlegt und schließlich vom Dienst suspendiert wird, findet harte Worte für die Rolle der Kirchen:

„Als die deutschen Fürsten 1849 das Volk verrieten und die Patrioten mordeten, wäre es die Pflicht der christlichen Kirchen gewesen, gegen diese Treuebrüche und diese Grausamkeiten zu protestieren im Namen der Religion. Allein hier zeigte sich klar, daß weder die katholische noch die protestantische Kirche die Vertreter des Volkes und der öffentlichen Sittlichkeit, sondern die Feinde beider und die Instrumente der Fürsten waren. Beide verrieten sie die Religion und halfen, die Freiheit Deutschlands zu unterdrücken."

Wilhelm Emmanuel Frh. von Ketteler. Holzstich, 1871.

Zumindest zwei große Gestalten sind es, die auch im 19. Jahrhundert in der katholischen Kirche die Sache der Armen, der entrechteten Arbeiter und Handwerker klar erkennen und vertreten: Der Mainzer Bischof Wilhelm Emmanuel Freiherr von Ketteler (1811-1877), ein ehemaliger preußischer Staatsbeamter, und der Kölner Domvikar Adolf Kolping (1813-1865). Ketteler ist nicht nur Abgeordneter im Frankfurter Parlament (1848/1849) und im Reichstag (1871/1872) und als solcher ein streitbarer Kämpfer für den politischen Einfluß der Kirche. Er erkennt frühzeitig die

Adolf Kolping.

soziale Frage als die zentrale Lebensfrage der Kirche. Ketteler wird bald durch mutige Predigten bekannt. „Wer die soziale Frage nicht begreift, dem ist Gegenwart und Zukunft ein Rätsel", hat er bereits 1848 erklärt.

„Bis auf den heutigen Tag hat die Kirche die Probe ihres göttlichen Ursprungs bestanden. Die soziale Misere hat ihren tiefen Grund doch gerade im Abfall vom Geiste des Christentums, der in den letzten Jahrzehnten stattgefunden hat. Nur das Christentum bietet die Mittel die Verhältnisse der Arbeiter zu bessern. Und zwar nicht durch äußere Einwirkungen, sondern durch den Geist den es den Menschen einflößt. Die Heilung kann nur von innen heraus erfolgen. Nur Jesus Christus kann dem Arbeiterstand helfen."

Mit Kolping zusammen ist Ketteler einer von zwei katholischen Kirchenmännern in Deutschland, die zur sozialen Frage entschieden Stellung beziehen. Ketteler liest Marx und korrespondiert mit Lassalle. Er fordert als einsamer Rufer in der Wüste die gesellschaftspolitische Einmischung der Kirche. Seine Ziele sind die Gründung von Gewerkschaften und Genossenschaften, die Einführung des Streikrechts sowie eine generelle Gewinnbeteili-

Verlegung des Transatlantik-Telegraphenkabels 1865/66. Kreidelithographie, 1865.

Verlegung des Transatlantik-Telegraphenkabels 1865/66. Kreidelithographie, 1865.

gung der Arbeiter. Dabei setzt er seine Hoffnung nicht auf einen gewaltsamen Umsturz von unten, sondern auf eine Reform der Verhältnisse von oben her.

Adolf Kolping, der die geistige und soziale Not der auf der Straße liegenden Handwerker sieht und sich ihrer annimmt („Gesellenvater Kolping") ist nicht nur ein vorbildlicher Priester, sondern eine der imponierendsten sozialen Reformergestalten des Jahrhunderts.

Und doch können die Kirchen in dieser Zeit im Ganzen gesehen weder gesellschaftliche Alternativen anbieten noch die großen Gräben zwischen Arm und Reich überbrücken. Sie schlagen andere Wege ein. Der Katholizismus entflieht mit Hilfe der Romantiker in das Idealbild des geordneten Mittelalters. Der Kölner Dom wird im gotischen Stil zu Ende gebaut, als Beschwörung der „guten, alten Zeit". Überall wachsen monströse „neugotische" Kirchen in den Himmel. Mystisches Erschauern und tiefempfundene Frömmigkeit beginnen die Gegenpole zu einem berechnenden Geschäftssinn zu werden, der sich der Gesellschaft mehr und mehr bemächtigt.

„Schon vor der Tür seines Kabinetts ergreift viele ein Schauer der Ehrfurcht. Soeben trägt ein galonierter Bedienter sein Nachtgeschirr über den Korridor und ein Börsenspekulant zieht in demselben Augenblick ehr-

furchtsvoll seinen Hut vor dem mächtigen Topfe. Wir sehen hier, wie klein der Mensch und wie groß Gott ist! Denn das Geld ist der Gott unserer Zeit und Rothschild ist sein Prophet."

Mit diesen Worten beschreibt Heinrich Heine einen Besuch bei James Rothschild in Paris. Der Aufstieg der Rothschilds aus dem Frankfurter Ghetto zur mächtigsten und reichsten Bankiersfamilie Europas steht für ein maßloses Profit- und Wachstumsstreben, das sich in vielen Teilen der Gesellschaft mit rasanter Geschwindigkeit durchsetzt.

„Ein Rothschild, der seinen Kindern 1700 Millionen Franken hinterläßt, ist so recht ein Produkt unserer volkswirtschaftlichen Richtung. Der Menschenverband ist zerstört, und an dessen Stelle tritt der Geldverband in furchtbarster Ausdehnung. Daraus entstehen nun überall, wo sich die Verhältnisse schrankenlos entwickeln können, für die Arbeiter die fürchterlichsten Zustände." Bischof Ketteler

Darüberhinaus bringt die Zeit eine Flut neuer und zum Teil revolutionärer wissenschaftlicher und technischer Erfindungen und Entdeckungen. Manche Zeitgenossen

Eröffnung des Ersten
Vatikanischen Konzils
im Petersdom zu Rom.
Zeitgenössischer Holzstich.

geraten über die neuen Möglichkeiten in re-
gelrechte Verzückung:

*„Unsere Maschinen verrichten feurigen Atems, mit
stählernen, unermüdlichen Gliedern von selbst ihre heilige Arbeit. Die Maschine ist der Erlöser der Menschheit, der Gott, der den Menschen von der Lohnarbeit
loskaufen wird."*

Der wissenschaftliche Erkenntnisdrang macht
auch vor der Heiligen Schrift nicht halt.
Die biblischen Texte werden mit Hilfe der
historisch-kritischen Methode auf ihren
geschichtlichen Wahrheitsgehalt überprüft.
Natürlich gibt es auch viele Zweifel daran,
ob dem Geheimnis des Glaubens mit Hilfe
der Wissenschaft wirklich auf die Spur zu
kommen ist. Diese Skeptiker sehen sich bestätigt, als der evangelische Theologe David
Friedrich Strauß die historische Wahrheit der
Evangelienberichte bestreitet und sie als Mythen bezeichnet. Er löst damit eine leiden-
schaftliche Debatte aus, an der sich fast alle
bedeutenden Theologen des 19. Jahrhunderts beteiligen. Außerdem markiert Strauß'
Werk den Beginn der „Leben-Jesu-For-

schung", die für die evangelische Theologie des 19.
Jahrhunderts prägend ist,
und in die sich auch Albert
Schweitzer mit seiner 1913
erscheinenden „Geschichte
der Leben-Jesu-Forschung"
einschaltet.

Während sich die prote-
stantische Theologie an den Universitäten relativ selbständig entwickeln kann, versucht
Rom, die zentralistischen Strukturen weiter
zu festigen. Ein entscheidender Schritt in diese Richtung soll auf dem Ersten Vatikanischen Konzil (1869-1870) getan werden.
Auch Wilhelm Emanuel Freiherr von Ketteler, Bischof von Mainz, ist zu diesem Konzil eingeladen. Ketteler registriert mit
Schrecken die wachsende Ablehnung der Arbeiter gegenüber der Kirche. Er hofft, auf
dem Konzil eine offizielle Stellungnahme der
Kirche zur sozialen Frage zu erreichen.
Der Papst aber hat sich als reaktionärste Kraft
Europas dieser Frage bislang völlig verschlossen. Die moderne Welt mit ihren neu-
en Fragestellungen ist noch nicht bis in den
Vatikan vorgedrungen. Sogar der Bau von Ei-
senbahnlinien und die Einführung einer Gas-
laternenbeleuchtung wird im Kirchenstaat
lange Zeit verhindert.
Mit der Wahl von Pius IX. (1846-1878) sind
ursprünglich große Hoffnungen verbunden
gewesen. Er setzt zu Anfang seiner Amtszeit

liberale politische Reformen im Kirchenstaat durch, die ihn rasch beliebt werden lassen. Doch die blutigen Wirren der italienischen Revolution von 1848 machen aus „Pio nono" einen entschlossenen Kämpfer gegen Modernismus und Liberalismus.

Sein Stufenplan zur Eindämmung liberal-reformistischer Bestrebungen findet seinen Höhepunkt im sogenannten „Syllabus" von 1864. Darin läßt der Papst die achtzig vermeintlich größten Irrtümer seiner Zeit verdammen. Er zählt dazu unter anderem die Freiheit der Religionswahl, die Gleichwertigkeit der Kirchen, die Trennung von Staat und Kirche, den Verzicht der Kirche auf Beteiligung an der weltlichen Macht sowie den Dialog mit Liberalismus und moderner Kultur. Diese Liste ist Roms Antwort auf die Fragen der Zeit.

Am 8. Dezember 1869 beginnt dann das Erste Vatikanische Konzil. Die schwierige Lage der katholischen Landeskirchen im Europa der Nationalstaaten hat in den vorangegangenen Jahrzehnten zu einem deutlichen Machtzuwachs des Papstes geführt. Das Vaticanum soll nun seinen Einfluß noch einmal erweitern. Nach der feierlichen Eröffnung wird den 800 Teilnehmern ein bislang geheimgehaltenes Dokument zur Abstimmung vorgelegt: Das Dogma von der Unfehlbarkeit des Papstes in bestimmten Lehrentscheidungen. Unerwartet massiver Protest ent-

Ignaz von Döllinger

brennt. Auch der ursprünglich papsttreue Bischof Ketteler wendet sich der Opposition zu. Die Lager spalten sich. Die narzißtische Natur des 78jährigen Kirchenoberhauptes läßt indes keinen Widerspruch gelten.

Mit allen Mitteln versucht er, die Gegenbewegung zu stoppen. Die päpstliche Geheimpolizei bespitzelt Bischöfe und durchsucht Zimmer. Briefe werden beschlagnahmt oder zensiert. Es ist den Bischöfen strengstens verboten, von den Konzilssitzungen zu berichten. Dennoch werden über die Landesvertretungen in Rom Berichte ausgeschmuggelt.

Der Stiftspropst an der Münchener Theatinerkirche und Professor für Theologie und Kirchengeschichte, Ignaz von Döllinger, sammelt diese Berichte und verfaßt in der „Augsburger Allgemeinen Zeitung" beißende Glossen über das „Räuberkonzil". Es entbrennt ein regelrechter Medienkampf mit der papstnahen Jesuitenzeitschrift „Civitá Cattolica" in Rom. Indes nähert sich das unwürdige Schauspiel im Vatikan seinem Höhepunkt. Der Papst beschimpft Oppostionelle als Esel, Verräter und Sektierer. In Privataudienzen versucht er sie mit rüden Mitteln zum Widerruf zu zwingen. Ketteler spürt die Gefahr einer Kirchenspaltung. Drei Tage vor der Endabstimmung wirft sich der Bischof von Mainz dem Papst mit den Worten: „Guter Vater, retten Sie die Kirche Gottes", zu Füßen. Doch Pius IX. bleibt hart. Enttäuscht und gedemütigt verlassen 250 Teilnehmer vor der Abstimmung das Konzil, um kein Schisma zu riskieren.

Am 18. Juli 1870 wird das Dogma angenommen, begleitet von einem feierlichen „Te Deum" – und von einem fürchterlichen Gewitter, das die Anwesenden wahlweise als „Protest des Himmels" oder als „Toben der Hölle" beschreiben wird.

Damit ist die Unfehlbarkeit eines päpstlichen Ex-cathedra-Spruches festgeschrieben. Sie bezieht sich keineswegs auf jede Äußerung des Papstes. Die Unfehlbarkeit ist aber dann gegeben, wenn er in Ausübung höchster Lehrautorität eine bestimmte Lehre, die in der ganzen Kirche geglaubt wird, für die gesamte Kirche für richtig erklärt.

Nach dieser Entscheidung beendet der Ausbruch des deutsch-französischen Krieges und die Besetzung des Kirchenstaates durch italienische Truppen das Konzil. Garibaldis nationale Bewegung zieht einen Schlußstrich unter die 1000jährige Geschichte der Kirche als Herrscherin über ausgedehnte Ländereien und reiche Städte. Dem Papst bleibt jetzt nur noch der Vatikan.

Das Konzil führt zu einem tiefen Riß in der katholischen Kirche. Ketteler und viele andere Bischöfe sind maßlos enttäuscht von den Beschlüssen, stimmen aber um des Friedens Willen zu. Anders reagiert Ignaz von Döllinger. Er sammelt Unterschriften gegen die Anerkennung des Konzils und findet vor allem im Kreis seiner Kollegen zahlreiche Unterstützung. Der Papst allerdings belegt ihn im April 1871 mit dem Bann. Schon im September dieses Jahres findet dann unter Mitwirkung Döllingers und vieler seiner Mitstreiter der erste Altkatholikenkongreß statt. Sie betrachten sich als Vertreter des echten, wahren Katholizismus, im Gegensatz zur päpstlichen Strömung. Der Kongreß beschließt die Abhaltung eigener Gottesdienste. Darauf kommt es zum endgültigen Bruch mit Rom. Die Altkatholiken bilden seither eine eigenständige Kirche, ihre Mitgliederzahl in Deutschland beträgt heute etwa 30000.

Das Konzil hat innerkirchlich also sehr vieles in Gang gesetzt. Kein Zeichen kommt aus Rom zur verzweifelten Situation der Industriearbeiter, kein Trost, kein Bemühen zur Schließung der klaffenden Wunde in den europäischen Gesellschaften.

Stattdessen entbrennt im evangelischen Preußen der sogenannte Kulturkampf. Otto von Bismarck versucht in dieser Auseinandersetzung, die Macht der katholischen Kirche in Deutschland zu brechen. Die wichtigsten Maßnahmen sind der Kanzelparagraph, der den Mißbrauch der kirchlichen Verkündigung zu politischen Zwecken mit Gefängnis ahndet, das Verbot der Jesuiten und die Zivilstandsgesetzgebung, die die obligatorische Zivilehe einführt und den Taufzwang beseitigt. Wer sich diesen Maßnahmen widersetzt, wird verhaftet und später sogar verbannt. Im Jahr 1877 sind von zwölf preußischen Bischofssitzen nur noch vier besetzt. Doch die Regierung hat sich verrechnet. Die Staatsgesetze bewirken einen kollektiven Aufschrei der katholischen Bevölkerung und bringen der Zentrumspartei einen ungeahnten Zu-

Pilger vor der Grotte, dem Ort der Marienerscheinung in Lourdes. Photographie, Ende 19. Jahrhundert.

lauf. Und noch eine Wirkung haben die Repressionen Bismarcks: Deutsche Katholiken brechen zu einer Wallfahrt ins französische Lourdes auf, zur Patronin der Revanche.

Als Gegenbewegung zur wissenschaftlichen Analytik gewinnen mystische Glaubenselemente schon seit einiger Zeit wieder verstärkt Anhänger. Ein Zeitzeuge:

„Der religiöse Großstadtbewohner scheint eine Art geistiger Frischluft zu brauchen: er muß wieder trinken vom klaren, unverschmutzten Wasser des Lebens und auf ein Schweigen hören, das nicht durch das Rattern der Maschinen gebrochen wird."

Wir schreiben den 11. Februar 1848. In der Nähe der Stadt Lourdes, am Nordrand der Pyrenäen, sammelt die 14jährige Bernadette Soubirous zusammen mit ihrer Schwester und einer Freundin trockenes Holz. Plötzlich bemerkt sie ein Windrauschen, obwohl sich in den Bäumen kein Blatt bewegt. Bernadette sieht sich um und erblickt in einer Grotte eine wunderschöne weißgekleidete Frau. Die anderen Kinder bemerken nichts. „Que soy era Immaculada Concepcion" („Ich bin die unbefleckte Empfängnis"), hört sie die Erscheinung im landestypischen

Dialekt sagen, die ihr in den nächsten Tagen mehrfach begegnet. Als die ersten Berichte über Wunderheilungen durch das Wasser aus der Grotte bekannt werden, wird Lourdes in Windeseile zu einem der bekanntesten Wallfahrtsorte der Welt.

Im Ärztebüro von Lourdes werden im Lauf der Jahre viele tausend Heilungen gemeldet. 65 davon schaffen den strengen Weg durch die Instanzen bis zur offiziellen kirchlichen Anerkennung als Wunder. In der Akte heißt es dann:

„Das Phänomen widerspricht im strengsten Sinne jeder ärztlichen Beobachtung und Vorhersage, und bleibt darüberhinaus unerklärlich."

Die meisten Menschen müssen ihren Existenznöten und Alltagssorgen jedoch weiterhin ohne Aussicht auf eine Wunderheilung begegnen. Zwar hat es die katholische Kirche im 19. Jahrhundert geschafft, sich mit

Hilfe der Romantik, der Mystik und einer festen Verankerung in der Volksfrömmigkeit ihren Platz in der bürgerlichen Gesellschaft zu bewahren. Die Klasse der Arbeiter hat sie jedoch verloren, da sie weder willens noch in der Lage ist, der Verelendung großer Bevölkerungsschichten eine Vision oder ein Programm entgegenzusetzen. Erst 1891, mehr als hundert Jahre nach dem Beginn der Industriellen Revolution und fast fünfzig Jahre nach dem „Kommunistischen Manifest", nimmt ein Papst Stellung zur sozialen Frage. In seiner berühmten Sozialenzyklika „rerum novarum" verurteilt Leo XIII. (1878-1903) die Geldgier und fordert bessere Lebensbedingungen für die Arbeiter. Zum Sozialrevolutionär wird er dabei jedoch nicht:

„Vor allem ist von der einmal gegebenen unveränderlichen Ordnung der Dinge auszugehen, wonach in der bürgerlichen Gesellschaft eine Gleichmachung von hoch und niedrig, von arm und reich schlechthin nicht möglich ist. Es mögen Sozialisten solche Träume zu verwirklichen suchen, aber man kämpft umsonst gegen die Naturordnung an."

Ungeachtet der neugewonnenen bürgerlichen Freiheiten, der als Grundrecht verbrieften Religionsfreiheit und der Toleranz hat sich jedoch längst ein allgemeiner Sündenbock etabliert, mit dem auch die Kirche gerne von ihrem eigenen Versagen ablenkt. In der vom Jesuitenorden herausgegebenen Zeitschrift „Civiltà Cattolica" findet sich im Jahr 1890 folgender Beitrag:

„Die Juden haben sich zu den Herren des Kapitals gemacht. In jeder Nation bleiben sie Ausländer und, was schlimmer ist, Feinde der Völker, in deren Mitte sie wohnen. Nach dem Talmud ist es ihr Ziel sich immer wei-

ter zu bereichern und die Christen arm zu machen. Der Talmud heiligt die Anwendung aller, auch der verbrecherischsten Mittel; er schreibt ihnen vor, die Christen grausam zu hassen."

Seit der endgültigen Zerstörung des jüdischen Staates gibt es in christlichen Kulturen wie in anderen Kulturen eine starke Judenfeindschaft. Doch der moderne Antisemitismus, der in engem Zusammenhang mit der pseudowissenschaftlichen „Lehre von der Überlegenheit der arischen Rasse" steht, bricht erst mit den sozialen Verwerfungen des ausgehenden 19. Jahrhunderts aus.

Der Haß auf die Juden dient vielen von der Gesellschaft und vom Schicksal Benachteiligten als einfaches Ventil. Gar nicht zu Unrecht, so will es auf den ersten Blick scheinen, liegt doch ein großer Teil des Finanzwesens in Händen jüdischer Bankiersfamilien. Ein zweiter Blick zeigt jedoch, daß die historischen Wurzeln des jüdischen Großkapitals bis ins Mittelalter zurückreichen. Die europäischen Juden wurden ab der Zeit der Kreuzzüge immer wieder verfolgt und aus zahlreichen Berufssparten verdrängt. So blieb ihnen nicht anderes übrig, als ihren Lebensunterhalt mit minderwertigen und mißachteten Tätigkeiten zu verdienen. Dazu gehörte auch der Geldhandel, der der Kirche als unrein galt und der deshalb allen Christen untersagt war.

Letztlich trägt also die Kirche selbst die Verantwortung für die nun entstandene Situation. Bald wird daraus eine neue Herausforderung entstehen, bald wird die Kirche sich wieder zwischen Glaubenstreue und Staatsraison entscheiden müssen.

Pforten
der Hölle

Die Völker zerreiben sich in zwei Weltkriegen, die Juden
sehen sich der Vernichtung ausgeliefert, über Hiroshima und Nagasaki
werden die ersten Atombomben gezündet. Und was ist mit den Christen?
Erheben sie ihre Stimme? Gehören sie zu den Opfern
oder zu den Tätern? Oder schauen sie nur zu?

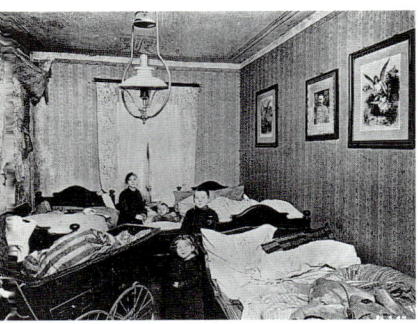

Zu Beginn des 20. Jahrhunderts haben die europäischen Staaten mit zahlreichen inneren Konflikten zu kämpfen. Die rasante Industrialisierung läßt zwar die realen Volkseinkommen steigen, doch die sozialen Probleme wachsen mit. Darüber hinaus gibt es vielfältige internationale Spannungen und politische Krisen zu verzeichnen. Vor allem der Balkan ist ein Pulverfaß. Immer lauter werden die serbischen Forderungen nach einem slawischen Großreich unter serbischer Führung.

Die österreich-ungarische Monarchie hingegen plant, den einzelnen slawischen Völkern einen Autonomiestatus innerhalb ihres ins Wanken geratenen Reiches zuzubilligen.

Am 28. Juni 1914 besucht der österreichische Thronfolger Franz Ferdinand Sarajewo, um Kroaten und Bosnier von seinen Vorstellungen zu überzeugen. Man sagt, nur Franz Ferdinand könne Österreich-Ungarn noch retten. Doch es kommt anders. Ein Schuß aus der Pistole eines 19jährigen serbischen Nationalisten macht jeder Friedensillusion ein Ende. Die ohnehin bestehenden Bündnisse zwischen Österreich-Ungarn und Deutschland auf der einen und Serbien, Rußland und Frankreich auf der anderen Seite werden nochmals bekräftigt, und nun folgt Kriegs-

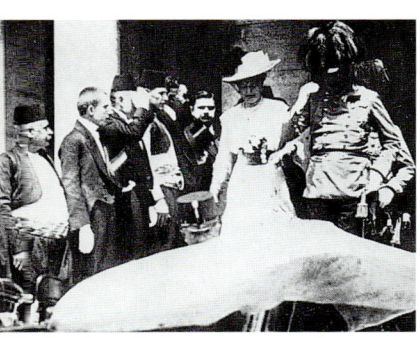

Oben: Bilder der Armut. Wohnungen in Berlin im Jahr 1915.

Unten links: Vorgeschichte des 1. Weltkriegs: Erzherzog Franz Ferdinand und seine Gattin kurz vor ihrer Ermordung in Sarajewo.

Rechts: Die Verhaftung des Mörders.

erklärung auf Kriegserklärung: Österreich-Ungarn an Serbien, Deutschland an Rußland und an Frankreich, Serbien an Deutschland und so weiter. Der Erste Weltkrieg beginnt.

Zunächst ist der Jubel groß, überall in Europa. Ein kurzer Krieg, so glaubt man, werde die Menschen und Nationen läutern. Der Krieg erscheint als eine Art Besserungsanstalt. Überall ziehen die Männer mit Begeisterung an die Front. Auf den Koppelschlössern steht „Für Gott und Vaterland". Doch nach wenigen Monaten steht der ganze Kontinent in Flammen. In grausamen Schlachten, im Granathagel, Maschinengewehrfeuer und in Giftgasschwaden stirbt eine ganze Generation. Mit unerhörtem Vernichtungswillen fallen die „christlichen" Völker Europas übereinander her. Hinter der Front feiert man die Heldentaten der mutigen Soldaten. Auf den meisten Kanzeln überschlagen sich die Geistlichen vor Kriegsbegeisterung und nationalem Stolz. Hier ein Auszug aus einer Sonntagspredigt:

„Der Herr der Weltgeschichte nimmt und braucht das deutsche Volk als die Ausrichter seines Willens, als die Werkzeuge seiner Macht. Gott ist mit uns, er würdigt uns, Ausführer und Vollender seiner ungeheuren Ratschlüsse zu sein!"

Aus dem vermeintlichen Blitzkrieg wird eine jahrelange Ermüdungsschlacht — die erste Katastrophe des Jahrhunderts. Als der Krieg

Oben: Mobilmachung: Soldaten werden auf dem Weg zum Bahnhof von ihren Angehörigen begleitet.
Darunter: Schlachtfeld in der Nähe von Verdun.

im November 1918 endlich beendet wird, ist eine verheerende Bilanz zu beklagen: 8,5 Millionen Gefallene, über 21 Millionen Verwundete, 7,8 Millionen Kriegsgefangene und Vermißte. Alle beteiligten Nationen mit Ausnahme Japans und der USA sind wirtschaftlich schwer angeschlagen. Sehr viel schwerer wiegen jedoch die auf den Krieg folgenden innenpolitischen Krisen in vielen Ländern. Die österreich-ungarische Donaumonarchie bricht ebenso auseinander wie das Osmanische Reich. In Großbritannien leitet

Orthodoxer Gottesdienst in der russischen Kirche Berlins.

hinaus eine jahrhundertealte religiöse Institution, tief verankert im Volksglauben. Sie ist eine unentbehrliche Stütze der Zarenherrschaft und ein williges Werkzeug der schmalen aristokratischen Oberschicht.

Die Mehrheit der russischen Bevölkerung lebt auf dem Land, arm und elend, in unwürdigen, mittelalterlich anmutenden Verhältnissen. Was bleibt den Menschen außer dem Glauben? Woran sollen sie sich festhalten, woher Lebensmut und Hoffnung schöpfen? Die tausendjährige Tradition der Orthodoxie bietet ihnen Sicherheit und Schutz vor den Unwägbarkeiten einer feindlich gesinnten Welt. In den Städten, wo die Arbeiterschaft ein immer größeres Gewicht erhält, betrachten viele die Kirche mit anderen Augen. Für sie ist die Orthodoxie nichts anderes als eine reaktionäre Kraft, die die Menschen in Unwissenheit und Rückständigkeit hält. Daher lautet die einzig mögliche Konsequenz: Die Macht der Kirche über die Seelen des Volkes muß gebrochen werden.

Anfang 1917, zwei Jahre nach Kriegseintritt, steht Rußland vor dem wirtschaftlichen Zu-

die Unabhängigkeit Irlands den Zerfall des Britischen Empire ein. Und in Deutschland wird die schwache Monarchie in der Novemberrevolution endgültig abgesetzt und die Republik ausgerufen. Nirgendwo aber wird der Zusammenhang zwischen militärischer Niederlage und innenpolitischer Krise deutlicher als in Rußland.

Zu Beginn des Jahrhunderts bilden hier der zaristische Staat und die russisch-orthodoxe Kirche eine untrennbare Einheit. Die Kirche ist Staatskirche, sogar Staatsbehörde, und darüber-

Zar Nikolaus der II. mit seiner Gemahlin Alexandra bei einer Reise durch das Land.

Februarrevolution. Die Petrograder Garnision verbündet sich mit den Arbeitern.

Lenin spricht auf einem Platz in Petersburg, Februar 1917.

sammenbruch. Politische Unruhen, an deren Anfang der allgemeine Arbeiter- und Soldatenaufstand im Februar steht, führen zur Oktoberrevolution und damit zur Machtübernahme der Bolschewiki unter Führung von Lenin und Trotzki. Das ehemalige Zarenreich ist nun auf dem Weg zur „Union der Sozialistischen Sowjetrepubliken". Es beginnt ein langer und blutiger Bürgerkrieg. Fast drei Jahre lang bekämpfen sich „Rot" und „Weiß", Bolschewiki und Menschewiki, radikale Reformer und Zaristen. Schon lange kann niemand mehr die Zahl der Gefallenen zählen. Am Ende dieses bitteren Krieges steht der Sieg der Kommunisten. Lenin errichtet die Herrschaft der Partei und schafft damit die Grundlagen der Diktatur. Bald tritt aus seinem Schatten sein Nachfolger hervor, ein Georgier namens Jussif Dschugaschwili. Er nennt sich „Stalin".

Die Kirche mit ihrem immer noch großen Einfluß vor allem auf die Landbevölkerung ist den kommunistischen Führern ein Dorn im Auge. Sie lassen Priester und Gläubige mißhandeln und ermorden. Bei der letzten

öffentlich gehaltenen Messe im Jahr 1918 spricht der Patriarch Tichon, das Oberhaupt der russischen Kirche, auf dem Roten Platz den Bannfluch gegen die bolschewistischen Führer aus:

„Ein ganzes Jahr schon haltet ihr die Staatsgewalt in Händen, aber das in Strömen vergossene Blut unserer Brüder, die auf euer Geheiß erbarmungslos getötet wurden, schreit zum Himmel!"

Die Religion sei „das Opium des Volkes", hatte Marx gesagt. Jetzt wird die Religionsausübung generell verboten. Die meisten Kirchen werden zerstört, die Gläubigen gezwungen, ihre Ikonen zu verbrennen. Der staatliche „Bund der Gottlosen" verhöhnt die Christen und ihren Glauben. Man veranstaltet karnevalsähnliche Umzüge, wo Gott als betrunkener Alter dargestellt wird oder russisch-orthodoxe Priester in Revuenummern lächerlich gemacht werden.

Sogar ein „Atheismusmuseum" wird eingeweiht. Verschiedene Schautafeln und Ausstellungsstücke sollen die Nutzlosigkeit der Religion beweisen. So wollen die neuen Herren die Menschen von der neuen Lehre überzeugen: dem Marxismus-Leninismus. Die „Diktatur des Proletariats" will den neuen Menschen erschaffen – auch wenn sie dazu den alten Menschen vernichten muß. In ihrem Wahn verfolgen die kommunistischen Herrscher wirkliche und vermeintliche „Systemgegner" gleichermaßen. Ein endloser Strom von Menschen wird verhaftet, deportiert, verschickt. Das Christentum geht in den Untergrund.

1920 entsteht auf den Soloveckij-Inseln eines der ersten Internierungslager des GULAG, des Imperiums der russischen Straf- und Konzentrationslager. Das verlassene Archipel im Weißen Meer, nur 160 Kilometer südlich des Polarkreises, war im Mittelalter von Mönchen besiedelt und urbar gemacht worden. Von hier aus frißt sich der GULAG wie ein Krebsgeschwür immer weiter ins Land – bis schließlich Tausende von Lagern und Gefängnissen die ganze Sowjetunion überziehen. Im Jahr 1925 stehen neuangekommene Häftlinge vor dem Lagerkommandanten von Soloveckij, der sie mit folgender Ansprache begrüßt:

„He, ihr da! Hergehört! Dies hier ist keine sowjetische, sondern eine solovezkische Republik!... Ich werde euch beibringen, den Toten den Rotz aus der Nase zu lecken." Das „SLON", das Soloveckij-Sonderlager, ist die Hölle auf Erden. Hier werden die Menschen durch Arbeit ermordet, sie sterben an Hunger, Kälte und Krankheiten oder werden zu Tode gefoltert. Auch viele Christen werden hierher geschickt – ein ehemaliges Kloster als Gefängnis für Gläubige. Inmitten friedlicher Wälder und Seen liegt der Axtberg. Häftlinge, die sich dem Lager-

regime widersetzen, werden an Baumstämme gebunden und die mehr als 300 Stufen des Berges hinuntergestoßen. Bis heute weiß niemand, wieviele Menschen in Soloveckij gestorben sind. Es gibt nur wenige Überlebende, die davon berichten können.

Während die orthodoxen Christen im Sowjetreich in größter Bedrängnis sind, setzt Papst Pius XI. (1922-1939) in Rom auf die diplomatische Karte. „Konkordate", Staatsverträge mit den Regierungen Europas, sollen das Verhältnis von Kirche und Staat im Sinne der Römischen Kirche regeln. Das erste Konkordat vereinbaren seine Diplomaten 1929 mit dem faschistischen Italien, wo seit 1922 Benito Mussolini regiert. Er läßt sich „Duce" nennen, „Führer". Der Staatsvertrag beendet eine 60jährige Fehde zwischen dem italienischen Staat und dem Vatikan – zum ersten Mal seit der Staatsgründung kann man

Papst Pius XI. bei der Segnung der Gläubigen auf dem Petersplatz, Ostern 1934.

**Marsch auf Rom.
Die Faschisten erzwingen
den Rücktritt der Regierung,
Mussolini (2. von links) wird zum
Ministerpräsidenten berufen.**

in Italien ganz offiziell Staatsbürger und Katholik sein. Mit dem Abschluß des Konkordats wird auch der römische Bischof offiziell zum Oberhaupt seines eigenen Staates. Der 44 Hektar große Vatikan ist ab sofort eine absolute Monarchie mit dem Papst als höchster Instanz.

Mussolini liebt es, sich in Szene zu setzen. Die Jahre des Faschismus sind ein immerwährendes Spektakel, und viele Italiener sind begeistert. Die politische Dauerkrise nach dem Weltkrieg hat die meisten tief verunsichert, doch mit dem „Duce" scheint der starke Mann für einen Neuanfang gefunden. Der kollektive Größenwahn führt das Land allerdings direkt in den Krieg. Im Oktober 1935 überfallen italienische Soldaten Äthiopien. Mussolini will sich eine Kolonie erobern. Mit ihren überlegenen Waffen reiben die Italiener die äthiopische Armee auf, und ein Dreivierteljahr nach dem Angriff ist das Land besetzt. Italienische Bischöfe haben die abmarschierenden Truppen gesegnet, haben ihnen mitgegeben, daß Gott auf ihrer Seite stehe. Mit Gott ziehen sie gegen ein Land mit einer uralten christlichen Tradition. Als der Patriarch der äthiopischen Kirche sich nicht unterwerfen will, wird er öffentlich enthauptet.

Um Papst Pius XI. in kein falsches Licht zu rücken: Der Papst heißt weder Mussolini und seine militärischen Abenteuer gut, noch schätzt er Mussolinis deutschen Nachahmer Hitler. Daraus macht er kein Geheimnis. Aber den Kommunismus fürchtet er noch mehr. Der deutsche Kardinal Michael Faulhaber notiert 1933:

„Selbst der Papst sieht den Faschismus und Nationalsozialismus als einzige Rettung vor dem Kommunismus."

Auch in Deutschland rufen immer mehr Menschen nach dem „starken Mann". Die „Weimarer Republik" gerät immer stärker

Die Vertragsunterzeichnung zwischen dem Hl. Stuhl und dem Königreich Italien, Mussolini am Mikrofon.

Hitler wird auf dem Reichsparteitag 1933 von einer jubelnden Menschenmenge begrüßt.

ins Schlingern, immer öfter wechseln die Regierungen. Schließlich beruft Reichspräsident Hindenburg am 30. Januar 1933 Hitler zum Reichskanzler. Dies scheint ihm der einzige Ausweg aus der Regierungskrise, auch wenn Hitlers NSDAP bei der Reichstagswahl im November 1932 nur 33,5 % der Stimmen erreicht hat. Viele Deutsche sind begeistert. Zehntausende strömen auf dem Reichsparteitag in Nürnberg zusammen, um Adolf Hitler, den Reichskanzler und „Führer", zu sehen und ihm zuzujubeln. Sie haben im Ersten Weltkrieg und in den folgenden schweren Zeiten ihren Glauben, ihre Ideale, ihre Hoffnung verloren. Hier, so scheint es, finden sie Ersatz.

Da sich das Regime zunächst kirchenfreundlich gibt, setzen auch viele Christen große Hoffnungen in den „Nationalen Aufbruch" des Nationalsozialismus. Besonders im evangelischen Bereich gibt es zahlreiche Gläubige, die von der liberalen Weimarer Republik enttäuscht sind. Und so wird der Protestantismus zum großen Mehrheitslieferan-

ten Hitlers bei den Reichstagswahlen am 5. März 1933, als 44 % aller Wähler für die NSDAP votieren. Zusammen mit den Stimmen der „Kampffront Schwarz-Weiß-Rot" unter der Führung von Alfred Hugenberg erringen die Nationalsozialisten und Deutschnationalen im neuen Parlament einen Anteil von 52 %. Erstmals seit etlichen Jahren verfügt eine Regierung über die Stimmenmehrheit im Parlament. In seiner Regierungserklärung versichert Hitler, daß die kirchlichen Rechte nicht angetastet werden sollen:

„Die nationale Regierung wird in Schule und Erziehung den christlichen Konfessionen den ihnen zukommenden Einfluß einräumen und sicherstellen. Ihre Sorge gilt dem aufrichtigen Zusammenleben zwischen Kirche und Staat."

Wie das „aufrichtige Zusammenleben" in Wirklichkeit aussehen soll, zeigt sich schnell. Schon im Jahr 1933 werden „Wehrsportübungen" für evangelische Diakone abgehalten. Die traditionellen Jahrestreffen der evangelischen Jugendverbände ähneln nun immer mehr den Versammlungen der Hitlerjugend. 1934 entsteht ein Propagandafilm über die evangelische Pfadfinderorganisation. Er trägt den Titel „Evangelisches Jungvolk marschiert" und beschreibt den Zweck der Gemeinschaft folgendermaßen:

„Unser Ziel unentwegt: Evangelischer Glaube und Deutsche Art."

Die etwa 20 Millionen Katholiken, die zu dieser Zeit in Deutschland leben, sind eine starke politische Macht im Land. Sie sind auch, sehr viel stärker als die Protestanten, in eigenen Verbänden organisiert und verfügen mit der Zentrumspartei sogar über ein eigene politische Vertretung. Als direkter politischer Gegner steht der Katholizismus damit der Machtübernahme durch Hitler zunächst distanziert gegenüber. Dennoch träumen viele Katholiken von einem „Neuen Reich". Vor dem nationalen Taumel sind auch sie nicht gefeit.

Schon im ersten Jahr nach der „Machtübernahme" gibt es genügend Anlaß für die Kirchen, der offiziell freundlichen Gesinnung von Hitlers Regierung zu mißtrauen. Dennoch nehmen der katholische Abt Schachleiter und der protestantische Reichsbischof Müller – ein Günstling Hitlers – im Jahr 1934 am Reichsparteitag der NSDAP teil. Lächelnd betrachten sie den Einzug des Kanzlers in Nürnberg und grüßen ihn, wie es die Zeit erfordert, mit dem „Hitlergruß". Wie tief die nationalsozialistische Ideologie in das Denken der Menschen eindringen kann, dokumentiert eine Rede des Vorsitzenden der katholischen Jugendverbände, Prälat Ludwig Wolker, aus dem Jahr 1936. Er ist ein erklärter Gegner der Nationalso-

zialisten und wird nur wenige Tage nach seiner Rede von der Gestapo verhaftet:

„Deutschland, das ist das Reich, das neu gebaut werden will, aus deutschem Blut und Boden, Willen und Wesen ... Werdendes Reich, das ist Deutschland, unser Deutschland. ... Erobert Euch, erbetet Euch Deutschland ... Deutschland ist unser Schicksal und unsere Sendung ... Alles für Deutschland, Deutschland für Christus, Heil!"

Einige Monate nach der „Machtergreifung" macht der vatikanische Gesandte Orsenigo einen Antrittsbesuch bei Hitler. Am 20. Juli wird das Konkordat zwischen dem Vatikan und dem nationalsozialistischen Staat ge-

Standartenweihe auf dem Reichsparteitag 1933.

schlossen. Der Vertrag liegt schon seit langem in den päpstlichen Schubladen, doch die Weimarer Republik hatte sich stets gewehrt. Die Nazis stimmen jetzt zu.

Der Preis für das Abkommen ist jedoch hoch: Die katholische Kirche soll zu politischen Fragen schweigen. Ein Kanzler, der mit dem Papst paktiert, kann doch so schlimm nicht sein, denken die Menschen. Und der „Völkische Beobachter" jubelt:

„Durch ihre Unterschrift hat die katholische Kirche den Nationalsozialismus in feierlichster Form anerkannt." Allerdings merken die Kirchenverantwortlichen schnell, daß Hitler sich nicht durch Verträge im Zaum halten läßt. Schon 1933 protestiert der Vatikan wiederholt gegen die Nichteinhaltung des Konkordats. Einzelne

Würdenträger wie Kardinal Faulhaber oder Bischof Graf Galen predigen mutig gegen das Regime an.

Auch die evangelische Kirche bekommt die wahren Absichten des Nazi-Staates schnell am eigenen Leib zu spüren. Schon im April 1933 fordert eine zahlenmäßig starke Gruppierung innerhalb der evangelischen Kirche, die sich „Deutsche Christen" nennt, eine einheitliche Reichskirche und die Einführung des strikt hierarchischen Führerprinzips auch in ihrem Bereich. Als eine Nationalsynode in Wittenberg im September 1933 den Vertrauensmann Hitlers und ehemaligen Wehrkreispfarrer Ludwig Müller zum Reichsbischof wählt, kommt es zur Spaltung.

Erst ein Vierteljahr vorher haben die Vertreter der Landeskirchen mit Friedrich von Bodelschwingh einen Bischof bestimmt. Doch die Partei will nichts dem Zufall überlassen. Nach ihrem Willen sollen die „Deutschen Christen" die allein maßgebende Gruppierung im evangelischen Bereich werden. In ihren „Richtlinien" heißt es:

„Wir sehen in Rasse, Volkstum und Nation uns von Gott geschenkte und anvertraute Lebensordnungen, für deren Erhaltung zu sorgen uns Gottes Gesetz ist. Daher ist der Rassenvermischung entgegenzutreten." Eine der ersten Amtshandlungen des neuen Reichsbischofs Müller — der Volksmund nennt ihn spöttisch den „Reibi" — ist die

Einführung des Arierparagraphen in die Kirchenverfassung. Ab sofort kann niemand mehr ohne seine arische Abstammung zu beweisen Geistlicher oder Kirchenbeamter werden. Und spätestens im November, als der Berliner Gauleiter der „Deutschen Christen" bei einer Kundgebung im Berliner Sportpalast über die „Viehtreiber- und Zuhältergeschichten des Alten Testaments" herzieht und eine „Germanisierung der biblischen Geschichte" sowie die „Rückkehr zu einem heldischen Jesus" unter Zurückstellung der Kreuzigung fordert, gehen vielen die Augen auf.

Die innerkirchliche Opposition formiert sich im „Pfarrernotbund", der unmittelbar nach der Nationalsynode vom September 1933 durch den Berliner Pfarrer Martin Niemöller (1892-1984) ins Leben gerufen wird. Wichtigster Grundsatz des Bundes, der schon im Januar 1934 über 7000 Mitglieder zählt, ist die Ablehnung des Arierpragraphen für den Bereich der Kirche. Schnell erlangt Niemöller aufgrund seiner unerschrockenen Haltung gegenüber dem Nationalsozialismus auch internationale Anerkennung, so daß Hitler persönlich im Jahr 1934 für seine Entfernung aus dem Pfarramt sorgt. Trotzdem bleibt er einer der Köpfe des kirchlichen Widerstandes und ist auch an der Gründung der „Bekennenden Kirche" beteiligt, die Ende Mai 1934 die Barmer Synode abhält. In der

„Der Führer" am Hintersee bei Berchtesgaden.

dort verabschiedeten Theologischen Erklärung, die unter Mitwirkung des Schweizer Theologen Karl Barth entsteht, werden alle Ansprüche des Nationalsozialismus an die Kirche abgewiesen:

„These 1 der Barmer Theologischen Erklärung:
Jesus Christus, wie er uns in der Heiligen Schrift bezeugt wird, ist das eine Wort Gottes, das wir zu hören, dem wir im Leben und Sterben zu vertrauen und zu gehorchen haben.
Wir verwerfen die falsche Lehre, als könne und müsse die Kirche als Quelle ihrer Verkündigung außer und neben diesem einen Worte Gottes auch noch andere Ereignisse und Mächte, Gestalten und Wahrheiten als Gottes Offenbarung anerkennen."

Gegen die vom Reichsbischof unter der Parole „Ein Staat – ein Volk – eine Kirche" angestrebte Nationalkirche wendet sich die Barmer Synode ebenso wie gegen die Einführung des Führerprinzips. Doch der Staat nimmt solches Aufbegehren nicht stillschweigend hin. Pfarrer, die sich in ihren Gemeindevorträgen und Predigten kritisch mit der nationalsozialistischen Religions- und Kirchenpolitik auseinandersetzen, werden von der politischen Führung als „Staatsfeinde" verfolgt. Viele Mitglieder der „Bekennenden Kirche" werden mundtot gemacht oder fliehen ganz aus Deutschland.

Martin Niemöller, der sich auch unter steigendem staatlichem Druck unerschrocken gegen den Nationalsozialismus wendet und die Kirche

Aktion wider den undeutschen Geist: Bücherverbrennung auf dem Opernplatz in Berlin am 10. Mai 1933.

immer wieder vor falschen Kompromissen warnt, wird am I. Juli 1937 verhaftet und kommt als persönlicher Gefangener Hitlers zunächst ins Konzentrationslager Sachsenhausen, später nach Dachau, wo er 1945 befreit wird. Hier ein Auszug aus der letzten Predigt vor seiner Verhaftung, gehalten an eben jenem I. Juli 1937:

„Die Bedrängnis wächst, und wer das Trommelfeuer des Versuchers in dieser letzten Woche über sich hat ergehen lassen müssen, der denkt anders als noch vor drei Wochen. Ich denke daran, wie am Mittwoch die Geheime Polizei in die verschlossene Friedrichwerdersche Kirche eindrang und im Altarraum acht Mitglieder des dort versammelten Reichsbruderrates festnahm und abführte. ... Und wir denken daran, daß heute drüben in der Annenkirche die Kanzel leer bleibt, weil unser Bruder und Pastor Fritz Müller mit siebenundvierzig anderen christlichen Brüdern und Schwestern unserer evan-

Titelseite von Adolf Hitlers „Mein Kampf".

gelischen Kirche um kirchlicher Dinge willen in Haft gehalten wird. Ja, meine lieben Freunde, was denn nun? Fröhlich und getrost? Oder verzagt und eingeschüchtert? Da hilft uns doch wohl nichts anderes mehr, als daß wir uns auf das Wort verlassen von dem gekreuzigten Heiland und in einem einfältigen und darum gewissen Glauben sprechen lernen das Anfangs-ABC des christlichen Glaubens: In meines Herzens Grunde dein Nam und Kreuz allein funkelt all Zeit und Stunde, drauf kann ich fröhlich sein!"

Die „Deutschen Christen" können zwar mit Unterstützung der Partei viele kirchliche Schlüsselpositionen besetzen, ihr Einfluß auf das innerkirchliche Leben jedoch schwindet. Und Hitler, der die christlichen Kirchen immer offensichtlicher bekämpft, weiß, daß das Volk nicht auf religiöse Feste und Feierlichkeiten verzichten will. Auch er selbst liebt sakrale Formen, am besten in schwülstig-kitschiger Überzeichnung. So entwirft er immer wieder ein Bild vom Nationalsozialismus als Gegenkirche:

„Ich kann mich nicht entfernen von der Liebe zu diesem einen Volk, und ich bin der felsenfesten Überzeugung, daß eben doch das eine mal die Stunde kommt, in der die Millionen, die

Die nordspanische Stadt Guernica nach der Bombardierung durch die deutsche „Legion Condor" am 26. April 1937.

uns heute verfluchen, hinter uns stehen und mit uns begrüßen werden dann das gemeinsam geschaffene, mühsam er- kämpfte und bitter erworbene neue deutsche Reich der Größe und der Ge- rechtigkeit, Amen!"

Der neue Gott heißt Deutschland, und Hit- ler ist sein Prophet. Zahlreiche Veröffentli- chungen, in Aufmachung und Aussage oft verdächtig nahe an einer Heiligenlegende, fördern den Führerkult. Und in vielen deut- schen Wohnstuben hängt nunmehr sein Por- trät im Herrgottswinkel.

Die Bibel der neuen Herren ist Hitlers „Mein Kampf", geschrieben im Gefängnis zu Landsberg. In einem Propagandafilm steigt das Buch als Gottesgabe aus den Wolken herab. Es ist ein Evangelium des Hasses und der Menschenverachtung. Und es ist das meistverkaufte Buch im Deutschen Reich.

Der Faschismus feiert zu dieser Zeit auch in anderen Ländern Triumphe. Im Juli 1936 bricht in Spanien der Bürgerkrieg aus. Na- tionalistische Militärs unter Führung von General Francisco Franco bekämpfen die Re- publik, deren Führung von inneren Streite- reien gelähmt wird.

Auf der anderen Seite stehen die vielen spa- nischen Arbeiter, die in Armut und Elend le- ben. Sie hoffen auf radikale Reformen, und viele sympathisieren mit kommunistischem oder anarchistischem Gedankengut. Für sie ist die reiche katholische Kirche ein Gegner

des sozialen Fortschritts, ein Symbol der schlechten alten Zeit. In dem blutigen Bür- gerkrieg bricht der Haß dann offen aus. Kir- chen und Klöster werden angezündet. Der Mob plündert, schändet Gräber, foltert und mordet.

So sehen sich viele Spanier auf seiten Fran- cos in einem modernen Kreuzzug gegen die Feinde des christlichen Abendlandes, die „gottlosen Bolschewiken". Und die katholi- schen Kirchenfürsten Spaniens geben dazu ihren Segen. Franco seinerseits bedient sich ungeniert der kirchlichen Symbolik – auf Propagandabildern wird der General als Heiliger gezeichnet.

Ab Oktober 1936 unterstützt ein deutsches Truppenkontingent die spanischen Nationa- listen: die „Legion Condor". Am 26. April 1937 verwandeln 43 deutsche Bomber und Kampfflugzeuge die Kleinstadt Guernica, Sitz der autonomen baskischen Regierung, in ein Trümmerfeld. Es ist der erste Bom- benangriff überhaupt seit dem Ersten Welt- krieg, und er fordert zahlreiche Opfer. 1939 schließlich ist Franco an der Macht. Auch die spanische Kirche feiert seinen Sieg. Die Wo- chenschauen zeigen Siegesparaden und ju- belndes Volk.

Franco im Lager der Aufständischen in Burgos am 1. Oktober 1936.

Straßenkampf nationalspanischer Truppen in Toledo am 28. September 1936.

Nach seinem Sieg läßt Franco im „Valle de los Ceidos", dem „Tal der Gefallenen" nahe Madrid, von Zwangsarbeitern eine gigantische Felsenbasilika und ein 150 Meter hohes Kreuz errichten — das Christenkreuz wird zum Symbol der Diktatur. Die Kirche ist eine feste Stütze seiner Macht, die er bis zu seinem Tod im Jahr 1975 nicht mehr abgibt. Im Jahr 1938 haben die nationalsozialistischen Machthaber in Deutschland längst mit der aktiven Kirchenverfolgung begonnen. Sie schließen Klöster und verhaften Priester unter fadenscheinigen Vorwänden. Die anfängliche Kooperationsbereitschaft, die Hoffnung auf ein „aufrichtiges Zusammenleben zwischen Kirche und Staat", hat sich als Täuschungsmanöver entpuppt.

Dies zeigt auch Hitlers Ansprache im Münchener Hofbräuhaus anläßlich des 19. Jahrestages der Verkündigung des Parteiprogramms der NSDAP im Februar 1939:

„Wir werden auch gegen Priester vorgehen (Beifall)... Nach christlichen Vorstellungen ist jede Obrigkeit von Gott... Wenn ein Priester gegen den Staat hetzt, werde ich ihn vernichten..."

Am Ende der braunen Herrschaft wird man immerhin feststellen, daß sich keine Berufsgruppe in Deutschland ähnlich widerständig zeigte wie der katholische Klerus: In über 12000 Fällen gehen die Gestapo, die Justiz oder die Verwaltung gegen deutsche Welt- und Ordenspriester vor; 417 Priester verschwinden in der Konzentrationslagern, 108 kommen dort ums Leben; 74 weitere Priester werden hingerichtet oder ermordet. Die Priester, die Kommunisten, die Homosexuellen, die Zigeuner — sie treffen sich am Ort des Grauens. Dort teilen sie das tödliche Geschick mit einer ganzen Volksgruppe, der Hitlers Zorn gilt: den Juden. Seit September 1935 sind die „Nürnberger Gesetze" in Kraft, die der Ausgangspunkt für die beispiellose Diskriminierung und Verfolgung der Juden in Deutschland werden. Unter anderem verbieten sie die Eheschließung zwischen Juden und „Staatsangehörigen deutschen oder artverwandten Blutes" und nehmen den Juden das aktive und das passive Wahlrecht. Am 9. November 1938 brennen dann die Synagogen und jüdische Geschäfte. Bei den verniedlichend „Reichskristallnacht" genannten Pogromen werden überall in Deutschland Menschen gedemütigt, geschlagen, verschleppt und ermordet, weil sie Juden sind. Niemand kann es übersehen, doch die meisten wenden sich ab. Nur wenige helfen — sie überwinden die Angst um das eigene Leben, stellen ihre Überzeugung über die Gefahr für den eigenen Leib.

Viele Deutsche sind empfänglich für den Rassenwahn der Nationalsozialisten. Die Juden sind die „Sündenböcke". Tief hat sich der alte christliche Antijudaismus in Kirchen und Gesellschaft eingegraben, wobei der nationalsozialistische Antisemitismus freilich noch aus anderen Quellen herzuleiten ist. Die sogenannte „Judenfrage" ist ein Thema der Zeit — auch für die Theologie.

Was sagt der Papst zu dem offensichtlichen Unrecht? Nach eigenem Verständnis ist er die höchste moralische Instanz der katholischen Christenheit. Muß er jetzt nicht seine Stimme erheben und den ohnehin spärlichen Widerstand stärken? Gegen den Kommunismus hat Pius XI. schon in einem früheren Sendschreiben kräftige Worte gefunden. 1937 wird dann von allen Kanzeln die päpstliche Enzyklika „Mit brennender Sorge" ver-

Die brennende Synagoge in der Prinzregentenstraße in Berlin, 9./10. November 1938.
Darunter: An den Fenstern jüdischer Geschäfte werden von Nationalsozialisten Plakate angebracht mit der Aufforderung „Deutsche wehrt Euch! Kauft nicht bei Juden.

lesen, die sich auf das 1933 geschlossene Konkordat bezieht und gegen „Vertragsumdeutung, Vertragsumgehung, Vertragsaushöhlung und Vertragsverletzung" protestiert. Außerdem prangert sie den Götzendienst des Regimes und seine Verfälschung der göttli-

Inthronisierung Papst Pius XII. am 12. März 1939.

chen Ordnung an. Von den Leiden der Juden und der anderen Verfolgten steht darin allerdings kaum ein Wort. Im Vatikan wird zwar an einer öffentlichen Erklärung zur Judenverfolgung gearbeitet, sie wird aber nie veröffentlicht.

Pius XI. ist zu diesem Zeitpunkt schon ein schwerkranker Mann. Er stirbt am 10. Februar 1939. Sein Nachfolger wird Eugenio Pacelli, Chefdiplomat Pius XI. und Architekt der Konkordate. Er nennt sich Pius XII. (1939-1958). Den Deutschen ist er wohlgesonnen – in der Zeit vor Hitler war er als Nuntius in Berlin gewesen und denkt gerne daran zurück. Doch in der Gegenwart erinnert nichts mehr an das Deutschland der Zwanziger Jahre.

Am 1. September 1939 marschieren deutsche Truppen in Polen ein – der Zweite Weltkrieg hat begonnen. Im Frühjahr 1940 errichten die deutschen Besatzer das Konzen-

trationslager Auschwitz. Wie kein anderes der 23 von den Nationalsozialisten angelegten Konzentrationslager ist Auschwitz zum Symbol des Wahnsinns der Hitlerdiktatur geworden. Allein hier ermorden „ganz normale" Deutsche drei Millionen Menschen – wegen ihrer Herkunft, ihres Glaubens, ihrer Lebensweise, ihrer Ideale.

Zu den Opfern gehören auch die Franziskanermönche des Klosters Niepokalanow mit ihrem Prior, Pater Maximilian Kolbe. Auf dem sogenannten „Appellplatz" des Lagers müssen die Häftlinge antreten und stillstehen, manchmal tagelang. In ihrer dünnen Arbeitslagerkluft, in Sommerhitze, im Regen oder bei Eis und Schnee.

Im Juli 1941 befiehlt der Lagerleiter einen „Strafappell". Als Vergeltung für den Fluchtversuch eines Häftlings sollen zehn Männer im „Hungerbunker" sterben. Als die Wahl auf einen Familienvater fällt, tritt Maximilian Kolbe vor und sagt:

„Ich bin ein katholischer Priester aus Polen; ich möchte seine Stelle einnehmen, weil er Frau und Kinder hat."
Der „Hungerbunker" ist eine lichtlose Zelle im Keller des sogenannten „Krankenblocks". Seine Insassen läßt man in Dunkelheit und Kälte qualvoll verhungern und verdursten. Kolbe überlebt zwei lange Wochen in diesem Kerker. Er läßt sich von seinen Peinigern nicht brechen, sondern sorgt für seine Mitgefangenen und betet, bis ihn die Kräfte verlassen. Am 14. August 1941 tötet ein SS-Arzt ihn und die zwei anderen Überlebenden des Hungerbunkers durch eine Injektion.

Seit Kriegsbeginn berichten die Deutschen Wochenschauen von militärischen Erfolgen.

Katholischer Feldgottesdienst an der Ostfront.

Deutsche Soldaten marschieren über den europäischen Kontinent. Im Sommer 1941 wird schließlich auch noch Rußland angegriffen. Hitlers scheinbarer Erfolg überwältigt auch viele Regimegegner. Darf man das eigene Land kritisieren, wenn es im Krieg steht? Viele, auch gläubige Christen, sind unsicher, zweifeln – und schweigen.

Wer den Kriegsdienst verweigert, kommt vor das Kriegsgericht. Es ist ein Weg in den sicheren Tod. Wieviele ihn gehen ist unbekannt. Es sind vor allem die Außenseiter der christlichen Gemeinschaft: Zeugen Jehovas, Adventisten und Quäker. Der Alltag in den großen Kirchen sieht anders aus. Im Fotoalbum eines katholischen Divisionspfarrers finden wir Bilder von einem Gottesdienst in einem ukrainischen Feldlazarett aus dem Jahr 1942. Man sieht die Männer vor Gott die Knie beugen. Sie sind auf dem Weg nach Stalingrad. Kaum einer von ihnen wird zurückkehren. „Gott mit uns" steht auf ihren Gürtelschnallen. Wenige Monate später, im Winter 1942, wird die gesamte 6. Armee der deutschen Wehrmacht von einer russischen

Maximilian Kolbe.

Übermacht vor Stalingrad aufgerieben. Es ist ein furchtbarer Kampf, Haus um Haus, Mann gegen Mann. Ein deutscher Soldat schreibt in seinem letzten Brief:

„In Stalingrad die Frage nach Gott stellen, heißt sie verneinen. Ich habe Gott gesucht in jedem Trichter, in jedem zerstörten Haus, an jeder Ecke, bei jedem Kameraden. Gott zeigte sich nicht, wenn mein Herz nach ihm schrie. ... Nein, Vater, es gibt keinen Gott."

Der Krieg in Rußland ist kein gewöhnlicher Krieg. Es ist ein Vernichtungskrieg. Mit der Wehrmacht rücken auch die deutschen Mordkommandos der SS voran. Der Massenmord beginnt. Dabei haben viele Menschen in der Sowjetunion die Deutschen zunächst mit großen Hoffnungen begrüßt, haben sich eine Befreiung von den Schrecken der Stalindiktatur versprochen. Doch als die neuen Herren beginnen, ihre eigene

Ideologie in die Tat umzusetzen, erweist sich all dies als Illusion. Slawen und Russen werden als Untermenschen qualifiziert. Im SS-Generalplan für Osteuropa heißt es:

„Die Deutschen sind die Herren. Ihre Interessen sind allein maßgebend. Eine Vermehrung der slawischen Bevölkerung ist unerwünscht. Kinderlosigkeit und Abtreibung sind zu ermutigen. Erziehung ist für slawische Kinder unnötig. Wenn sie bis hundert zählen können, ist es genug. Die Slawen sollen für die Deutschen arbeiten. Diejenigen, die nicht zur Arbeit gebraucht werden, sollen sterben."

Jetzt sind die Menschen zwischen Hitler und Stalin gefangen, beide unbeirrbar in ihrem Wahnsinn, beide verliebt in die gottgleiche Pose. Allein ihr diktatorischer Wille entscheidet über Leben und Tod.

Auch in Stalins Rußland werden wirkliche und vermeintliche Regimegegner, „Abweichler" von der Parteilinie und zum Teil auch ganze Volksgruppen, verfolgt und ermordet. Auch die russisch-orthodoxe Kirche ist Ziel der staatlichen Verfolgung. Millionen sterben.

Doch angesichts der Bedrohung durch die Soldaten Hitlers vollführt der sowjetische Diktator eine abrupte Kehrtwendung: Die Kirche soll ihm helfen, das Volk für seinen Staat zu mobilisieren. Das neue Oberhaupt der russischen Orthodoxie, der Patriarch Sergij, preist im Jahr 1943 Stalin als weisen Lenker. Das ist der Preis der Duldung. Die Kirche will überleben – und kollaboriert.

Von den Spenden der Gläubigen bezahlt die Kirche der Roten Armee eine eigene Panzerbrigade, benannt nach dem Volkshelden „Dimitrij Donskoj". Bei der feierlichen Übergabe der Kampffahrzeuge erteilt ein orthodoxer Geistlicher der Roten Armee den Segen – wenn auch nur in Zivilkleidung. Den Auftritt im geistlichen Ornat hatte Stalin untersagt.

Mitten in Zerstörung und Verfolgung sind also plötzlich wieder Gottesdienste möglich. Aber darf die Kirche mit einem Staat kollaborieren, der Menschen verfolgt, der bis vor kurzem auch sie selbst verfolgt hat?

Mittlerweile hat sich das Kriegsgeschehen gewendet. In Deutschland sterben die Städte im Hagel der Brand- und Sprengbomben, und mit ihnen sterben die Menschen. Der Tod, den die deutschen Soldaten in die Welt getragen haben, kehrt nun zurück. Das „Tausendjährige Reich" steht vor dem totalen Zusammenbruch. Doch die Führung sieht keinen Anlaß, ihr hartes Regiment zu lockern. Im Gegenteil.

Herbst 1944: In einer Zelle der Justizvollzugsanstalt Berlin Tegel sitzt der Jesuitenpater Alfred Delp (1907-1945) ein. Er

Dietrich Bonhoeffer im Gefängnishof in Berlin-Tegel.

hat mit Gleichgesinnten im sogenannten „Kreisauer Kreis" über eine bessere und gerechtere Gesellschaft nachgedacht – für die Zeit nach dem Untergang des „Dritten Reichs". Deshalb hat ihn der Volksgerichtshof zum Tode verurteilt. In seiner Zelle schreibt Alfred Delp:

„Der Mensch muß frei sein. ... In diesen Wochen der Gebundenheit habe ich erkannt, daß die Menschen immer dann verloren sind, wenn sie nicht einer großen inneren Weite und Freiheit fähig sind. Wer nicht in einer Atmosphäre der Freiheit zuhause ist, die unantastbar und unberührbar bleibt, allen äußeren Mächten und Zuständen zum Trotz, der ist verloren."

Alfred Delp wird am 11. Januar 1945 in Berlin-Plötzensee gehängt.

Im Gefängnis Berlin Tegel ist im Herbst 1944 auch der evangelische Theologe Dietrich Bonhoeffer (1906-1945) inhaftiert. Schon seit 1933 hat er vor dem heraufziehenden Unrecht des Hitler-Staates gewarnt und dagegen angekämpft. Als die „Bekennende Kirche" 1935 in Finkenwalde ein eigenes Pre-

digerseminar einrichtet, wird er dessen Leiter. Es folgen der Entzug der Lehrerlaubnis durch den nationalsozialistischen Staat (1936), die Ausweisung aus Berlin (1938), Redeverbot (1940) und schließlich Schreibverbot (1941). Er schließt sich daraufhin der politischen Widerstandsbewegung an und versucht Kontakte zur britischen Regierung herzustellen. Während die Bomben fallen, denkt Bonhoeffer über die Zukunft der Kirche nach. Dabei betont er sehr viel stärker als die meisten seiner Zeitgenossen die Diesseitigkeit des Christentums in einer „mündig" gewordenen Welt. Die Kirche darf sich nicht in ihr Schneckenhaus zurückziehen:

„Unsere Kirche, die in diesen Jahren nur um ihre Selbsterhaltung gekämpft hat, ist unfähig, Träger des versöhnenden und erlösenden Wortes zu sein. Darum müssen die früheren Worte verstummen, und unser Christsein wird heute nur in zweierlei bestehen: Im Beten und im Tun des Gerechten unter den Menschen."

Alfred Delp.

Im April 1943 kommt es dann zur Verhaftung, und am 9. April 1945, nur wenige Wochen vor dem Ende des Krieges, wird Dietrich Bonhoeffer mit etlichen seiner Mitstreiter im Konzentrationslager Flossenbürg ermordet.

Am 7. Mai 1945 – Hitler hat sich eine Woche zuvor gemeinsam mit seiner Geliebten Eva Braun das Leben genommen – unterzeichnen hochrangige deutsche Militärs die bedingungslose Kapitulation. Doch der Krieg, der die ganze Welt erfaßt hat, ist noch nicht zu Ende. Am 6. und am 9. August zündet die US-amerikanische Luftwaffe über Hiroshima und Nagasaki die ersten Atombomben der Geschichte. Hunderttausende verbrennen in wenigen Sekunden. Das „Atomzeitalter" hat mit Tod und Verderben begonnen.

Die Erinnerung an die Schrecken vergehen nur langsam, die Wunden sind tief und sehr schmerzhaft. Über 50 Millionen Tote sind zu beklagen. In den Trümmern einer zerstörten Welt suchen die Menschen

Atompilz nach dem zweiten Abwurf einer Atombombe über Nagasaki.

Trost für den Verlust von Angehörigen und Eigentum, suchen nach Vergebung ihrer Schuld und nach Mut für einen Neuanfang. Die Kirche wird wieder Volkskirche – so scheint es. Die Kirchentage sind gut besucht in der Zeit kurz nach dem Krieg. Die zerstörten Städte werden wieder aufgebaut, und die Kirchen errichten neue Strukturen, organisieren sich. Aber fragen sie auch, wie es zu der Katastrophe kommen konnte? Wie beurteilen sie ihre eigene Rolle bei der Zerstörung Europas und der Vernichtung von Millionen von Menschenleben?

Es sind nur wenige, die sich diesen bedrängenden Fragen überhaupt stellen. Zu ihnen gehören einige Mitglieder der „Bekennenden Kirche", die 1945 das „Stuttgarter Schuldbekenntnis" verfassen. Darin heißt es:

„Wir klagen uns an, daß wir nicht mutiger bekannt, nicht treuer gebetet, nicht fröhlicher geglaubt und nicht brennender geliebt haben."

Doch selbstkritisch die Schuldfrage zu stellen ist nicht populär in den Nachkriegsmonaten. Man ist zu sehr beschäftigt mit Aufräumen und Wiederaufbau, mit Währungsreform und Wirtschaftswunder, und längst schon mit dem Kalten Krieg. Die Taten der eben vergangenen Jahre werden verdrängt und weggeschoben.

Ziehen wenigstens die christlichen Kirchen die Lehren aus dem eigenen Versagen und dem der staatlichen Institutionen? Wird der christliche Glaube den Lasten der Vergangenheit und den Herausforderungen der Zukunft gerecht? Wie sieht sie aus, die Gegenwart des Glaubens?

Hanna-Renate Laurien

Chancen und Gefahren

Die Welt wandelt sich in Quantensprüngen. Doch im High-tech-Zeitalter besitzen 385 Dollar-Milliardäre soviel wie die ärmere Hälfte der Weltbevölkerung. Das spirituelle und ethische Korrektiv der Religion ist nötig wie nie. Die Welt wächst zusammen, aber die Christen schulden ihr noch immer die ökumenische Einheit.

Welche Erfahrungen machen Menschen von heute und wie gehen sie mit ihnen um? Die Entscheidung über den Weg wird keinem abgenommen. Aber es ist an uns, die Wegweiser zu beschriften. „Das Morgen im Heute lebt".

Neil Armstrong betrat am 21.7.1969 um 3.56 Uhr MEZ als erster Mensch einen fremden Himmelskörper, den Mond. Seinem Satz: „Dies ist ein kleiner Schritt für den Menschen, ein großer Sprung für die Menschheit" widerspreche ich. Nicht das Kollektiv, die Menschheit, nein jeder und jede Einzelne steht vor der Frage: Was ist diese Erde für mich? Stargast Edward Witten erklärte 1999 auf der internationalen „Strings-Konferenz" in Potsdam, jetzt gelte nicht mehr die Vorstellung von einem unveränderten Universum, sondern die Weltsicht eines expandierenden Universums mit Anfang und Ende. Ist christlich-jüdische Weltsicht abhängig von derart wechselnden Theorien? Sie verändern

Der erste Mensch auf dem Mond.

die Grundfrage nicht: Ist diese Erde für uns Geschenk und Auftrag eines Schöpfers, uns zur Verantwortung übergeben oder ist sie Zufallsergebnis, auf dem wir spielen, oder Produkt einer zwanghaften Entwicklung, die uns keine Freiheit läßt?

Gagarin, der sowjetrussische Astronaut, erklärte, er habe Gott im Weltall nicht finden können. In der Tat: Der „ich-bin-da", der sich dem Elija „in einer Stimme verschwindenden Schweigens" offenbarte, wäre nicht Gott, wenn er an einem bestimmten geographischen Ort nachweisbar wäre. Er ist nicht faßbar. Die glaubende Antwort geben die Psalmen, deren Faszination in unseren Tagen wieder entdeckt wurde:

„Er blickt auf die Erde, und sie erbebt."

Die Rebellion gegen solches Maß gehört zur menschlichen Wirklichkeit. Dem Turmbau zu Babel, mit dem die Menschen über Gott hinaus gelangen wollten, folgte die Bestrafung auf dem Fuße. Solche Eindeutigkeit kennen wir nicht.

Schön und schrecklich zugleich: Explosions-Pilz einer Wasserstoff-Bombe im Pazifischen Ozean.

Was einmal als Grenzüberschreitung gegeißelt wurde – Buchdruck, Pockenimpfung, Herztransplantation – ist längst Normalfall. Die Nutzung der Atomenergie sprengt diesen Rahmen. Menschen entscheiden zwar, ob sie Vernichtungsinstrument oder Energiequelle ist, aber die Frage nach der Bewältigung der Folgewirkungen ist nicht gelöst. Haben wir den Turm schon über den Himmel gebaut? Teilhard de Chardin, Jesuit und paläontologischer Forscher (1881-1955), verlangte lange vor dem 2. Vatikanischen Konzil eine „Reflexion über den religiösen Wert des menschlichen Bemühens im zeitlichen Bereich“. Für ihn ist die Entwicklung des Kosmos, die Evolution, eine Wirklichkeit der Gnade, ganz auf den Menschen gerichtet. Glaube an Gott kann es nicht geben ohne den Glauben an die Berufung der Menschen. Schöpfung ist „die erste dem Menschen gemachte Offenbarung, und Christus ist die Seele der Evolution“. Nicht nur Teilhard, auch das Neue Testament bekundet: Christus ist Mittler der Erlösung und der Schöpfung. Auch wenn wir heute nicht mehr

Teilhard de Chardin.

so absolut wie Teilhard den Fortschritt der Menschheit erwarten, gilt doch sein Satz für unsere Zukunft:

„Christen müssen für die fortschreitende Vermenschlichung der Menschheit eintreten.“

Für die Leugner jeden Fortschritts zitiere ich den Skeptiker Adorno:

„Fortschritt ist keine abschlußhafte Kategorie. Er will dem Triumph des radikal Bösen in die Parade fahren.“

Vermenschlichung der Menschheit oder deren Preisgabe, das ist die Entscheidungsfrage in der Biomedizin von heute. Welche Zukunft wollen wir? Wir können durch das Zusammenfügen einer Ei- und einer Samenzelle Leben entstehen lassen, ohne daß die Spender dieser Zellen auch Eltern werden. Dietmar Mieth hat zugespitzt gefragt, ob wir die totale Emanzipation der Frau dadurch verwirklichen wollen, daß „die Männer die Kästen mit den Embryonen unter ihren

233

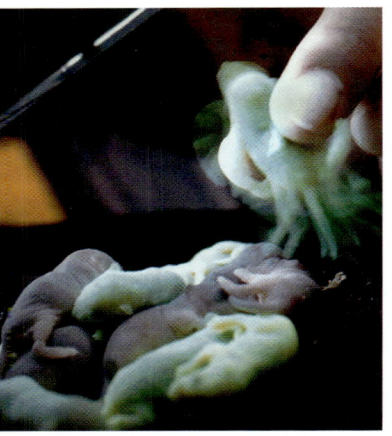

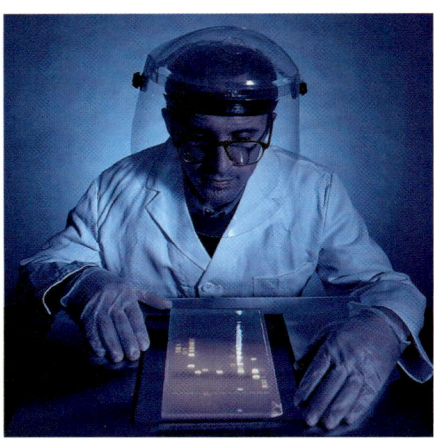

„Laßt uns den
Menschen machen..."
Eingriff in göttliches
Terrain?

verdiente, untersagt. Aber das Verbot ist an eine Bedingung geknüpft: „wenn diese Entität geboren werden soll". Über das Klonieren vor der sogenannten „reproduktiven Zeit", die

Röcken tragen" und ob wir „auf die Einbettung der Reproduktion in eine Kultur der Liebe als Hauterfahrung verzichten" wollen? Noch einen Schritt weiter geht das Klonen. Aus der Zusammenfügung der Stammzelle, etwa eines früh verstorbenen Kindes, mit einer Eizelle entsteht ein Wesen, das etwa zu je 5o Prozent genetisch und von der Umwelt bestimmt ist. Es ist nicht mit der Stammzelle identisch, selbst die durch Embryonen-Splitting geklonten Schafe hatten verschiedene Fellfärbungen. Aber: Die Menschwerdung wird in solchem Verfahren instrumentalisiert. Deshalb ist das Klonieren einer menschlichen Entität in zahlreichen Dokumenten, auch in der „Menschenrechtskonvention für Biomedizin", die weit mehr öffentliche Aufmerksamkeit

mit dem Einpflanzen des Embryos beginnt, herrscht Schweigen. Zwei Embryonen vor uns — der eine wird durch die Einpflanzung Mensch, der andere Zellkultur, Forschungsobjekt. Nicht nur die Menschenwürde, die Einheit des Menschlichen steht auf dem Spiel. Wenn der Mensch sich in einen bloßen Gegenstand der Forschung auflöst, ist er nicht mehr als Subjekt vorhanden.

Um die Bewahrung des Subjekts geht es Joseph Beuys. Materialismus und Rationalismus gehören für ihn zum Fortschritt, aber er will deren, die Kreativität verschüttende Einseitigkeit, getrost auch durch Schocktherapien durchbrechen. In jedem Menschen, das ist seine Botschaft, steckt ein Potential von Kreativität. Jeder ist so verstanden ein Künstler. Beuys will die

Joseph Beuys, Kreuzigung 1962/63.

„Anknüpfung an das Spirituelle" finden, aber nicht mehr als Geschenk, als Gnade, sondern „aus der Kraft des Selbst, des Ich". Das verkirchlichte Christentum ist ihm dabei Hindernis, doch das Kreuz, der Gekreuzigte gewinnt zentrale Bedeutung.

„Du mußt erst Deinen Glauben verlieren, wie Christus für einen Augenblick seinen Glauben verloren hat."

Dann entdeckt der „Mensch in der Ich-Erkenntnis die christliche Substanz." Wo gegenwärtig Entfremdung sitzt, eine „Kälteplastik", da „muß die Wärmeplastik hinein... das ist die Liebe. Das ist das, was in diesem geheimnisvollen Christusbegriff steckt." Ein Gesicht des Glaubens an den Menschen. Weltweites Signal der Un-

Die Vertreibung aus dem Paradies. Fresko von Masaccio, 1426/27.

menschlichkeit, heilsgeschichtliches Alarmzeichen ist Auschwitz. Es waren Menschen, nicht Gott, die die Öfen brennen ließen. Aber die Frage nach dem Warum des Bösen in einer von Gott geschaffenen Welt, die Theodizee, bleibt unüberhörbar. Die „ungetröstete Rückfrage an Gott" (Metz) kann nur in einer Wirklichkeit, die unsern Tod übersteigt, eine Antwort erfahren. Christlicher Glaube ist nicht zuerst eine Ethik, sondern eine Eschatologie, ein Ja zur Wirklichkeit Gottes, in der die Leiden der Menschen,

sogar die Leiden der Feinde beachtet werden. In solchem Glauben wurzelt eine Kraft, auch in der Ohnmacht, die Maßstäbe der Menschlichkeit, der Verantwortung nicht preiszugeben.

Aber, so fragen wir, warum hat Gott dem Menschen diese erschreckende Freiheit bis zum Mord gegeben? Die Antwort, die Menschsein im Geheimnis beläßt, ist Gottes Ja zu unserer Freiheit. Er hat es nach der Sintflut bekundet. Nie wieder wird er den Menschen vernichten wollen, *Denn*, so sagt er, – nicht etwa „obwohl", – denn des Menschen Gedankengebilde sind böse von Jugend auf. Dies „Denn" ist das Ja zur menschlichen Freiheit. In Jesus Christus läßt sich Gott dann total auf unser Menschsein ein. Er wird einer von uns und nimmt sich der Geschundenen und der Schuldigen an. Christen erfahren Jesus als die dichteste Offenbarung Gottes und erahnen, wie Menschsein beschaffen sein sollte.

Wer ihm nachfolgt, nimmt Stellung gegen Terror und Gewalt. Die Namen von Dietrich Bonhoeffer, Maximilian Kolbe, Eva Maria Buch seien stellvertretend genannt. Auch ein Schindler und eine Maria Gräfin von Maltzan, beide keine Muster an bürgerlicher Tugend, gehören dazu. Nicht nur der heroische

Widerstand zählt, es geht auch um die Courage im Alltag, das „Grüß Gott" statt des „Heil Hitler". Stellvertretend sei der beherzte Reviervorsteher Wilhelm Krützfeld genannt. Er hat mit gezogener Dienstpistole und dem Denkmalschutzbuch in der Hand am 9. No-

Gedenktafel für Wilhelm Krützfeld an der Synagoge Oranienburger Straße, Berlin.

vember 1938 das Feuer an der Großen Berliner Synagoge in der Oranienburger Straße löschen lassen. Als der Morgen des 10. November 1938 aufzog, brannte in einer einzigen, der Berliner Synagoge, das Ewige Licht. Wir haben es heute in unserm Land nicht mit terroristischen Regimen zu tun, wohl aber mit der Unkultur des Vergessens, mit der Häresie der Gleichgültigkeit, auch mit dem unterschwelligen Antisemitismus. Zivilcourage ist von Christen gefordert! Christlicher Antisemitismus, nicht rassisch, aber irrglaubend begründet – „sie haben unsern Herrn getötet..." – ist nach Auschwitz als Schuld erkannt und ist nachdrücklich in Erklärungen der christlichen Kirchen zur Sprache gekommen, hat endlich auch zu Änderungen in der Liturgie des Karfreitag, zum Papstbesuch in der römischen Synagoge, geführt.

Hätte die Christenheit doch auf den mehrfach kirchlich verurteilten Abälard (1090-1142) gehört. Nirgendwo sonst findet sich im Mittelalter ein solches Zeugnis über Leiden und Glauben der Juden wie im „Gespräch eines Philosophen, eines Juden und eines Christen". „Jeder, der uns irgendwie Unrecht

antut, (hält) dies für die größte Gerechtigkeit". Und das „Gesetz (öffnet) von sich aus die Umarmung der Liebe", und sie gilt auch Feinden und gar Gesetzesbrechern. Wenn Abälard feststellt, daß „derselbe Ausdruck (verbum) von verschiedenen Autoren mit verschiedenen Bedeutungen (significationes) verwendet" worden ist, klingt das wie eine Vorwegnahme heutiger ökumenischer Verständigung. Im „Gespräch eines Philosophen, eines Juden und eines Christen" soll herausgefunden werden, wer die bessere Wahrheit hat. Doch Abälard, der Schiedsrichter, fällt kein Urteil:

„Ich bin eher begierig zu lernen als zu verurteilen."

Das schreibt Abälard zur Zeit der Kreuzzüge. Glaubenstreue *und* Respekt vor dem Glauben des anderen! Mehr als 600 Jahre später (1778) heißt es in Lessings Ringparabel:

„Es strebe von euch jeder um die Wette,
Die Kraft des Steins in seinem Ring' an Tag
Zu legen!"

Der Gott der drei Abrahamsreligionen ist der Eine, in geschichtlich verschiedenen Offenbarungen unterschiedlich erfahren. Hans Küng:

„Kein Friede in der Welt ohne den Frieden der Religionen."

Im Friedensgebet in Assisi, zu dem Papst Johannes Paul II. eingeladen hatte, bekunden die Vertreter der Weltreligionen eindrucks-

Papst Johannes Paul II. mit Vertretern der Weltreligionen beim Friedensgebet in Assisi, 1986.

volle Gemeinsamkeit. Sie schulden der Welt ein spannungsreiches Zeugnis: Die Bindung an ein Absolutes befreit von der Gefahr, etwas auf dieser Welt – eine Partei, eine Regierung, die Meinung einer Zeitung – absolut zu setzen, und zugleich ist die Bindung des anderen an sein Absolutes nicht bloß zu respektieren, vielmehr ist ihm oder ihr zu ermöglichen, diese Bindung zu leben. Das vertrat schon Thomas von Aquin in „De Veritate" (Über die Wahrheit): Das Gewissen ist das göttliche Gebot. Und in der Konzilserklärung „Über die Religionsfreiheit" bezeugt dies die katholische Kirche. Aus solchem Geist lebt die ökumenische Bewegung. Man begreift die Feindseligkeit als Sünde, die Spaltung als Ärgernis, erkennt – ganz im Sinne Abälards – die Unterschiede als versöhnbar. Einheit in der Vielfalt. Das gemeinsame Wort „Für eine Zukunft in Solidarität und Gerechtigkeit" (1998)

ist ein solches Zeugnis. Die eucharistische Gemeinschaft, die das eigene nicht aufhebt, ist Ziel der Hoffnung. Vielfalt in der Einheit. Unterschiede, das ist die auf der Schöpfung beruhende zukunftweisende Glaubensbotschaft, setzen keine Wertigkeit. Christsein heißt, die Gleichrangigkeit des Unterschiedlichen verwirklichen und zwar gewaltfrei. Martin Luther King kämpfte so in den USA gegen Rassismus, Armut und Krieg.
„Gewaltloser Widerstand gründet auf der Überzeugung, daß das Universum auf der Seite der Gerechtig-

Martin Luther King (links) und Bischof Desmond Tutu (rechts).

keit steht. Infolgedessen hat der, der an Gewaltlosigkeit glaubt, einen tiefen Glauben an die Zukunft."

Doch als er im Vietnamkrieg zur Kriegsdienstverweigerung aufrief, schlug ihm Haß entgegen. Am 4. April 1968 traf den Friedensnobelpreisträger der tödliche Schuß. Neunundzwanzigmal war er im Ge-

Papst Johannes Paul II. und Lech Walesa im Januar 1981.

fängnis. Heute sind nur er und George Washington durch einen National Holiday geehrt.

Auch Desmond Tutu (geb. 1931), Friedensnobelpreisträger, anglikanischer Erzbischof von Johannisburg, kämpfte gewaltlos für die Rechte der Schwarzen. Apartheid ist Sünde, Versöhnung ist gefordert. Versöhnung siegte.

Gewaltlos vollzog sich auch der Zusammenbruch der kommunistischen Diktatur. Das Wirken des polnischen Papstes, die Friedensgebete der Christen – Zukunftshoffnung? Sie wird in den erbarmungslosen Nachfolgekonflikten, in Bosnien, im Kosowo hart in Frage gestellt. Darf ich den Schutzlosen der Gewalt ausliefern? Der „gerechte Krieg" (Augustinus) setzt die Schuldhaftigkeit der einen Seite voraus und muß zu einer Rechts- und Friedensordnung führen. Doch im Gewährenlassen des Diktators wie im Einsatz militärischer Mittel gegen ihn werde ich schuldig. Es bleibt nur abzuwägen, welcher Weg mehr Unschuldige schützt, den Aufbau einer besseren Ordnung ermöglicht.

Dann werfe ich meine Entscheidung in die Hände meines Gottes.

Die Aufnahme der Hoffnungen und Ängste der Menschen war Botschaft des 2. Vatikanischen Konzils. Glaube als Lebensprozess, die Kirche als Weg des Menschen. Da erschrecken uns fundamentalistische Abwehrpositionen – evangelikal wie katholisch – ebenso wie römische Sicherheitsstrategien. Doch der Weg in die Zukunft ist gezeichnet: Erfahrener, nicht bloß gelernter Glaube; Glaube, der über Glaubenswissen verfügt und Auskunft geben kann; Glaube, der nicht „Verdienste" aufrechnet, der sich beschenkt weiß und Verantwortung vor

sich selbst, den Mitmenschen und vor den Kommenden zu leben versucht.

Zwei „Zeichen der Zeit": Zuerst die Botschaft von der Gleichrangigkeit der Frau, von Papst Johannes XXIII. eingebracht. Die geschöpfliche Gleichrangigkeit wagt heute kaum jemand zu bezweifeln, aber die Fahne der Gleichberechtigung haben die Christinnen, kaum die

Margot Käßmann wurde am 5. Juni 1999 zur Bischöfin gewählt.

Kirchen, geschwungen. Frauen können heute, aber immer noch selten genug, führende Positionen in kirchlichen Institutionen, in der theologischen Wissenschaft innehaben. Aber der Zugang zum Amt ist ihnen nur in der evangelischen, der anglikanischen, der alt-katholischen Kirche, nicht in der römisch-katholischen Kirche eröffnet. Der Papst hat negativ entschieden. Die Kirchenlehrerin Teresa von Avila sagt:

„Ich sehe die Zeit kommen, da man starke und zu allem Guten begabte Geister nicht mehr zurückstößt, nur weil es sich um Frauen handelt".

Gott spricht zu Caterina von Siena:

„Wie ich ... unbeholfene, aber mit meiner Weisheit ausgerüstete Männer gesandt habe, so will ich heute Frauen schicken, die von Natur aus unwissend und gebrechlich sind, doch werde ich sie mit göttlicher Weisheit ausstatten, so daß sie den Hochfahrenden eine beschämende Lehre erteilen werden".

Linke Seite: Zweites Vatikanisches Konzil. Die Konzilsväter in der Konzilsaula der Peterskirche.

Rechts: Basisgemeinde in Juazeiro, Brasilien.

Sie heißen uns hoffen.

Das andere Zeichen ist die Option für die Armen. Mutter Teresa hat ein weltweit beachtetes Signal der Zuwendung zu den Sterbenden gesetzt. Aber Option für die Armen will mehr. Sie sollen Subjekte ihres Lebens werden. Gustav Gutièrrez, Clodius und Leonardo Boff stehen hier für die Befreiungstheologie. Sie will „sündige Strukturen", die ein Leben in christlichem Sinn verhindern, aufheben. Zentral ist die „spirituelle Erfahrung des Armen". Armut ist eine ethische, mystische, theologische Erfahrung. Befreiungstheologie ist der artikulierte Schrei der Armen aus dem Glauben. Diese Botschaft betrifft nicht nur Südamerika. Sie wird in den Slums der Großstädte, in tausenden christlicher sozialer Einrichtungen gelebt. Sie ist Zeugnis. Doch der Arme unserer Tage ist nicht nur der körper-

lich Gezeichnete. Es ist der ratlos und gleichgültig Gewordene, es ist der Mensch, der dem Sinnlosigkeitverdacht auf vielerlei Weise zu entkommen versucht. Der „Himmel", der Glaube an eine Wirklichkeit in Gott, ist verloren; man sucht Sinn, Zuwendung im Heute, im Jetzt. Fernöstliche Religionen verheißen ein sich auflösendes Sein, ein Sein ohne Du. Erlebnisurlaub, Urlaubs-

Therese von Lisieux, Poster.

idylle oder Love-Parade sind Versuche, bis zur Ekstase den Ich-Alltag zu durchbrechen, ohne sich auf ein Du wirklich einlassen zu müssen. Totale Diesseitigkeit entsolidarisiert. Die Botschaft der jüdisch-christlich-islamischen Tradition setzt dagegen: Der Andere ist mehr als ein Nebenmensch, er oder sie ist der Mitmensch. Aus der Option für die Armen wird die Option für den Anderen. Nicht heldische Taten, der Alltag der kleinen Schritte zählt. Therese von Lisieux

Love-Parade in Berlin, 1999.

hat ihn gelebt. Sie versucht, das entnervende Geräusch, das eine Mitschwester produziert, zu lieben, auf es wie auf ein entzückendes Konzert zu lauschen – und verändert so die Alltagsbeziehung zum anderen. Doch mehr noch: Sie, die so begeisterte Ordensfrau, erfährt die Nacht des Unglaubens, durchlebt dessen Kälte und hält doch an dem Licht fest, das sie nicht mehr sieht. Sie begreift: Unglauben ist nicht Sünde, sondern Realität. So wird sie Gefährtin der Nicht-Glaubenden im Glauben. Christen müssen die Trostlosigkeit des Karsamstags durchleiden. Dann können sie glaubwürdig vom Auferstehungsglauben Zeugnis geben. Der ist nicht Schlagsahne auf einer Lebenstorte. Der ist hoffnungsstarke Wirklichkeit nach dem Schrei der Verlassenheit am Kreuz.

Auferstehungsglaube – das ist der Glaube an einen Gott der Beziehungen. Der Heilige Geist, nicht photographierbar, aber wirklicher als der Stuhl, auf dem ich sitze, ist ganz Beziehung: Er verbindet den Vater und Christus mit den Menschen und ist doch Person. Das weitet unser Verständnis von Person bis ins Geheimnis. In dieser Beziehung erfahren wir: Jesus traut uns zu, daß wir zu tieferem Menschsein finden können. Diese Botschaft ist untrennbar von der Erfahrung unserer Unvollkommenheit, ist untrennbar von Vergebungsbereitschaft. Ein solches Zeichen braucht unsere Gesellschaft.